中华人民共和国行业标准

公路工程质量检验评定标准
第一册 土建工程

Inspection and Evaluation Quality Standards for Highway Engineering
Section 1   Civil Engineering

JTG F80/1—2017

主编单位：交通运输部公路科学研究院
批准部门：中华人民共和国交通运输部
实施日期：2018 年 05 月 01 日

人民交通出版社股份有限公司

律 师 声 明

图书在版编目（CIP）数据

公路工程质量检验评定标准. 第一册，土建工程：JTG F80/1—2017 / 交通运输部公路科学研究院主编. —北京：人民交通出版社股份有限公司，2018.1

ISBN 978-7-114-14472-1

Ⅰ. ①公… Ⅱ. ①交… Ⅲ. ①道路工程—质量检验—标准—中国②道路工程—工程施工—质量检验—标准—中国 Ⅳ. ①U415.12-65

中国版本图书馆 CIP 数据核字（2017）第 329714 号

标准类型：中华人民共和国行业标准
标准名称：公路工程质量检验评定标准 第一册 土建工程
标准编号：JTG F80/1—2017
主编单位：交通运输部公路科学研究院
责任编辑：吴有铭 李 农 李 沛
出版发行：人民交通出版社股份有限公司
地　　址：(100011) 北京市朝阳区安定门外外馆斜街 3 号
网　　址：http://www.ccpcl.com.cn
销售电话：(010) 85285857
总 经 销：人民交通出版社股份有限公司发行部
经　　销：各地新华书店
印　　刷：北京市密东印刷有限公司
开　　本：880×1230　1/16
印　　张：16.25
字　　数：320 千
版　　次：2018 年 1 月　第 1 版
印　　次：2025 年10月　第 20 次印刷
书　　号：ISBN 978-7-114-14472-1
定　　价：90.00 元

（有印刷、装订质量问题的图书，由本公司负责调换）

中华人民共和国交通运输部

公 告

第 62 号

交通运输部关于发布
《公路工程质量检验评定标准
第一册 土建工程》的公告

现发布《公路工程质量检验评定标准 第一册 土建工程》(JTG F80/1—2017),作为公路工程行业标准,自 2018 年 5 月 1 日起施行,原《公路工程质量检验评定标准 第一册 土建工程》(JTG F80/1—2004) 同时废止。

《公路工程质量检验评定标准 第一册 土建工程》 (JTG F80/1—2017) 的管理权和解释权归交通运输部,日常解释和管理工作由主编单位交通运输部公路科学研究院负责。

请各有关单位注意在实践中总结经验,及时将发现的问题和修改建议函告交通运输部公路科学研究院(地址:北京市海淀区西土城路 8 号,邮政编码:100088),以便修订时研用。

特此公告。

中华人民共和国交通运输部

2017 年 12 月 15 日

前　言

根据交通运输部厅公路字〔2009〕190 号"关于下达 2009 年度公路工程标准制修订项目计划的通知"的要求，由交通运输部公路科学研究院承担《公路工程质量检验评定标准　第一册　土建工程》（JTG F80/1—2004）的修订工作。

本标准是对《公路工程质量检验评定标准　第一册　土建工程》（JTG F80/1—2004）的全面修订。经批准后以《公路工程质量检验评定标准　第一册　土建工程》（JTG F80/1—2017）颁布实施。

本标准修订的总体思路是：坚持目标导向和问题导向，在保持本标准作为公路工程质量检验评定技术依据的基础上，突出其强制性、限值要求和刚性要求；保持原有整体框架不变，简化评定程序，合理确定检验评定标准，明确公路工程质量检验评定的定位和主导作用。

本次修订的主要内容包括：

1. 取消原标准采用的综合评分法，改为采用合格率法进行质量评定，相应地对分项工程检验项目和标准等进行了全面修订。

2. 对适用范围、质量检验评定程序和内容进行了修订，进一步提高了标准的刚性要求、适应性和可操作性。

3. 调整修订了部分章节，第 3 章改为基本规定，原标准第 12 章环保工程改为第 12 章绿化工程和第 13 章声屏障工程两章。

4. 调整、修订了部分实测项目质量标准，增加了一般项目的最低合格率要求。

5. 调整了部分实测项目的检查频率，在明确标准方法的基础上，鼓励采用精度高、效率高的快速检测方法。

6. 增加了结构混凝土外观质量限制缺陷标准和波形梁护栏板之间连接件的要求等。

7. 对工程划分进行整体修订，调整了单位工程、分部工程和分项工程。

8. 保持与公路工程相关标准的协调一致，调整了相应的检验评定指标、检查方法和内容。

本标准的条文说明对条文规定的目的、依据以及在执行过程中应该注意的有关问题进行了说明，但是条文说明不具备与标准正文同等的法律效力，仅供使用者作为理解和把握标准规定的参考。

本标准由孟书涛、周绪利负责起草第 1、2、3 章，张涛、徐全亮、蔚晓丹起草第 4、5、7 章，王国亮、田克平、谢峻、郑晓华起草第 6、8、9 章，陈建勋、任尚强起草第 10 章，周志伟、唐玎玎起草第 11 章，邵社刚起草第 12 章，尚晓东起草第 13 章。

请各有关单位在执行过程中将发现的问题和意见函告本标准日常管理组，联系人：

孟书涛（地址：北京市海淀区花园东路 15 号旷怡大厦 12 楼，邮政编码：100191，电话 010－62028502，传真：010－62370155，电子信箱：st. meng@ rioh. cn），以便下次修订时参考。

主 编 单 位：交通运输部公路科学研究院
参 编 单 位：北京市道路工程质量监督站
　　　　　　　中交第一公路工程局有限公司
　　　　　　　长安大学
　　　　　　　招商局重庆交通科研设计院有限公司

主　　　　　编：孟书涛
主要参编人员：王国亮　　周绪利　　田克平　　陈建勋　　周志伟
　　　　　　　邵社刚　　张　涛　　徐全亮　　谢　峻　　任尚强
　　　　　　　尚晓东　　蔚晓丹　　郑晓华　　唐玎玎

参与审查人员：李春风　　吴有铭　　李志强　　刘长辉　　杨永顺
　　　　　　　孙乔宝　　许湘华　　陈　勇　　辛国树　　石大为
　　　　　　　刘会学　　薛光雄　　张　毅　　曹　瑞　　田丽萍

目　次

1　总则

1.0.1　为加强公路工程质量管理，规范公路工程施工质量的检验评定，统一工程质量检验标准和评定标准，保证工程质量，制定本标准。

1.0.2　本标准适用于各等级公路新建与改扩建工程施工质量的检验评定。

1.0.3　本标准是公路工程施工质量的最低限值标准，公路工程施工质量检验评定应以本标准为准。

1.0.4　对特殊地区或采用新材料、新结构、新技术的工程，当本标准中缺乏适宜的质量检验标准时，可参照相关技术标准或根据实际情况制定相应的质量检验标准，并报主管部门批准。

1.0.5　公路工程质量检验评定除应符合本标准的规定外，尚应符合国家和行业现行有关标准的规定。

2 术语

2.0.1 检验 inspection

对被检查项目的特征和性能进行检查、检测、试验等，并将结果与标准规定的要求进行比较，以判定其是否合格所进行的活动。

2.0.2 评定 evaluation

对分项工程、分部工程、单位工程和合同段的质量进行检验，并确定其质量等级的活动。

2.0.3 关键项目 dominant item

分项工程中对结构安全、耐久性和主要使用功能起决定性作用的检查项目，在本标准中以"△"标识。

2.0.4 一般项目 general item

分项工程中除关键项目以外的检查项目。

2.0.5 外观质量 quality of appearance

通过观察和必要的量测所反映的工程外在质量及功能状态。

3 基本规定

3.1 一般规定

3.1.1 公路工程质量检验评定应按分项工程、分部工程、单位工程逐级进行，并应符合下列规定：

1 在合同段中，具有独立施工条件和结构功能的工程为单位工程。

2 在单位工程中，按路段长度、结构部位及施工特点等划分的工程为分部工程。

3 在分部工程中，根据施工工序、工艺或材料等划分的工程为分项工程。

3.1.2 单位工程、分部工程和分项工程应在施工准备阶段按本标准附录 A 进行划分。

3.1.3 公路工程质量检验评定应符合下列规定：

1 分项工程完工后，应根据本标准进行检验，对工程质量进行评定。隐蔽工程在隐蔽前应检查合格。

2 分部工程、单位工程完工后，应汇总评定所属分项工程、分部工程质量资料，检查外观质量，对工程质量进行评定。

3.2 工程质量检验

3.2.1 分项工程应按基本要求、实测项目、外观质量和质量保证资料等检验项目分别检查。

3.2.2 分项工程质量应在所使用的原材料、半成品、成品及施工控制要点等符合基本要求的规定，无外观质量限制缺陷且质量保证资料真实齐全时，方可进行检验评定。

3.2.3 基本要求检查应符合下列规定：

1 分项工程应对所列基本要求逐项检查，经检查不符合规定时，不得进行工程质量的检验评定。

2 分项工程所用的各种原材料的品种、规格、质量及混合料配合比和半成品、成品应符合有关技术标准规定并满足设计要求。

3.2.4 实测项目检验应符合下列规定：

1 对检查项目按规定的检查方法和频率进行随机抽样检验并计算合格率。

2 本标准规定的检查方法为标准方法，采用其他高效检测方法应经比对确认。

3 本标准中以路段长度规定的检查频率为双车道路段的最低检查频率，对多车道应按车道数与双车道之比相应增加检查数量。

4 应按式（3.2.4）计算检查项目合格率：

$$检查项目合格率（\%）= \frac{合格的点（组）数}{该检查项目的全部检查点（组）数} \times 100 \qquad (3.2.4)$$

3.2.5 检查项目合格判定应符合下列规定：

1 关键项目的合格率应不低于95%（机电工程为100%），否则该检查项目为不合格。

2 一般项目的合格率应不低于80%，否则该检查项目为不合格。

3 有规定极值的检查项目，任一单个检测值不应突破规定极值，否则该检查项目为不合格。

4 采用本标准附录B至附录S所列方法进行检验评定的检查项目，不满足要求时，该检查项目为不合格。

3.2.6 外观质量应进行全面检查，并满足规定要求，否则该检验项目为不合格。

3.2.7 工程应有真实、准确、齐全、完整的施工原始记录、试验检测数据、质量检验结果等质量保证资料。质量保证资料应包括下列内容：

1 所用原材料、半成品和成品质量检验结果；

2 材料配合比、拌和加工控制检验和试验数据；

3 地基处理、隐蔽工程施工记录和桥梁、隧道施工监控资料；

4 质量控制指标的试验记录和质量检验汇总图表；

5 施工过程中遇到的非正常情况记录及其对工程质量影响分析评价资料；

6 施工过程中如发生质量事故，经处理补救后达到设计要求的认可证明文件等。

3.2.8 检验项目评为不合格的，应进行整修或返工处理直至合格。

3.3 工程质量评定

3.3.1 工程质量等级应分为合格与不合格。

3.3.2 分项工程、分部工程、单位工程质量评定应有符合本标准附录K规定的资料。

3.3.3 分项工程质量评定合格应符合下列规定：

1 检验记录应完整。

2 实测项目应合格。

3 外观质量应满足要求。

3.3.4 分部工程质量评定合格应符合下列规定：

1 评定资料应完整。

2 所含分项工程及实测项目应合格。

3 外观质量应满足要求。

3.3.5 单位工程质量评定合格应符合下列规定：

1 评定资料应完整。

2 所含分部工程应合格。

3 外观质量应满足要求。

3.3.6 评定为不合格的分项工程、分部工程，经返工、加固、补强或调测，满足设计要求后，可重新进行检验评定。

3.3.7 所含单位工程合格，该合同段评定为合格；所含合同段合格，该建设项目评定为合格。

4 路基土石方工程

4.1 一般规定

4.1.1 土方路基和填石路基的实测项目的规定值或允许偏差按高速公路、一级公路和其他公路（指二级及以下公路）两档确定，其中土方路基压实度应按高速公路和一级公路、二级公路、三四级公路三档确定。

4.1.2 路基压实度应分层检测，上路床压实度应按本标准附录B的规定进行评定。路基工程其他检查项目应在上路床进行检查测定。

4.1.3 土质路肩工程可作为路面工程的一个分项工程进行检查评定。

4.1.4 收费广场及服务区道路、停车场的土方工程压实标准可按土方路基要求进行检验。

4.2 土方路基

4.2.1 土方路基应符合下列基本要求：

1 在路基用地和取土坑范围内，应清除地表植被、杂物、积水、淤泥和表土，处理坑塘，并按施工技术规范和设计要求对基底进行压实。表土应充分利用。

2 填方路基应分层填筑压实，每层表面平整，路拱合适，排水良好，不得有明显碾压轮迹，不得亏坡。

3 应设置施工临时排水系统，避免冲刷边坡，路床顶面不得积水。

4 在设定取土区内合理取土，不得滥开滥挖。完工后应按要求对取土坑和弃土场进行修整。

4.2.2 土方路基实测项目应符合表4.2.2的规定。

4.2.3 土方路基外观质量应符合下列规定：

1 路基边线与边坡不应出现单向累计长度超过50m的弯折。

2 路基边坡、护坡道、碎落台不得有滑坡、塌方或深度超过100mm的冲沟。

表 4.2.2 土方路基实测项目

项次	检查项目			规定值或允许偏差			检查方法和频率
				高速公路一级公路	其他公路		
					二级公路	三、四级公路	
1△	压实度（%）	上路床		0~0.3m	≥96	≥95	≥94	按附录B检查；密度法：每200m每压实层测2处
		下路床	轻、中及重交通荷载等级	0.3m~0.8m	≥96	≥95	≥94	
			特重、极重交通荷载等级	0.3m~1.2m	≥96	≥95	—	
		上路堤	轻、中及重交通荷载等级	0.8m~1.5m	≥94	≥94	≥93	
			特重、极重交通荷载等级	1.2m~1.9m	≥94	≥94	—	
		下路堤	轻、中及重交通荷载等级	>1.5m	≥93	≥92	≥90	
			特重、极重交通荷载等级	>1.9m				
2△	弯沉（0.01mm）			≤设计验收弯沉值			按附录J检查
3	纵断高程（mm）			+10，−15	+10，−20		水准仪：中线位置每200m测2点
4	中线偏位（mm）			50	100		全站仪：每200m测2点，弯道加HY、YH两点
5	宽度（mm）			满足设计要求			尺量：每200m测4点
6	平整度（mm）			≤15	≤20		3m直尺：每200m测2处×5尺
7	横坡（%）			±0.3	±0.5		水准仪：每200m测2个断面
8	边坡			满足设计要求			尺量：每200m测4点

注：1. 表列压实度系按现行《公路土工试验规程》（JTG E40）重型击实试验所得最大干密度求得的压实度。评定路段内的压实度平均值下置信界限不得小于规定标准，单个测定值不得小于极值（表列规定值减5个百分点）。按测定值不小于表列规定值减2个百分点的测点占总检查点数的百分率计算合格率。

2. 特殊干旱、特殊潮湿地区或过湿土路基等，可按路基设计、施工规范所规定的压实度标准进评定。

3. 三、四级公路铺筑沥青混凝土或水泥混凝土路面时路基压实度应采用二级公路标准。

4.3 填石路基

4.3.1 填石路基应符合下列基本要求：

1 填石路基应分层填筑压实，每层表面平整，路拱合适，排水良好，上路床不得有碾压轮迹，不得亏坡。

2 修筑填石路基时应进行地表清理，填筑层厚度应符合规范规定并满足设计要求，填石空隙用石渣、石屑嵌压稳定。

3　填石路基应通过试验路确定沉降差控制标准。

4.3.2　填石路基实测项目应符合表4.3.2的规定。

表4.3.2　填石路基实测项目

项次	检查项目		规定值或允许偏差		检查方法和频率
			高速公路一级公路	其他公路	
1△	压实①		孔隙率满足设计要求		密度法：每200m每压实层测1处
			沉降差≤试验路确定的沉降差		精密水准仪：每50m测1个断面，每个断面测5点
2△	弯沉（0.01mm）		≤设计验收弯沉值		按附录J检查
3	纵断高程（mm）		+10，−20	+10，−30	水准仪：中线位置每200m测2点
4	中线偏位（mm）		≤50	≤100	全站仪：每200m测2点，弯道加HY、YH两点
5	宽度（mm）		满足设计要求		尺量：每200m测4点
6	平整度（mm）		≤20	≤30	3m直尺：每200m测2处×5尺
7	横坡（%）		±0.3	±0.5	水准仪：每200m测2个断面
8	边坡	坡度	满足设计要求		尺量：每200m测4点
		平顺度	满足设计要求		

注：①上下路床填土时压实度检验标准同土方路基。
　　②土石混填路基压实度可根据实际可能进行检验。

4.3.3　填石路基外观质量应符合下列规定：
1　路基边线与边坡不应出现单向累计长度超过50m的弯折。
2　上边坡不得有危石。

4.4　软土地基处置

4.4.1　软土地基处置应符合下列基本要求：
1　换填地基的填筑压实要求同本标准第4.2节土方路基。
2　砂垫层：应分层碾压施工；砂垫层宽度应宽出路基边脚0.5～1.0m，两侧端以片石护砌；砂垫层厚度及其上铺设的反滤层应满足设计要求。
3　反压护道：护道高度、宽度应满足设计要求，压实度不低于90%。
4　袋装砂井、塑料排水板：沙袋和塑料排水板下沉时不得出现扭结、断裂等现象；井（板）底高程应满足设计要求，塑料排水板超过孔口的长度应伸入砂垫层不小于500mm。
5　粒料桩：施工工艺应符合规范规定；施工前应进行成桩工艺和成桩挤密试验；桩体应连续、密实。
6　加固土桩：施工前应进行成桩工艺和成桩强度试验；施工设备必须安装喷粉（浆）自动记录装置，施工工艺应符合规范规定。

7　水泥粉煤灰碎石桩：施工前应进行成桩工艺和成桩强度试验；混合料应拌和均匀，桩体施工应选择合理的施打顺序，成桩过程中应对已打桩的桩顶进行位移监测。

8　刚性桩：施工前应进行成桩试验；施工工艺应符合规范规定。

9　软土地基上的路堤，应满足沉降标准和稳定性的设计要求。

4.4.2　软土地基处置实测项目应符合表 4.4.2-1～表 4.4.2-6 的规定。

表 4.4.2-1　砂垫层实测项目

项次	检查项目	规定值或允许偏差	检查方法和频率
1	砂垫层厚度	≥设计值	尺量：每 200m 测 2 点，且不少于 5 点
2	砂垫层宽度	≥设计值	尺量：每 200m 测 2 点，且不少于 5 点
3	反滤层设置	满足设计要求	尺量：每 200m 测 2 点，且不少于 5 点
4	压实度（%）	≥90	密度法：每 200m 测 2 点，且不少于 5 点

表 4.4.2-2　袋装砂井、塑料排水板实测项目

项次	检查项目	规定值或允许偏差	检查方法和频率
1	井（板）距（mm）	±150	尺量：抽查 2% 且不少于 5 点
2△	井（板）长	>设计值	查施工记录
3	井径（mm）	+10，0	挖验 2% 不少于 5 点
4	灌砂率（%）	−5	查施工记录

表 4.4.2-3　粒料桩实测项目

项次	检查项目	规定值或允许偏差	检查方法和频率
1	桩距（mm）	±150	抽查 2% 且不少于 5 点
2	桩径（mm）	≥设计值	抽查 2% 且不少于 5 点
3△	桩长（m）	≥设计值	查施工记录
4	粒料灌入率	≥设计值	查施工记录
5	地基承载力	满足设计要求	抽查桩数的 0.1% 且不少于 3 处

表 4.4.2-4　加固土桩实测项目

项次	检查项目	规定值或允许偏差	检查方法和频率
1	桩距（mm）	±100	尺量：抽查 2% 且不少于 5 点
2	桩径（mm）	≥设计值	尺量：抽查 2% 且不少于 5 点
3△	桩长（m）	≥设计值	查施工记录并结合取芯检查 0.2%，且不少于 3 根
4	单桩每延米喷粉（浆）量	≥设计值	查施工记录
5△	强度（MPa）	满足设计要求	取芯法：抽查桩数的 0.5%，且不少于 3 组
6	地基承载力	满足设计要求	抽查桩数的 0.1% 且不少于 3 处

表 4.4.2-5 水泥粉煤灰碎石桩实测项目

项次	检 查 项 目	规定值或允许偏差	检查方法和频率
1	桩距（mm）	±100	尺量：抽查2%且不少于5点
2	桩径（mm）	≥设计值	尺量：抽查2%且不少于5点
3△	桩长（m）	≥设计值	查施工记录并结合取芯检查0.2%，且不少于3根
4△	强度（MPa）	满足设计要求	取芯法：抽查桩数的0.5%，且不少于3组
5	地基承载力	满足设计要求	抽查桩数的0.1%且不少于3处

表 4.4.2-6 刚性桩实测项目

项次	检 查 项 目	规定值或允许偏差	检查方法和频率
1△	混凝土强度	在合格标准内	按附录D检查
2	桩距（mm）	±100	尺量：抽查2%且不少于5点
3	桩径（mm）	≥设计值	尺量：抽查2%且不少于5点
4△	桩长（m）	≥设计值	查施工记录
5	单桩承载力	满足设计要求	抽查桩数的0.1%且不少于3根

4.5 土工合成材料处置层

4.5.1 土工合成材料处置层应符合下列基本要求：

1 土工合成材料应无老化，外观应无破损、污染。

2 土工合成材料应紧贴下承层，按设计和施工要求铺设、张拉、固定。

3 土工合成材料的接缝搭接、黏结强度和长度应满足设计要求，上、下层土工合成材料搭接缝应交替错开。

4.5.2 土工合成材料处置层实测项目应符合表4.5.2-1～表4.5.2-4的规定。

表 4.5.2-1 加筋工程土工合成材料处置层实测项目

项次	检 查 项 目	规定值或允许偏差	检查方法和频率
1	下承层平整度、拱度	满足设计要求	每200m检查4处
2	搭接宽度（mm）	+50，0	尺量：抽查2%
3	搭接缝错开距离（mm）	满足设计要求	尺量：抽查2%
4	锚固长度（mm）	满足设计要求	尺量：抽查2%

表 4.5.2-2 隔离工程土工合成材料处置层实测项目

项次	检 查 项 目	规定值或允许偏差	检查方法和频率
1	下承层平整度、拱度	满足设计要求	每200m检查4处
2	搭接宽度（mm）	+50，0	尺量：抽查2%
3	搭接缝错开距离（mm）	满足设计要求	尺量：抽查2%
4	搭接处透水点	不多于1个点	每缝

表 4.5.2-3 过滤排水工程土工合成材料处置层实测项目

项次	检 查 项 目	规定值或允许偏差	检查方法和频率
1	下承层平整度、拱度	满足设计要求	每 200m 检查 4 处
2	搭接宽度（mm）	+50，0	尺量：抽查 2%
3	搭接缝错开距离（mm）	满足设计要求	尺量：抽查 2%

表 4.5.2-4 防裂工程土工合成材料处置层实测项目

项次	检 查 项 目	规定值或允许偏差	检查方法和频率
1	下承层平整度、拱度	满足设计要求	每 200m 检查 4 处
2	搭接宽度（mm）	≥50（横向） ≥150（纵向）	尺量：抽查 2%
3	黏结力（N）	≥20	抽查 2%

4.5.3 土工合成材料处置层外观质量应符合下列规定：

　　1 土工合成材料无重叠、皱折。

　　2 土工合成材料固定处不应松动。

5 排水工程

5.1 一般规定

5.1.1 排水工程施工应满足设计要求并符合施工规范的规定，依照实际地形，选择合适的位置，将地面水和地下水排出路基以外。

5.1.2 边沟、截水沟、排水沟等应按本标准第5.5节和第5.6节的要求进行检验。

5.1.3 跌水、急流槽、水簸箕等其他排水工程应按本标准第5.6节的要求进行检验。

5.1.4 路面拦水带纳入第7章路缘石分项工程，排水基层应按本标准第7章的要求进行检验。

5.1.5 沟槽回填土应符合施工规范的规定并满足设计要求。

5.1.6 排水泵站明开挖基础可按本标准第8章的要求进行检验。

5.1.7 钢筋混凝土构件应包含钢筋加工及安装分项工程，预应力混凝土构件应包括预应力钢筋的加工和张拉分项工程。

5.2 管节预制

5.2.1 管节预制应符合下列基本要求：
1 混凝土应满足耐久性（抗冻、抗渗、抗侵蚀）等设计要求。
2 不得出现露筋和空洞现象。

5.2.2 管节预制实测项目应符合表5.2.2的规定。

表 5.2.2 管节预制实测项目

项次	检 查 项 目	规定值或允许偏差	检查方法和频率
1△	混凝土强度（MPa）	在合格标准内	按附录 D 检查

续表 5.2.2

项次	检查项目	规定值或允许偏差	检查方法和频率
2	内径（mm）	≥设计值	尺量：抽查 10% 管节，每管节测 2 个断面，且不少于 5 个断面
3	壁厚（mm）	-3	尺量：抽查 10% 管节，每管节测 2 个断面，且不少于 5 个断面
4	顺直度	矢度不大于 0.2% 管节长	抽查 10% 管节，沿管节拉线量，取最大矢高
5	长度（mm）	+5，0	尺量：抽查 10% 管节，每管节测 1 点，且不少于 5 点

5.2.3 管节预制外观质量应符合下列规定：

1 不应出现附录 P 中小型预制构件外观限制性缺陷。

5.3 混凝土排水管安装

5.3.1 混凝土排水管安装应符合下列基本要求：

1 排水管基础应满足设计要求。

2 管材应逐节检查，不得有裂缝、破损。

3 管节铺设应平顺、稳固，管底坡度不得出现反坡，管节接头处流水面高差不得大于 5mm。管内不得有泥土、砖石、砂浆等杂物。

4 管径大于 750mm 时，应在管内作整圈勾缝。

5 抹带前，管口应洗刷干净，管口表面应平整密实，无裂缝现象。抹带后应及时覆盖养护。

6 设计中要求防渗漏的排水管应做渗漏试验，渗漏量应满足设计要求。

5.3.2 混凝土排水管安装实测项目应符合表 5.3.2 的规定。

表 5.3.2 混凝土排水管安装实测项目

项次	检查项目		规定值或允许偏差	检查方法和频率
1△	混凝土抗压强度或砂浆强度（MPa）		在合格标准内	按附录 D、附录 F 检查
2	管轴线偏位（mm）		15	全站仪或尺量：每两井间测 3 处
3	流水面高程（mm）		±10	水准仪、尺量：每两井间进出水口各 1 处，中间 1~2 处
4	基础厚度（mm）		≥设计值	尺量：每两井间测 3 处
5	管座	肩宽（mm）	+10，-5	尺量：每两井间测 2 处
		肩高（mm）	±10	
6	抹带	宽度	≥设计值	尺量：按 10% 抽查
		厚度	≥设计值	

5.3.3 混凝土排水管安装外观质量应符合下列规定：

1 不应出现附录 P 中基础外观限制缺陷。

2 管口缝带圈不得开裂脱皮；管口内缝砂浆不得有空鼓。

3 抹带接口表面不应有间断和空鼓。

5.4 检查（雨水）井砌筑

5.4.1 检查（雨水）井砌筑应符合下列基本要求：

1 砌筑材料及井基混凝土强度应满足设计要求。

2 井盖质量应满足设计要求。

3 砌筑砂浆配合比准确，井壁砂浆饱满，灰缝平整。检查井内壁应平顺，抹面密实光洁无裂缝，收分均匀，踏步安装牢固。

5.4.2 检查（雨水）井砌筑实测项目应符合表 5.4.2 的规定。

表 5.4.2 检查（雨水）井砌筑实测项目

项次	检 查 项 目		规定值或允许偏差	检查方法和频率
1△	砂浆强度（MPa）		在合格标准内	按附录 F 检查
2	中心点位（mm）		50	全站仪：逐井检查
3	圆井直径或方井长、宽（mm）		±20	尺量：逐井检查，每井测 2 点
4	壁厚（mm）		-10，0	尺量：逐井检查，每井测 2 点
5	井底高程（mm）		±20	水准仪：逐井检查
6	井盖与相邻路面高差（mm）	雨水井	0，-4	水准仪、水平尺：逐井检查
		检查井	+4，0	

5.4.3 检查（雨水）井砌筑外观质量应符合下列规定：

1 井框、井盖安装不应松动，井口周围不得有积水。

5.5 土沟

5.5.1 土沟应符合下列基本要求：

1 土沟边坡应平整、密实、稳定。

5.5.2 土沟实测项目应符合表 5.5.2 的规定。

表 5.5.2 土沟实测项目

项次	检 查 项 目	规定值或允许偏差	检查方法和频率
1	沟底高程（mm）	0，-30	水准仪：每 200m 测 4 点，且不少于 5 点

续表 5.5.2

项次	检 查 项 目	规定值或允许偏差	检查方法和频率
2	断面尺寸（mm）	≥设计值	尺量：每200m测2点，且不少于5点
3	边坡坡度	不陡于设计值	尺量：每200m测2点，且不少于5点
4	边棱直顺度（mm）	50	尺量：20m拉线，每200m测2点，且不少于5点

5.5.3 土沟外观质量应符合下列规定：

1 沟内不得有杂物，无排水不畅。

5.6 浆砌水沟

5.6.1 浆砌水沟应符合下列基本要求：

1 浆砌片（块）石、混凝土预制块的质量和规格，应符合国家和行业强制性标准以及合同约定的其他标准的规定，并满足设计要求。

2 砌体砂浆配合比准确，砌缝内砂浆均匀饱满，勾缝密实。

3 基础中缩缝应与墙身缩缝对齐。

5.6.2 浆砌水沟实测项目应符合表5.6.2的规定。

表 5.6.2 浆砌水沟实测项目

项次	检 查 项 目	规定值或允许偏差	检查方法和频率
1△	砂浆强度（MPa）	在合格标准内	按附录F检查
2	轴线偏位（mm）	50	全站仪或尺量：每200m测5点
3	沟底高程（mm）	±15	水准仪：每200m测5点
4	墙面直顺度（mm）	30	20m拉线：每200m测2点
5	坡度	满足设计要求	坡度尺：每200m测2点
6	断面尺寸（mm）	±30	尺量：每200m测2个断面，且不少于5个断面
7	铺砌厚度（mm）	≥设计值	尺量：每200m测2点
8	基础垫层宽度、厚度（mm）	≥设计值	尺量：每200m测2点

5.6.3 浆砌水沟外观质量应符合下列规定：

1 砌体抹面不得有空鼓。

2 沟内不应有杂物，无排水不畅。

5.7 盲沟

5.7.1 盲沟应符合下列基本要求：

1 盲沟的设置、填料规格、质量等应符合规范规定，并满足设计要求。

5.7.2 盲沟实测项目应符合表 5.7.2 的规定。

表 5.7.2 盲沟实测项目

项次	检查项目	规定值或允许偏差	检查方法和频率
1	沟底高程（mm）	±15	水准仪：每 20m 测 1 点
2	断面尺寸（mm）	不小于设计值	尺量：每 20m 测 1 点

5.7.3 盲沟外观质量应符合下列规定：
1 进出水口不应排水不畅。

5.8 排水泵站沉井

5.8.1 排水泵站沉井应符合下列基本要求：
1 地基应具有足够的承载能力。
2 井壁混凝土应密实，混凝土强度达到合格标准后方可进行下沉。
3 沉井下沉过程中，应随时注意正位，发现偏位及倾斜时应及时纠正。
4 沉井封底应密实不漏水。
5 水泵、管及管件应安装牢固，位置正确。

5.8.2 排水泵站沉井实测项目应符合表 5.8.2 的规定。

表 5.8.2 排水泵站沉井实测项目

项次	检查项目	规定值或允许偏差	检查方法和频率
1△	混凝土强度（MPa）	在合格标准内	按附录 D 检查
2	轴线平面偏位（mm）	50	全站仪：纵、横向各 2 点
3	竖直度（mm）	$1\%H$	铅锤法：纵、横向各 1 点
4	几何尺寸（mm）	±50	尺量：长、宽、高各 2 点
5	壁厚（mm）	−5，0	尺量：每井测 5 点
6	井口高程（mm）	±50	水准仪：测 4 点

注：H 为井深，计算规定值和允许偏差时以 mm 计。

5.8.3 排水泵站沉井外观质量应符合下列规定：
1 不应出现附录 P 中沉井外观限制缺陷。

5.9 沉淀池

5.9.1 沉淀池应符合下列基本要求：

1 进出水口位置及高程应满足设计要求。

2 设计中要求防渗漏的沉淀池应做渗漏试验，渗漏量应符合要求。

5.9.2 沉淀池实测项目应符合表 5.9.2 的规定。

表 5.9.2 沉淀池实测项目

项次	检 查 项 目	规定值或允许偏差	检查方法和频率
1△	混凝土强度（MPa）	在合格标准内	按附录 D 检查
2	轴线平面偏位（mm）	±50	全站仪：纵、横向各 2 点
3	几何尺寸（mm）	±50	尺量：长、宽、高、壁厚各 2 点
4	底板高程（mm）	±50	水准仪：测 2 点

5.9.3 沉淀池外观质量应符合下列规定：

1 不应出现附录 P 中沉井外观限制缺陷。

6 防护支挡工程

6.1 一般规定

6.1.1 砌体、片石混凝土挡土墙当平均墙高大于或等于6m且墙身面积大于或等于1 200m²时为大型挡土墙，每处应作为分部工程进行检验。

6.1.2 桩板式、锚杆、锚定板等组合式挡土墙，每处应作为分部工程进行检验。

6.1.3 桩板式挡土墙的桩按本标准第8.5节相关规定检验，面板预制及安装按本标准第6.4节相关规定检验。

6.1.4 抗滑桩根据成桩工艺，可按本标准第8.5节相关规定检验。

6.1.5 丁坝、护岸可参照挡土墙的相关规定进行检验。

6.1.6 第6章及第8章未包含的小型砌石构造物的检验可参照本标准第6.10节执行。

6.1.7 钢筋混凝土结构或构件均应包含钢筋加工及安装分项工程，按本标准第8.3节进行检验。

6.2 砌体、片石混凝土挡土墙

6.2.1 砌体、片石混凝土挡土墙应符合下列基本要求：
1 勾缝砂浆强度不得小于砌筑砂浆强度。
2 地基承载力、基础埋置深度应满足设计要求。
3 砌筑应分层错缝。浆砌时应坐浆挤紧，嵌填饱满密实，不得出现空洞；干砌时不得出现松动、叠砌和浮塞。
4 混凝土应分层浇筑，施工缝及片石埋放应符合施工技术规范的规定。
5 沉降缝、伸缩缝、泄水孔的位置、尺寸和数量应满足设计要求；沉降缝及伸缩缝应竖直、贯通，采用弹性材料填充密实，填充深度应满足设计要求。

6.2.2 砌体、片石混凝土挡土墙实测项目应符合表6.2.2-1~表6.2.2-3的规定。

表6.2.2-1 浆砌挡土墙实测项目

项次	检查项目		规定值或允许偏差	检查方法和频率
1△	砂浆强度（MPa）		在合格标准内	按附录F检查
2	平面位置（mm）		≤50	全站仪：测墙顶外边线，长度不大于30m时测5点，每增加10m增加1点
3	墙面坡度（%）		≤0.5	铅锤法：长度不大于30m时测5处，每增加10m增加1处
4△	断面尺寸（mm）		≥设计值	尺量：长度不大于50m时测10个断面，每增加10m增加1个断面
5	顶面高程（mm）		±20	水准仪：长度不大于30m时测5点，每增加10m增加1点
6	表面平整度（mm）	块石	≤20	2m直尺：每20m测3处，每处测竖直、墙长两个方向
		片石	≤30	
		混凝土预制块、料石	≤10	

表6.2.2-2 干砌挡土墙实测项目

项次	检查项目	规定值或允许偏差	检查方法和频率
1	平面位置（mm）	≤50	全站仪：测墙顶外边线，长度不大于30m时测5点，每增加10m增加1点
2	墙面坡度（%）	≤0.5	铅锤法：长度不大于30m时测5处，每增加10m增加1处
3△	断面尺寸（mm）	≥设计值	尺量：长度不大于50m时测10个断面，每增加10m增加1个断面
4	顶面高程（mm）	±50	水准仪：长度不大于30m时测5点，每增加10m增加1点
5	表面平整度（mm）	≤50	2m直尺：每20m测3处，每处测竖直、墙长两个方向

表6.2.2-3 片石混凝土挡土墙实测项目

项次	检查项目	规定值或允许偏差	检查方法和频率
1△	混凝土强度（MPa）	在合格标准内	按附录D检查
2	平面位置（mm）	≤50	全站仪：测墙顶外边线，长度不大于30m时测5点，每增加10m增加1点
3	墙面坡度（%）	≤0.3	铅锤法：长度不大于30m时测5处，每增加10m增加1处
4△	断面尺寸（mm）	≥设计值	尺量：长度不大于50m时测10个断面，每增加10m增加1个断面
5	顶面高程（mm）	±20	水准仪：长度不大于30m时测5点，每增加10m增加1点
6	表面平整度（mm）	≤8	2m直尺：每20m测3处，每处测竖直、墙长两个方向

6.2.3 砌体、片石混凝土挡土墙外观质量应符合下列规定：

1 浆砌缝开裂、勾缝不密实和脱落的累计换算面积不得超过该面面积的 1.5%，且单个最大换算面积不应大于 0.08m²。换算面积应按缺陷缝长度乘以 0.1m 计算。

2 混凝土表面不应存在本标准附录 P 所列限制缺陷。

3 墙体不得出现外鼓变形。

4 泄水孔应无反坡、堵塞。

6.3 悬臂式和扶壁式挡土墙

6.3.1 悬臂式和扶壁式挡土墙应符合下列基本要求：

1 地基承载力应满足设计要求。

2 沉降缝、伸缩缝、泄水孔的位置、尺寸和数量应满足设计要求；沉降缝及伸缩缝应竖直、贯通，采用弹性材料填充密实，填充深度满足设计要求。

6.3.2 悬臂式和扶壁式挡土墙实测项目应符合表 6.3.2 的规定。

表 6.3.2 悬臂式和扶壁式挡土墙实测项目

项次	检查项目	规定值或允许偏差	检查方法和频率
1△	混凝土强度（MPa）	在合格标准内	按附录 D 检查
2	平面位置（mm）	≤30	全站仪：长度不大于 30m 时测 5 点，每增加 10m 增加 1 点
3	墙面坡度（%）	≤0.3	铅锤法：长度不大于 30m 时测 5 处，每增加 10m 增加 1 处
4△	断面尺寸（mm）	≥设计值	尺量：长度不大于 50m 时测 10 个断面及 10 个扶壁，每增加 10m 增加 1 个断面及 1 个扶壁
5	顶面高程（mm）	±20	水准仪：长度不大于 30m 时测 5 点，每增加 10m 增加 1 点
6	表面平整度（mm）	≤8	2m 直尺：每 20m 测 3 处，每处测竖向、纵向两个方向

6.3.3 悬臂式和扶壁式挡土墙外观质量应符合下列规定：

1 混凝土表面不应存在本标准附录 P 所列限制缺陷。

2 墙体不得出现外鼓变形。

3 泄水孔应无反坡、堵塞。

6.4 锚杆、锚定板和加筋土挡土墙

6.4.1 锚杆、锚定板和加筋土挡土墙应符合下列基本要求：

1 锚杆、拉杆或筋带根数不得少于设计数量。

2 地基承载力应满足设计要求。

3 筋带应理顺，放平拉直，筋带与面板、筋带与筋带连接牢固。

4 锚杆的长度应大于或等于设计长度，锚杆插入锚孔内的长度不得小于设计长度的 98%。

5 锚杆注浆性能应符合相关施工技术规范规定，锚孔内注浆应密实，注浆压力满足设计要求。

6 沉降缝、伸缩缝、泄水孔的位置、尺寸和数量应满足设计要求；沉降缝及伸缩缝应竖直、贯通，采用弹性材料填充密实，填充深度满足设计要求。

7 拉杆、锚杆的防护应满足设计要求。

6.4.2 锚杆、锚定板和加筋土挡土墙实测项目应符合下列规定：

1 基础和肋柱预制应分别按本标准第 8.5 节、第 8.12 节有关规定检查，其他实测项目应符合表 6.4.2-1 ~ 表 6.4.2-6 的规定。

表 6.4.2-1　筋带实测项目

项次	检查项目	规定值或允许偏差	检查方法和频率
1	筋带长度	≥设计值	尺量：每 20m 测 5 根（束）
2	筋带与面板连接	满足设计要求	目测：全部
3	筋带与筋带连接	满足设计要求	目测：全部
4	筋带铺设	满足设计要求	目测：全部

表 6.4.2-2　拉杆实测项目

项次	检查项目	规定值或允许偏差	检查方法和频率
1△	长度（mm）	≥设计值	尺量：每 20m 测 5 根
2	拉杆间距（mm）	±100	尺量：每 20m 测 5 根
3	拉杆与面板、锚定板连接	满足设计要求	目测：全部

表 6.4.2-3　锚杆实测项目

项次	检查项目	规定值或允许偏差	检查方法和频率
1△	注浆强度（MPa）	在合格标准内	砂浆按附录 F 检查，其他按附录 M 检查
2	锚孔孔深（mm）	≥设计值	尺量：抽查 20%
3	锚孔孔径（mm）	满足设计要求	尺量：抽查 20%
4	锚孔轴线倾斜（%）	2	倾角仪：抽查 20%
5	锚孔间距（mm）	±100	尺量：抽查 20%
6△	锚杆抗拔力（kN）	满足设计要求。设计未要求时，抗拔力平均值≥设计值；80% 锚杆的抗拔力≥设计值；最小抗拔力≥0.9 设计值	抗拔力试验：检查数量按设计要求，设计未要求时按锚杆数 5%，且不少于 3 根检查
7	锚杆与面板连接	满足设计要求	目测：全部

表 6.4.2-4　面板预制实测项目

项次	检查项目		规定值或允许偏差	检查方法和频率
1△	混凝土强度（MPa）		在合格标准内	按附录 D 检查
2	边长（mm）	边长＜1m	±5	尺量：抽查 10%，每板长宽各测 1 次
		其他	±0.5%边长	
3	两对角线差（mm）	边长＜1m	≤10	尺量：抽查 10%，每板测 2 对角线
		其他	≤0.7%最大对角线长	
4△	厚度（mm）		+5，−3	尺量：抽查 10%，每板测 2 处
5	表面平整度（mm）		≤5	2m 直尺：抽查 10%，每板长方向测 1 处
6	预埋件位置（mm）		≤5	尺量：抽查 10%

表 6.4.2-5　面板安装实测项目

项次	检查项目	规定值或允许偏差	检查方法和频率
1	每层面板顶高程（mm）	±10	水准仪：长度不大于 30m 时测 5 组，每增加 10m 增加 1 组
2	轴线偏位（mm）	≤10	挂线、尺量：长度不大于 30m 时测 5 点，每增加 10m 增加 1 点
3	面板坡度（%）	+0，−0.5	铅锤法：长度不大于 30m 时测 5 处，每增加 10m 增加 1 处
4	相邻面板错台	≤5	尺量：长度不大于 30m 时测 5 条缝最大处，每增加 10m 增加 1 条
5	面板缝宽（mm）	≤10	尺量：每 30m 检查 5 条，每增加 10m 增加 1 条

注：面板安装以同层相邻两板为一组。

表 6.4.2-6　锚杆、锚定板和加筋土挡土墙总体实测项目

项次	检查项目		规定值或允许偏差	检查方法和频率
1	墙顶和肋柱平面位置（mm）	路堤式	+50，−100	全站仪：长度不大于 30m 时测 5 点，每增加 10m 增加 1 点
		路肩式	±50	
2	墙顶和柱顶高程（mm）	路堤式	±50	水准仪：长度不大于 30m 时测 5 点，每增加 10m 增加 1 点
		路肩式	±30	
3	肋柱间距（mm）		±15	尺量：每柱间
4	墙面平整度（mm）		≤15	2m 直尺：每 20m 测 3 处，每处测竖直、墙长两个方向

6.4.3　锚杆、锚定板和加筋土挡土墙外观质量应符合下列规定：

1　混凝土构件不应存在本标准附录 P 所列限制缺陷。

2　锚头不得外露，封锚混凝土或砂浆应无裂缝、疏松。

3　墙体不得出现外鼓变形。

4　泄水孔应无反坡、堵塞。

6.5 墙背填土

6.5.1 墙背填土应符合下列基本要求：

1 墙背填土应采用设计要求的填料，不应含有机物、冰块、草皮、树根等杂物或生活垃圾，其化学及电化学性能应符合锚杆、拉杆、筋带的防腐和耐久性要求，严禁采用膨胀土、高液限黏土、腐殖土、盐渍土、淤泥和冻土块等不良填料。

2 墙背填土应和挖方路基、填方路基搭接，并应满足设计要求。

3 应分层填筑压实，每层表面平整，顶层路拱合适。

4 反滤层的材料、铺设范围应满足设计要求。

5 墙身强度达到设计强度的 75% 以上时方可开始填土。

6.5.2 墙背填土实测项目应符合下列规定：

1 锚杆、锚定板和加筋土挡土墙距面板 1m 范围以内压实度实测项目见表 6.5.2，其他部分填土和其他类型挡土墙填土的压实度要求均与路基相同。

表 6.5.2 锚杆、锚定板和加筋土挡土墙墙背填土实测项目

项次	检查项目	规定值或允许偏差	检查方法和频率
1△	距面板 1m 范围以内压实度（%）	≥90	按附录 B 的方法检查，每 50m 每压实层测 1 处，且不得少于 1 处
2	反滤层厚度（mm）	≥设计厚度	尺量：长度不大于 50m 时测 5 处，每增加 10m 增加 1 处

6.5.3 墙背填土外观质量应符合下列规定：

1 填土表面不平整的累计长度不得超过总长度的 10%。

2 不得出现亏坡。

6.6 边坡锚固防护

6.6.1 边坡锚固防护应符合下列基本要求：

1 边坡坡度、坡面应满足设计要求，坡面应无风化、无浮石，喷射前应用水冲洗干净。

2 锚杆、锚索的数量不得少于设计数量。

3 框格梁钢筋、钢筋网与锚杆或其他锚固装置连接牢固，喷射混凝土时钢筋不得晃动。

4 注浆性能应符合相关施工技术规范规定，锚孔内注浆应密实，注浆压力满足设计要求。

5 坡面混凝土喷射前应对坡面的渗漏水、流水等进行处理。

6 预应力锚杆、锚索的基本要求应符合本标准第 8.3.2 条的规定，并按设计要求的工艺进行张拉。

7 锚杆、锚索的长度应大于或等于设计长度，插入锚孔内的长度预应力锚杆、锚索不得小于设计长度的97%、其他不得小于98%。非锚固段套管安装位置应满足设计要求。

8 预应力锚杆、锚索应采用机械切割，锁定力应满足设计要求。

9 沉降缝、伸缩缝的位置、缝宽应满足设计要求，采用弹性材料填充密实，填充深度应满足设计要求。

10 锚杆、锚索的防护应满足设计要求。

6.6.2 边坡锚固防护实测项目应符合表6.6.2-1和表6.6.2-2的规定。

表 6.6.2-1 锚杆、锚索实测项目

项次	检查项目		规定值或允许偏差	检查方法和频率
1△	注浆强度（MPa）		在合格标准内	砂浆按附录F检查，其他按附录M检查
2	锚孔深度（mm）		≥设计值	尺量：抽查20%
3	锚孔孔径（mm）		满足设计要求	尺量：抽查20%
4	锚孔轴线倾斜（%）		2	倾角仪：抽查20%
5	锚孔位置（mm）	设置框格梁	±50	尺量：抽查20%
		其他	±100	
6△	锚杆、锚索抗拔力（kN）		满足设计要求。设计未要求时，抗拔力平均值≥设计值；80%锚杆的抗拔力≥设计值；最小抗拔力≥0.9设计值	抗拔力试验：检查数量按设计要求，设计未要求时按锚杆数5%，且不少于3根检查
7△	张拉力（kN）		满足设计要求	查油压表：逐根（束）检查
8	张拉伸长率（%）		满足设计要求；设计未要求时±6	尺量：逐根（束）检查
9	断丝、滑丝数		每束1根，且每断面不超过钢丝总数的1%	目测：逐根（束）检查

注：实际工程中未涉及的项目不检查。

表 6.6.2-2 坡面结构实测项目

项次	检查项目	规定值或允许偏差	检查方法和频率
1△	混凝土强度（MPa）	在合格标准内	喷射混凝土按附录E检查，其他按附录D检查
2	喷层厚度（mm）	平均厚度≥设计厚度；80%测点的厚度≥设计厚度；最小厚度≥0.6且大于或等于设计规定最小值	凿孔法或工程雷达法：每50m²测1处，总数不少于5处
3	锚墩尺寸（mm）	+10，−5	尺量：抽查20%，每件测顶底面边长及高度
4	框格梁、地梁、边梁断面尺寸（mm）	≥设计值	尺量：抽查20%，每梁测2个断面
5	框格梁、地梁、边梁平面位置（mm）	±150	尺量：抽查10%

注：实际工程中未涉及的项目不检查。

6.6.3 边坡锚固防护外观质量应符合下列规定：

1 喷射混凝土应无突变、漏喷、脱落，空鼓、开裂的累计面积不得超过喷射面积的1.5%，且单个缺陷最大面积不大于0.02m²，开裂按裂缝长度乘以0.1m计算面积。

2 锚索墩、框格梁、地梁、边梁、封锚等。混凝土构件表面不应存在本标准附录P所列限制缺陷。

3 钢筋网、土工格栅及锚杆、锚索不得外露。

4 框格梁不得与坡面脱空。

6.7 土钉支护

6.7.1 土钉支护应符合下列基本要求：

1 应按设计要求的程序和分层深度开挖边坡，坡面平整，坡度满足设计要求，严禁超挖、欠挖。

2 土钉的数量及其接头的质量应满足设计要求。

3 土钉与框格梁钢筋、钢筋网连接应牢固，喷射混凝土时钢筋网不得晃动。

4 土钉插入锚孔深度不得小于设计长度的95%。

5 注浆性能应符合相关施工技术规范规定，锚孔内注浆应密实饱满。

6 应按设计要求设置施工排水系统。

6.7.2 土钉支护实测项目应符合表6.7.2的规定，坡面结构应符合本标准第6.6.2条的规定。

表6.7.2 土钉实测项目

项次	检查项目	规定值或允许偏差	检查方法和频率
1△	注浆强度（MPa）	在合格标准内	砂浆按附录F检查，其他按附录M检查
2	土钉孔深（mm）	+200，-50	尺量：抽查10%
3	土钉倾角（°）	2	倾角仪：抽查10%
4	土钉孔距（mm）	±100	尺量：抽查10%
5	土钉孔径（mm）	+20，-5	尺量：抽查10%
6△	土钉抗拔力（kN）	抗拔力平均值≥设计值；80%抗拔力≥设计值；最小抗拔力≥0.9设计值	抗拔力试验：土钉总数1%，且不少于3根

6.7.3 土钉支护外观质量应符合下列规定：

1 钢筋网、土钉不得外露。

2 喷射混凝土、框格梁、地梁、边梁应符合本标准第6.6.3条的规定。

6.8　砌体坡面防护

6.8.1　砌体坡面防护应符合下列基本要求：

1　勾缝砂浆强度不得小于浆砌砂浆强度。

2　坡面下端基础埋置深度及其地基承载力应满足设计要求。

3　护面下填土密实度应满足设计要求，对坡面刷坡整平后方可铺砌。

4　砌块应相互错缝、咬扣紧密，嵌缝饱满密实。

5　应按设计要求设置沉降缝、伸缩缝、泄水孔、坡面防排水设施。

6.8.2　砌体坡面防护实测项目应符合表 6.8.2 的规定。

表 6.8.2　砌体坡面防护实测项目

项次	检查项目		规定值或允许偏差	检查方法和频率
1△	砂浆强度（MPa）		在合格标准内	按附录 F 检查
2	顶面高程（mm）	料、块石	±30	水准仪：长度不大于 30m 时测 5 点，每增加 10m 增加 1 点
		片石	±50	
3	表面平整度（mm）	料、块石	≤25	2m 直尺：除锥坡外每 50m 测 3 处，每处纵、横向各 1 尺；锥坡处顺坡测 3 尺
		片石	≤35	
4	坡度		≤设计值	坡度尺：长度不大于 30m 时测 5 处，每增加 10m 增加 1 处
5△	厚度或断面尺寸（mm）		≥设计值	尺量：长度不大于 50m 时测 10 个断面，每增加 10m 增加 1 个断面
6①	框格间距（mm）		±150	尺量：抽查 10%

注：①仅适用于框格式护面。

6.8.3　砌体坡面防护外观质量应符合下列规定：

1　浆砌缝开裂、勾缝不密实和脱落的累计换算面积不得超过该面面积的 1.5%，且单个最大换算面积不应大于 0.08m²。换算面积按缺陷缝长度乘以 0.1m 计算。

2　框格梁不得与坡面脱空。

3　坡面不得出现塌陷、外鼓变形。

6.9　石笼防护

6.9.1　石笼防护应符合下列基本要求：

1　石笼、绑扎线及填充料的种类、规格和质量应满足设计要求。

2　地基处理及承载力应满足设计要求。

3　石笼应充填饱满，填充料密实。

4　石笼的坐码或平铺应错缝，绑扎应牢固，不得出现松脱、遗漏。

6.9.2　石笼防护实测项目应符合表 6.9.2 的规定。

表 6.9.2　石笼防护实测项目

项次	检 查 项 目	规定值或允许偏差	检查方法和频率
1	平面位置偏位（mm）	≤300	全站仪：按设计控制坐标测
2	长度（mm）	≥设计长度 − 300	尺量：每段测
3	宽度（mm）	≥设计宽度 − 200	尺量：每段测 5 处
4	高度（mm）	≥设计值	水准仪或尺量：每段测 5 处

6.9.3　石笼防护外观质量应符合下列规定：

1　坐码石笼不得出现通缝。

2　不得出现外鼓变形。

6.10　其他砌石构筑物

6.10.1　其他砌石构筑物应符合下列基本要求：

1　勾缝砂浆强度不得小于浆砌砂浆强度。

2　砌块应错缝砌筑、相互咬紧；浆砌时砌块应坐浆挤紧，砂浆饱满；干砌时无松动、无叠砌和浮塞。

6.10.2　其他砌石构筑物实测项目应符合表 6.10.2-1 和表 6.10.2-2 的规定。

表 6.10.2-1　浆砌砌体实测项目

项次	检 查 项 目		规定值或允许偏差	检查方法和频率
1△	砂浆强度（MPa）		在合格标准内	按附录 F 检查
2	顶面高程（mm）	料、块石	±15	水准仪：长度不大于 30m 时测 5 点，每增加 10m 增加 1 点
		片石	±20	
3	坡度（%）	料、块石	≤0.3	铅锤法：长度不大于 30m 时测 5 处，每增加 10m 增加 1 处
		片石	≤0.5	
4△	断面尺寸（mm）	料石	±20	尺量：长度不大于 50m 时测 10 个断面，每增加 10m 增加 1 个断面
		块石	±30	
		片石	±50	
5	表面平整度（mm）	料石	≤15	2m 直尺：每 20m 测 3 处，每处测竖直、水平两个方向
		块石	≤25	
		片石	≤35	

表 6.10.2-2 干砌片石砌体实测项目

项次	检查项目		规定值或允许偏差	检查方法和频率
1	顶面高程（mm）		±30	水准仪：长度不大于 30m 时测 5 点，每增加 10m 增加 1 点
2	断面尺寸（mm）	高度	±100	尺量：长度不大于 30m 时测 5 处，每增加 10m 增加 1 处
		厚度	±50	
3	表面平整度（mm）		≤50	2m 直尺：每 20m 测 3 处，每处测竖直、水平两个方向

6.10.3 其他砌石构筑物外观质量应符合下列规定：

1 浆砌缝开裂、勾缝不密实和脱落的累计换算面积不得超过该面面积的 1.5%，且单个最大换算面积不应大于 0.08m²。换算面积应按缺陷缝长度乘以 0.1m 计算。

2 砌体不得出现塌陷、外鼓变形。

6.11 导流工程

6.11.1 导流工程应符合下列基本要求：

1 导流堤、坝的基础埋置深度及地基承载力应满足设计要求。

2 填筑材料应分层压实。

3 导流堤、坝的接缝应按设计要求施工，与边坡、岸坡的结合处理应稳定、牢靠。

6.11.2 导流工程实测项目应符合表 6.11.2 的规定。

表 6.11.2 导流工程实测项目

项次	检查项目	规定值或允许偏差	检查方法和频率
1△	砂浆和混凝土强度（MPa）	在合格标准内	混凝土按附录 D 检查，砂浆按附录 F 检查
2△	堤（坝）体压实度（%）	满足设计要求	密度法：每压实层测 3 处
3	平面位置偏位（mm）	30	全站仪：按设计控制坐标测
4	长度（mm）	≥设计长度 −100	尺量：测每个
5	断面尺寸（mm）	≥设计值	尺量：测 5 个断面
6	坡度	≤设计值	坡度尺：测 5 处
7	顶面高程（mm）	±30	水准仪：测 5 点

6.11.3 导流工程外观质量应符合下列规定：

1 导流堤、坝体不得出现亏坡。

2 表面不规整、边线不顺畅的累计长度不得超过总长度的 10%。

7 路面工程

7.1 一般规定

7.1.1 路面工程的实测项目规定值或允许偏差应按高速公路、一级公路和其他公路两档确定，路面结构层厚度检验标准均为允许偏差。

7.1.2 垫层应按相同材料的底基层检验。透层、黏层和封层的基本要求应与本标准第7.5.1条沥青表面处置层相同。水泥混凝土面层中钢筋加工及安装分项工程应按本标准第8章的要求进行检验。

7.1.3 水泥混凝土上加铺沥青面层的复合式路面，两种结构均应进行检验评定。其中，水泥混凝土路面结构可不检查抗滑构造深度，平整度应符合相应等级公路的标准；沥青面层可不检查弯沉。

7.1.4 稳定土基层和底基层包括水泥土、石灰土、石灰粉煤灰、石灰粉煤灰土等；稳定粒料基层和底基层包括水泥稳定材料、石灰稳定材料、石灰粉煤灰稳定材料、水泥粉煤灰稳定材料等。

7.1.5 粒料基层完工后应及时洒布透层油并铺筑封层，透层油透入深度应不小于5mm，无机结合料稳定材料基层透层油透入深度宜不小于3mm。

7.2 水泥混凝土面层

7.2.1 水泥混凝土面层应符合下列基本要求：
1 基层质量应符合规范规定并满足设计要求，表面清洁、无浮土。
2 接缝填缝料应符合规范规定并满足设计要求。
3 接缝的位置、规格、尺寸及传力杆、拉力杆的设置应满足设计要求。
4 混凝土路面铺筑后按施工规范要求养护。
5 应对干缩、温缩产生的裂缝进行处理。

7.2.2 水泥混凝土面层实测项目应符合表7.2.2的规定。

表 7.2.2 水泥混凝土面层实测项目

项次	检查项目		规定值或允许偏差		检查方法和频率
			高速公路 一级公路	其他公路	
1△	弯拉强度（MPa）		在合格标准内		按附录C检查
2△	板厚度（mm）	代表值	−5		按附录H检查：每200m测2点
		合格值	−10		
		极值	−15		
3	平整度①	σ（mm）	≤1.32	≤2.0	平整度仪：全线每车道连续检测，每100m计算 σ、IRI
		IRI（m/km）	≤2.2	≤3.3	
		最大间隙 h（mm）	3	5	3m直尺：每半幅车道每200m测2处×5尺
4	抗滑构造深度（mm）	一般路段	0.7~1.1	0.5~1.0	铺砂法：每200m测1处
		特殊路段②	0.8~1.2	0.6~1.1	
5	横向力系数 SFC	一般路段	≥50	—	按附录L检查：每20m测1点
		特殊路段②	≥55	≥50	
6	相邻板高差（mm）		≤2	≤3	尺量：胀缝每条测2点；纵、横缝每200m抽查2条、每条测2点
7	纵、横缝顺直度（mm）		≤10		纵缝20m拉线尺量：每200m测4处；横缝沿板宽拉线尺量：每200m测4条
8	中线平面偏位（mm）		20		全站仪：每200m测2点
9	路面宽度（mm）		±20		尺量：每200m测4点
10	纵断高程（mm）		±10	±15	水准仪：每200m测2个断面
11	横坡（%）		±0.15	±0.25	水准仪：每200m测2个断面
12	断板率③（%）		≤0.2	≤0.4	目测：全部检查，数断板面板块数占总块数比例

注：①表中 σ 为平整度仪测定的标准差；IRI为国际平整度指数；h 为3m直尺与面层的最大间隙。

②特殊路段：高速公路、一级公路特殊路段包括立体交叉匝道、平面交叉口、弯道、变速车道、组合坡度不小于3%坡度段、桥面、隧道路面及收费站广场等处；其他公路特殊路段包括设超高路段、组合坡度大于或等于4%坡度段、交叉口路段、桥面及其上下坡段、隧道路面及集镇附近路段等处。

③断板率中包含断角率，应统计行车道与超车道面板，不计硬路肩板，不计入修复后的面板。

7.2.3 水泥混凝土面层外观质量应符合下列规定：

1 不应出现附录P中板的外观限制缺陷。

2 面板不应有坑穴、鼓包和掉角。

3 接缝填注不得漏填、松脱，不应污染路面。

4 路面应无积水。

7.3 沥青混凝土面层和沥青碎（砾）石面层

7.3.1 沥青混凝土面层和沥青碎（砾）石面层应符合下列基本要求：

1 基层质量应符合规范规定并满足设计要求，表面应干燥、清洁、无浮土。

2 应严格控制沥青混合料拌和的加热温度。拌和后的沥青混合料应均匀、无花白、无粗细料分离和结团成块现象。

3 应按规定要求控制碾压工艺，严格控制摊铺和碾压温度。

7.3.2 沥青混凝土面层和沥青碎（砾）石面层实测项目应符合表7.3.2的规定。

表7.3.2 沥青混凝土面层和沥青碎（砾）石面层实测项目

项次	检查项目		规定值或允许偏差		检查方法和频率
			高速公路 一级公路	其他公路	
1△	压实度①（%）		≥试验室标准密度的96%（*98%） ≥最大理论密度的92%（*94%） ≥试验段密度的98%（*99%）		按附录B检查，每200m测1点。核子（无核）密度仪每200m测1处，每处5点
2	平整度	σ（mm）	≤1.2	≤2.5	平整度仪：全线每车道连续检测，按每100m计算IRI或σ
		IRI（m/km）	≤2.0	≤4.2	
		最大间隙 h（mm）	—	≤5	3m直尺：每200m测2处×5尺
3	弯沉值（0.01mm）		≤设计验收弯沉值		按附录J检查
4	渗水系数（mL/min）	SMA路面	≤120	—	渗水试验仪：每200m测1处
		其他沥青混凝土路面	≤200		
5	摩擦系数		满足设计要求	—	摆式仪：每200m测1处 横向力系数测定车：全线连续检测，按附录L评定
6	构造深度		满足设计要求		铺砂法：每200m测1处
7△	厚度②（mm）	代表值	总厚度：-5%H 上面层：-10%h	-8%H	按附录H检查，每200m测1点
		合格值	总厚度：-10%H 上面层：-20%h	-15%H	
8	中线平面偏位（mm）		20	30	全站仪：每200m测2点
9	纵断高程（mm）		±15	±20	水准仪：每200m测2个断面
10	宽度（mm）	有侧石	±20	±30	尺量：每200m测4个断面
		无侧石	≥设计值		
11	横坡（%）		±0.3	±0.5	水准仪：每200m测2个断面

续表 7.3.2

项次	检查项目	规定值或允许偏差		检查方法和频率
		高速公路 一级公路	其他公路	
12△	矿料级配	满足生产配合比要求		T 0725，每台班 1 次
13△	沥青含量	满足生产配合比要求		T 0722、T 0721、T 0735，每台班 1 次
14	马歇尔稳定度	满足生产配合比要求		T 0709，每台班 1 次

注：①表内压实度，高速公路、一级公路应选用 2 个标准评定，以合格率低的作为评定结果；其他公路选用 1 个标准进行评定。带 * 号者是指 SMA 路面。
②表列沥青层厚度仅规定负允许偏差。H 为沥青层总厚度，h 为沥青上面层厚度；其他公路的厚度代表值和合格值允许偏差按总厚度计，当 $H \leqslant 60mm$ 时，允许偏差分别为 $-5mm$ 和 $-10mm$；当 $H > 60mm$ 时，允许偏差分别为 $-8\%H$ 和 $-15\%H$。

7.3.3 沥青混凝土面层和沥青碎（砾）石面层外观质量应符合下列规定：

1 表面裂缝、松散、推挤、碾压轮迹、油丁、泛油、离析的累计长度不得超过 50m。

2 搭接处烫缝应无枯焦。

3 路面应无积水。

7.4 沥青贯入式面层（或上拌下贯式面层）

7.4.1 沥青贯入式面层（或上拌下贯式面层）应符合下列基本要求：

1 上拌沥青混合料每日应做沥青含量、矿料级配和马歇尔稳定度试验。

2 沥青贯入式面层施工前，应先做好路面结构层与路肩的排水。

3 碎石层应平整坚实，嵌挤稳定；沥青贯入应深透，浇洒应均匀，不得污染其他构筑物。

4 嵌缝料应趁热撒铺，扫料均匀，不应有重叠现象。

5 上层采用拌和料时，混合料应均匀、无花白、无粗细料分离和结团成块现象；摊铺应平整，接茬平顺，及时碾压。

7.4.2 沥青贯入式面层（或上拌下贯式面层）实测项目应符合表 7.4.2 的规定。

表 7.4.2 沥青贯入式面层（或上拌下贯式面层）实测项目

项次	检查项目		规定值或允许偏差	检查方法和频率
1	平整度	σ（mm）	$\leqslant 3.5$	平整度仪：全线每车道连续按每 100m 计算 IRI 或 σ
		IRI（m/km）	$\leqslant 5.8$	
		最大间隙 h（mm）	$\leqslant 8$	3m 直尺：每 200m 测 2 处×5 尺
2	弯沉值（0.01mm）		≤设计验收弯沉值	按附录 J 检查
3△	厚度① （mm）	代表值	$-8\%H$ 或 -5	按附录 H 检查每 200m 测 2 点
		合格值	$-15\%H$ 或 -10	

续表 7.4.2

项次	检 查 项 目		规定值或允许偏差	检查方法和频率
4	沥青总用量		±0.5%	每台班每层洒布检查1次
5	中线平面偏位（mm）		30	全站仪：每200m测2点
6	纵断高程（mm）		±20	水准仪：每200m测2个断面
7	宽度 （mm）	有侧石	±30	尺量：每200m测4点
		无侧石	≥设计值	
8	横坡（%）		±0.5	水准仪：每200m测2个断面
9△	矿料级配		满足生产配合比要求	T 0725，每台班1次
10△	沥青含量		满足生产配合比要求	T 0722、T 0721、T 0735，每台班1次

注：①H为设计厚度。当 H≥60mm 时，按厚度百分率计算；当 H<60mm 时，直接选用固定值。

7.4.3 沥青贯入式面层（或上拌下贯式面层）外观质量应符合下列规定：

1 面层不得松散，不得漏洒，应无波浪、油包。

2 路面应无积水。

7.5 沥青表面处置面层

7.5.1 沥青表面处置面层应符合下列基本要求：

1 下承层表面应坚实、稳定、平整，清洁、干燥。

2 沥青浇洒应均匀，无露白，不得污染其他构筑物。

3 集料应趁热撒铺，扫布均匀，不得有重叠现象，压实平整。

7.5.2 沥青表面处置面层实测项目应符合表 7.5.2 的规定。

表 7.5.2 沥青表面处置面层实测项目

项次	检 查 项 目		规定值或允许偏差	检查方法和频率
1	平整度	σ（mm）	≤4.5	平整度仪：全线每车道连续按每100m计算IRI 或 σ
		IRI（m/km）	≤7.5	
		最大间隙 h（mm）	≤10	3m直尺：每200m测2处×5尺
2	弯沉值（0.01mm）		≤设计验收弯沉值	按附录J检查
3△	厚度 （mm）	代表值	−5	按附录H检查，每200m每车道测1点
		合格值	−10	
4	沥青用量		±0.5%	每工作日每层洒布查1次
5	中线平面偏位（mm）		30	全站仪：每200m测2点
6	纵断高程（mm）		±20	水准仪：每200m测2个断面
7	宽度 （mm）	有侧石	±30	尺量：每200m测4处
		无侧石	≥设计值	
8	横坡（%）		±0.5	水准仪：每200m测2个断面

7.5.3 沥青表面处置面层外观质量应符合下列规定：

1 表面应无拖痕，松散、推挤、油丁、泛油、离析的累计长度不得超过 50m。

2 路面应无积水。

7.6　稳定土基层和底基层

7.6.1　稳定土基层和底基层应符合下列基本要求：

1 石灰应经充分消解，路拌深度应达到层底。

2 石灰类材料应处于最佳含水率状态下碾压，水泥类材料碾压终了的时间不应超过水泥的终凝时间。

3 碾压检查合格后立即覆盖或洒水养护，养生期应符合规范规定。

7.6.2　稳定土基层和底基层实测项目应符合表 7.6.2 的规定。

表 7.6.2　稳定土基层和底基层实测项目

项次	检查项目		规定值或允许偏差				检查方法和频率
			基层		底基层		
			高速公路一级公路	其他公路	高速公路一级公路	其他公路	
1△	压实度（%）	代表值	—	≥95	≥95	≥93	按附录 B 检查，每 200m 测 2 点
		极值	—	≥91	≥91	≥89	
2	平整度（mm）		≤12	≤12	≤12	≤15	3m 直尺：每 200m 测 2 处×5 尺
3	纵断高程（mm）		—	+5，−15	+5，−15	+5，−20	水准仪：每 200m 测 2 个断面
4	宽度（mm）		满足设计要求		满足设计要求		尺量：每 200m 测 4 个断面
5△	厚度（mm）	代表值	—	−10	−10	−12	按附录 H 检查，每 200m 测 2 点
		合格值	—	−20	−25	−30	
6	横坡（%）		±0.5	±0.3	±0.3	±0.5	水准仪：每 200m 测 2 个断面
7△	强度（MPa）		满足设计要求		满足设计要求		按附录 G 检查

7.6.3　稳定土基层和底基层外观质量应符合下列规定：

1 表面应无松散、无坑洼、无碾压轮迹。

7.7　稳定粒料基层和底基层

7.7.1　稳定粒料基层和底基层应符合下列基本要求：

1 应选择质坚干净的粒料，石灰应充分消解，矿渣应分解稳定，未分解渣块应予剔除。

2 路拌深度应达到层底。

3 石灰类材料应处于最佳含水率状态下碾压，水泥类材料碾压终了的时间不应超过水泥的终凝时间。

4 碾压检查合格后立即覆盖或洒水养护，养护期应符合规范规定。

7.7.2 稳定粒料基层和底基层实测项目应符合表7.7.2的规定。

表 7.7.2　稳定粒料基层和底基层实测项目

项次	检查项目		规定值或允许偏差				检查方法和频率
			基层		底基层		
			高速公路 一级公路	其他 公路	高速公路 一级公路	其他 公路	
1△	压实度 （%）	代表值	≥98	≥97	≥96	≥95	按附录 B 检查，每 200m 测 2 点
		极值	≥94	≥93	≥92	≥91	
2	平整度（mm）		≤8	≤12	≤12	≤15	3m 直尺：每 200m 测 2 处×5 尺
3	纵断高程（mm）		+5，−10	+5，−15	+5，−15	+5，−20	水准仪：每 200m 测 2 个断面
4	宽度（mm）		满足设计要求		满足设计要求		尺量：每 200m 测 4 点
5△	厚度 （mm）	代表值	−8	−10	−10	−12	按附录 H 检查，每 200m 测 2 点
		合格值	−10	−20	−25	−30	
6	横坡（%）		±0.3	±0.5	±0.3	±0.5	水准仪：每 200m 测 2 个断面
7△	强度（MPa）		满足设计要求		满足设计要求		按附录 G 检查

7.7.3 稳定粒料基层和底基层外观质量应符合下列规定：

1 表面应无松散、无坑洼、无碾压轮迹。

2 表面连续离析不得超过10m，累计离析不得超过50m。

7.8 级配碎（砾）石基层和底基层

7.8.1 级配碎（砾）石基层和底基层应符合下列基本要求：

1 配料应准确。

2 塑性指数应满足设计要求。

7.8.2 级配碎（砾）石基层和底基层实测项目应符合表7.8.2的规定。

表 7.8.2　级配碎（砾）石基层和底基层实测项目

项次	检查项目		规定值或允许偏差				检查方法和频率
			基层		底基层		
			高速公路 一级公路	其他 公路	高速公路 一级公路	其他 公路	
1△	压实度 （%）	代表值	≥98		≥96		按附录 B 检查，每 200m 测 2 点
		极值	≥94		≥92		

续表7.8.2

项次	检查项目		规定值或允许偏差				检查方法和频率
			基层		底基层		
			高速公路 一级公路	其他 公路	高速公路 一级公路	其他 公路	
2	弯沉值（0.01mm）		满足设计要求		满足设计要求		按附录J检查
3	平整度（mm）		≤8	≤12	≤12	≤15	3m直尺：每200m测2处×5尺
4	纵断高程（mm）		+5，-10	+5，-15	+5，-15	+5，-20	水准仪：每200m测2个断面
5	宽度（mm）		满足设计要求		满足设计要求		尺量：每200m测4点
6△	厚度 （mm）	代表值	-8	-10	-10	-12	按附录H检查，每200m测 2点
		合格值	-10	-20	-25	-30	
7	横坡（%）		±0.3	±0.5	±0.3	±0.5	水准仪：每200m测2个断面

7.8.3 级配碎（砾）石基层和底基层外观质量应符合下列规定：

1 表面应无松散、无坑洼、无碾压轮迹。

2 表面连续离析不得超过10m，累计离析不得超过50m。

7.9 填隙碎石（矿渣）基层和底基层

7.9.1 填隙碎石（矿渣）基层和底基层应符合下列基本要求：

1 所用材料的规格、质量应满足设计要求。

2 应采用振动压路机碾压至填隙饱满密实。

7.9.2 填隙碎石（矿渣）基层和底基层实测项目应符合表7.9.2的规定。

表7.9.2 填隙碎石（矿渣）基层和底基层实测项目

项次	检查项目		规定值或允许偏差				检查方法和频率
			基层		底基层		
			高速公路 一级公路	其他 公路	高速公路 一级公路	其他 公路	
1△	固体体 积率（%）	代表值	—	≥98	≥96		密度法：每200m测2点
		极值	—	≥82	≥80		
2	弯沉值（0.01mm）		满足设计要求		满足设计要求		按附录J检查
3	平整度（mm）		—	≤12	≤12	≤15	3m直尺：每200m测2处×5尺
4	纵断高程（mm）			+5，-15	+5，-15	+5，-20	水准仪：每200m测2个断面
5	宽度（mm）		满足设计要求		满足设计要求		尺量：每200m测4点
6△	厚度 （mm）	代表值	—	-10	-10	-12	按附录H检查，每200m测 2点
		合格值	—	-20	-25	-30	
7	横坡（%）		—	±0.5	±0.3	±0.5	水准仪：每200m测2个断面

7.9.3 填隙碎石（矿渣）基层和底基层外观质量应符合下列规定：

1 表面应无松散、无坑洼、无碾压轮迹。

2 表面连续离析不得超过10m，累计离析不得超过50m。

7.10 路缘石铺设

7.10.1 路缘石铺设应符合下列基本要求：

1 水泥混凝土强度应满足设计要求。

2 安装应砌筑稳固，顶面平整，缝宽均匀，勾缝密实，线条直顺。

3 槽底基础和后背填料应夯打密实。

7.10.2 路缘石铺设实测项目应符合表7.10.2的规定。

表7.10.2 路缘石铺设实测项目

项次	检查项目		规定值或允许偏差	检查方法和频率
1	直顺度（mm）		15	20m拉线尺量：每200m测4处
2	预制铺设	相邻两块高差（mm）	3	水平尺：每200m测4点
		相邻两块缝宽（mm）	±3	尺量：每200m测4点
	现浇	宽度（mm）	±5	尺量：每200m测4点
3	顶面高程（mm）		±10	水准仪：每200m测4点

7.10.3 路缘石铺设外观质量应符合下列规定：

1 路缘石不应破损。

2 平缘石不应阻水。

7.11 路肩

7.11.1 路肩应符合下列基本要求：

1 路肩表面应平整密实，无积水。

2 肩线应直顺，曲线圆滑。

7.11.2 路肩实测项目应符合表7.11.2的规定。

表7.11.2 路肩实测项目

项次	检查项目		规定值或允许偏差	检查方法和频率
1	压实度（%）		不小于设计值，设计未规定时不小于90%	按附录B检查，每200m测1点
2	平整度（mm）	土路肩	≤20	3m直尺：每200m测2处×5尺
		硬路肩	≤10	

续表7.11.2

项次	检 查 项 目	规定值或允许偏差	检查方法和频率
3	横坡（%）	±1.0	水准仪：每200m测2个断面
4	宽度（mm）	满足设计要求	尺量：每200m测2点

7.11.3 路肩外观质量应符合下列规定：

1 路肩应无阻水、无杂物。

8 桥梁工程

8.1 一般规定

8.1.1 桥梁的每个结构、构件均应检验，另有规定的除外。

8.1.2 圬工桥梁中的基础、墩台身、拱圈、侧墙砌体应按本章相关规定进行检验，其他结构构件应按本标准第 6 章进行检验。

8.1.3 钢筋混凝土构件和预应力混凝土构件除应包括构件制作、构件安装等分项工程外，均应包括钢筋加工及安装、预应力筋加工和张拉分项工程，体内预应力构件还应包括管道压浆分项工程。

8.1.4 采用顶推施工、悬臂拼装施工、转体施工的梁及采用转体施工的拱，除应按本标准第 8.7.3 条至第 8.7.5 条和第 8.8.4 条检验外，还应对梁段、拱圈制作进行检验。

8.1.5 拱桥拱上建筑应根据各构件的类别按本标准的相关分项工程进行检验。拱桥组合桥台的组合性能应按本标准第 8.6.3 条进行检验，各个组成部分按本章相关分项工程进行检验。

8.1.6 主跨和边跨采用不同材料的混合梁斜拉桥，应按本标准第 8.10 节中不同类型斜拉桥的相关分项工程进行检验，地锚式斜拉桥锚碇部分可按本标准第 8.11 节相关分项工程进行检验。

8.1.7 斜腿刚构桥主梁应根据施工方法按本标准第 8.7 节相关分项工程进行检验。

8.1.8 悬索桥隧道锚的洞身开挖、隧道锚的洞身衬砌等应按本标准第 10 章的相关分项工程进行检验，拉吊组合体系桥应按本标准第 8.10 节及第 8.11 节相关规定进行检验。

8.1.9 自锚式悬索桥的锚固系统制作与安装、吊索张拉和体系转换应按本标准第 8.11.16 条至第 8.11.18 条进行检验，其他分项工程按普通悬索桥及混凝土梁桥的有关规定进行检验。

8.1.10 斜拉桥、悬索桥的索塔钢锚箱、索鞍、索夹及钢管混凝土拱的钢管防护可按本标准第8.9.3条进行检验。

8.1.11 钢结构焊缝探伤的比例和长度应首先满足设计要求。设计未要求时，应按同一类型、同一施焊条件的焊缝采用本标准规定的比例计算探伤数量；采用射线探伤时，应对焊缝两端各250~300mm进行探伤，焊缝长度大于1 200mm时还应在中部加探250~300mm；采用超声探伤时，应对焊缝全长进行探伤。

8.2 桥梁总体

8.2.1 桥梁总体应符合下列基本要求：
1 桥梁工程应按设计文件内容全部完成。
2 桥下净空不得小于设计要求。
3 特大跨径的桥梁、结构复杂的桥梁和承载能力需要验证的桥梁应进行荷载试验，试验结果应满足设计要求和符合相关技术规范的规定。

8.2.2 桥梁总体实测项目应满足表8.2.2的要求。

表8.2.2　桥梁总体实测项目

项次	检 查 项 目		规定值或允许偏差	检查方法和频率
1	桥面中线偏位（mm）		≤20	全站仪：每50m测1点，且不少于5点
2	桥面宽（mm）	车行道	±10	尺量：每50m测1个断面，且不少于5个断面
		人行道	±10	
3	桥长（mm）		+300，-100	全站仪或钢尺：检查中心线处
4	桥面高程（mm）	L<50m	±30	水准仪：桥面每侧每50m测1点，且不少于3点；跨中、桥墩、桥台处应布置测点
		L≥50m	±（L/5 000+20）	

注：L为桥梁跨径，计算规定值或允许偏差时以mm计。

8.2.3 桥梁总体外观质量应符合下列规定：
1 桥梁的内外轮廓线形应无异常突变。
2 结构内外部、支座、伸缩缝处应无残渣、杂物。
3 桥头不得出现跳车。

8.3 钢筋、预应力筋及管道压浆

8.3.1 钢筋加工及安装
1 钢筋加工及安装应符合下列基本要求：
1）钢筋安装应保证设计要求的钢筋根数。

2）钢筋的连接方式、同一连接区段内的接头面积应满足设计要求；接头位置应设在受力较小处，任何连接区段内同一根钢筋不得有两个接头。

3）钢筋的搭接长度、焊接和机械接头质量应满足施工技术规范的规定。

4）受力钢筋表面不得有裂纹及其他损伤。

5）钢筋的保护层垫块应分布均匀，数量及材料性能应满足设计要求和有关技术规范的规定。

6）钢筋应安装牢固，钢筋网应有足够的钢筋支撑，在混凝土浇筑过程中钢筋不应出现移位。

2 钢筋加工及安装实测项目应符合表 8.3.1-1～表 8.3.1-4 的规定，且任一点的保护层厚度不得有超过表中数值 1.5 倍的允许偏差，在海水或受侵蚀性物质影响的环境中保护层厚度的偏差不应出现负值。保护层厚度应在模板安装完成后混凝土浇筑前检查。

表 8.3.1-1　钢筋安装实测项目

项次	检查项目			规定值或允许偏差	检查方法和频率
1△	受力钢筋间距（mm）	两排以上排距		±5	尺量：长度≤20m 时，每构件检查 2 个断面；长度＞20m 时，每构件检查 3 个断面
		同排	梁、板、拱肋及拱上建筑	±10（±5）	
			基础、锚碇、墩台身、墩柱	±20	
2	箍筋、构造钢筋、螺旋筋间距（mm）			±10	尺量：每构件测 10 个间距
3	钢筋骨架尺寸（mm）	长		±10	尺量：按骨架总数 30% 抽测
		宽、高或直径		±5	
4	弯起钢筋位置（mm）			±20	尺量：每骨架抽查 30%
5△	保护层厚度（mm）	梁、板、拱肋及拱上建筑		±5	尺量：每构件各立模板面每 3m² 检查 1 处，且每侧面不少于 5 处
		基础、锚碇、墩台身、墩柱		±10	

注：1. 小型构件的钢筋安装按总数抽查 30%。
　　2. 表中基础不包括混凝土桩基及地下连续墙。
　　3. 项次 1 括号中的数字适用于钢混组合梁桥面板的预制。

表 8.3.1-2　钢筋网实测项目

项次	检查项目		规定值或允许偏差	检查方法和频率
1	网的长、宽（mm）		±10	尺量：逐边测
2	网眼尺寸（mm）		±10	尺量：测 5 个网眼
3	网眼对角线差（mm）		±15	尺量：测 5 个网眼
4	网的安装位置（mm）	平面内	±20	尺量：测每网片边线中点
		平面外	±5	

表 8.3.1-3　预制桩钢筋安装实测项目

项次	检查项目	规定值或允许偏差	检查方法和频率
1	主筋间距（mm）	±5	尺量：测 3 个断面
2	箍筋、螺旋筋间距（mm）	±10	尺量：测 10 个间距
3△	保护层厚度（mm）	±5	尺量：测 5 个断面，每个断面 4 处
4	桩顶钢筋网片位置（mm）	±5	尺量：测网片每边线中点
5	桩尖纵向钢筋位置（mm）	±5	尺量：测垂直两个方向

表 8.3.1-4 钻（挖）孔灌注桩、地下连续墙钢筋安装实测项目

项次	检查项目	规定值或允许偏差	检查方法和频率
1	主筋间距（mm）	±10	尺量：每段测 2 个断面
2	箍筋或螺旋筋间距（mm）	±20	尺量：每段测 10 个间距
3	钢筋骨架外径或厚、宽（mm）	±10	尺量：每段测 2 个断面
4	钢筋骨架长度（mm）	±100	尺量：每个骨架测 2 处
5	钢筋骨架底端高程（mm）	±50	水准仪：测顶端高程测，用骨架长度计算
6△	保护层厚度（mm）	+20，−10	尺量：测每段钢筋骨架外侧定位块处

3 钢筋加工及安装外观质量应符合下列规定：

1）钢筋表面应无裂皮、油污、颗粒状或片状锈蚀及焊渣、烧伤，绑扎或焊接的钢筋网和钢筋骨架不得松脱和开焊。

2）焊接接头、连接套筒不得出现裂纹。

8.3.2 预应力筋加工和张拉

1 预应力筋加工和张拉应符合下列基本要求：

1）预应力束中的钢丝、钢绞线应顺直，不得有缠绞、扭结现象，表面不得有损伤。

2）单根钢绞线不得断丝，单根钢筋不得断筋或滑移。

3）同一截面预应力筋接头面积应不超过预应力筋总面积的 25%，接头质量应符合施工技术规范的规定。

4）预应力筋张拉或放张时混凝土强度和龄期应满足设计要求，应按设计要求的张拉顺序进行操作。

5）预应力钢丝采用镦头锚时，镦头应头型圆整，不得有斜歪或破裂现象。

6）管道应安装牢固，接头密合，弯曲圆顺。锚垫板平面应与孔道轴线垂直。

7）张拉设备应配套标定和使用，并不得超过标定期限使用。

8）锚固后，预应力筋应采用机械切割，外露长度符合设计要求。

2 预应力筋加工和张拉实测项目应符合表 8.3.2-1 和表 8.3.2-2 的规定。

表 8.3.2-1 钢丝、钢绞线先张法实测项目

项次	检查项目		规定值或允许偏差	检查方法和频率
1	镦头钢丝同束长度相对差（mm）	$L > 20m$	$\leq L/5\,000$ 及 5	尺量：每加工批测 2 束
		$6m \leq L \leq 20m$	$\leq L/3\,000$ 及 5	
		$L < 6m$	≤2	
2△	张拉应力值（MPa）		满足设计要求	查油压表读数：每根（束）检查
3△	张拉伸长率（%）		满足设计要求，设计未要求时 ±6	尺量：每根（束）检查

续表 8.3.2-1

项次	检查项目	规定值或允许偏差	检查方法和频率
4	同一构件内断丝根数不超过钢丝总数的百分数（%）	≤1	目测：每根（束）检查
5	预应力筋张拉后在横断面上的坐标（mm）	±5	尺量：测 2 个断面
6	无黏结段长度（mm）	±10	尺量：每根（束）检查

注：L 为钢束长度，计算规定值或允许偏差时以 mm 计。

表 8.3.2-2　后张法实测项目

项次	检查项目		规定值或允许偏差	检查方法和频率
1	管道坐标（mm）	梁长方向	±30	尺量：每构件抽查 30% 的管道。每个曲线段测 3 点，直线段每 10m 测 1 点，锚固点及连接点全部测
		梁宽方向	±10	
		梁高方向	±10	
2	管道间距（mm）	同排	±10	尺量：每构件抽查 30% 的管道，测 2 个断面
		上下层	±10	
3△	张拉应力值（MPa）		满足设计要求	查油压表读数：每根（束）检查
4△	张拉伸长率（%）		满足设计要求，设计未要求时 ±6	尺量：每根（束）检查
5	断丝滑丝数		每束 1 根，且每断面总数不超过钢丝总数的 1%；钢筋：不允许	目测：每根（束）检查

3　预应力筋加工和张拉外观质量应符合下列规定：

1）预应力筋应无油污、超过 20% 表面积的锈迹，锚具、连接器表面应无裂纹、油污、锈迹，外套管应无裂纹、机械损伤。

2）预应力筋及管道线形不得出现弯折。

3）预应力管道应无破损、连接松脱。

8.3.3　预应力管道压浆及封锚

1　预应力管道压浆及封锚应符合下列基本要求：

1）浆体的各项技术性能应符合施工技术规范规定并满足设计要求。

2）预应力管道在压浆前应清除内部的杂物及积水。采用真空辅助压浆时，其气密性应达到有关技术规范的规定。

3）管道最高位置应设置排气孔或检查孔，排气孔、检查孔内应充满原浆。

4）应在设计要求的时间内进行压浆，同一管道压浆应连续一次完成。不得有漏压浆的管道。

5）压浆过程中及压浆完成后 48h 内，环境温度低于 5℃ 时应采取防冻或保温措施。

6）应按设计要求浇筑封锚混凝土。

2 预应力管道压浆及封锚实测项目应符合表 8.3.3 的规定。

表 8.3.3 预应力管道压浆及封锚实测项目

项次	检查项目	规定值或允许偏差	检查方法和频率
1△	浆体强度（MPa）	在合格标准内	按附录 M 检查
2△	压浆压力值（MPa）	满足设计要求	查油压表读数：每管道检查
3	稳压时间（s）	满足设计要求	计时器：每管道检查

3 预应力管道压浆及封锚外观质量应符合下列规定：

1）封锚混凝土与相连混凝土应无大于 5mm 的施工接缝错台。

2）封锚混凝土不应存在本标准附录 P 所列限制缺陷。

8.4 砌体

8.4.1 砌体应符合下列基本要求：

1 地基承载力应满足设计要求，严禁地基超挖后回填虚土。

2 砌块应错缝、坐浆挤紧，缝宽均匀，砌块间嵌缝料和砂浆应饱满。

3 拱圈的辐射缝应垂直于拱轴线，辐射缝两侧相邻两行拱石的砌缝错开距离应不小于 100mm。

4 拱架应牢固、稳定，严格按设计要求的顺序砌筑拱圈和卸架。

5 勾缝砂浆强度不得小于砌筑砂浆强度。

8.4.2 砌体实测项目应符合表 8.4.2-1～表 8.4.2-4 的规定。

表 8.4.2-1 基础砌体实测项目

项次	检查项目		规定值或允许偏差	检查方法和频率
1△	砂浆强度（MPa）		在合格标准内	按附录 F 检查
2	轴线偏位（mm）		≤25	全站仪：纵、横向各测 2 点
3	平面尺寸（mm）		±50	尺量：长度、宽度各测 3 处
4	顶面高程（mm）		±30	水准仪：测 5 处
5	基底高程（mm）	土质	±50	水准仪：测 5 处
		石质	+50，−200	

表 8.4.2-2 墩、台身砌体实测项目

项次	检查项目		规定值或允许偏差	检查方法和频率
1△	砂浆强度（MPa）		在合格标准内	按附录 F 检查
2	轴线偏位（mm）		≤20	全站仪：纵、横向各测 2 点
3	墩台长、宽（mm）	料石	+20，−10	尺量：测 3 个断面
		块石	+30，−10	
		片石	+40，−10	

续表 8.4.2-2

项次	检 查 项 目		规定值或允许偏差	检查方法和频率
4	竖直度或坡度（%）	料石、块石	≤0.3	铅锤法：测两轴线位置共4处
		片石	≤0.5	
5△	墩、台顶面高程（mm）		±10	水准仪：测5处
6	侧面平整度（mm）	料石	≤10	2m 直尺：每20 m² 测1处，且不少于3处，每处测竖直、水平两个方向
		块石	≤20	
		片石	≤30	

表 8.4.2-3 拱圈砌体实测项目

项次	检 查 项 目			规定值或允许偏差	检查方法和频率
1△	砂浆强度（MPa）			在合格标准内	按附录F检查
2	砌体外侧平面偏位（mm）	无镶面	向外	≤30	全站仪：测拱脚、拱顶、1/4跨、3/4跨处两侧
			向内	≤10	
		有镶面	向外	≤20	
			向内	≤10	
3△	拱圈厚度（mm）			+30，0	尺量：测拱脚、拱顶、1/4跨、3/4跨处两侧
4	相邻镶面石砌块表层错位（mm）	料石、混凝土预制块		≤3	拉线用尺量：测5处
		块石		≤5	
5△	内弧线偏离设计弧线（mm）	L≤30m		±20	水准仪：测拱脚、拱顶、1/4跨、3/4跨处两侧高程
		L＞30m		±L/1 500	
		1/4跨、3/4跨处极值		允许偏差的2倍且反向	

注：L 为跨径，计算规定值或允许偏差时以 mm 计。

表 8.4.2-4 侧墙砌体实测项目

项次	检 查 项 目			规定值或允许偏差	检查方法和频率
1△	砂浆强度（MPa）			在合格标准内	按附录F检查
2	外侧平面偏位（mm）	无镶面	向外	≤30	全站仪：测5处
			向内	≤10	
		有镶面	向外	≤20	
			向内	≤10	
3△	宽度（mm）			+40，－10	尺量：测5处
4	顶面高程（mm）			±10	水准仪：测5处
5	竖直度或坡度（%）	片石砌体		≤0.5	铅锤法：测5处
		块石、粗料石、混凝土块镶面		≤0.3	

续表 8.4.2-4

项次	检查项目		规定值或允许偏差	检查方法和频率
6	平整度（mm）	料石	≤10	2m 直尺：每 20 m² 测 1 处，且不少于 3 处，每处测竖直、水平两个方向
		块石	≤20	
		片石	≤30	

8.4.3 砌体外观质量应符合下列规定：

1 砌缝开裂、勾缝不密实和脱落的累计换算面积不得超过该面面积的 1.5%，单个换算面积不应大于 0.04m²，且不应存在宽度超过 0.5mm、长度大于砌块尺寸的非受力砌缝裂隙。换算面积应按缺陷缝长度乘以 0.1m 计算。

2 砌缝应无空洞、宽缝、大堆砂浆填隙和假缝。

8.5 基础

8.5.1 混凝土扩大基础

1 混凝土扩大基础应符合下列基本要求：

1）基底处理及地基承载力应满足设计要求。

2）地基超挖后严禁回填虚土。

2 混凝土扩大基础实测项目应符合表 8.5.1 的规定。

表 8.5.1 混凝土扩大基础实测项目

项次	检查项目		规定值或允许偏差	检查方法和频率
1△	混凝土强度（MPa）		在合格标准内	按附录 D 检查
2	平面尺寸（mm）		±50	尺量：长度、宽度各测 3 处
3	基础底面高程（mm）	土质	±50	水准仪：测 5 处
		石质	+50，−200	
4	基础顶面高程（mm）		±30	水准仪：测 5 处
5	轴线偏位（mm）		≤25	全站仪：纵、横向各测 2 点

3 混凝土扩大基础外观质量应符合下列规定：

1）表面应无垃圾、杂物、临时预埋件。

2）混凝土表面不应存在本标准附录 P 所列限制缺陷。

8.5.2 钻孔灌注桩

1 钻孔灌注桩应符合下列基本要求：

1）成孔后应清孔，并测量孔径、孔深、孔位和沉淀厚度，确认满足设计要求并符合施工技术规范规定后，方可灌注水下混凝土。

2）水下混凝土应连续灌注，灌注时钢筋笼不应上浮。

3）嵌入承台的锚固钢筋长度不得小于设计要求的锚固长度。

2 钻孔灌注桩实测项目应符合表 8.5.2 的规定。

表 8.5.2 钻孔灌注桩实测项目

项次	检查项目			规定值或允许偏差	检查方法和频率
1△	混凝土强度（MPa）			在合格标准内	按附录 D 检查
2	桩位（mm）	群桩		≤100	全站仪：每桩测中心坐标
		排架桩	允许	≤50	
			极值	≤100	
3△	孔深（m）			≥设计值	测绳：每桩测量
4	孔径（mm）			≥设计值	探孔器或超声波成孔检测仪：每桩测量
5	钻孔倾斜度（mm）			≤1%S，且≤500	钻杆垂线法或超声波成孔检测仪：每桩测量
6	沉淀厚度（mm）			满足设计要求	沉淀盒或测渣仪：每桩测量
7△	桩身完整性			满足设计要求；设计未要求时，每桩不低于Ⅱ类	满足设计要求；设计未要求时，采用低应变反射波法或超声波法：每桩检测

注：S 为桩长，计算规定值或允许偏差时以 mm 计。

3 钻孔灌注桩外观质量应符合下列规定：

1）凿除桩头预留混凝土后，桩顶应无残余的松散混凝土。

2）外露混凝土表面不应存在本标准附录 P 所列限制缺陷。

8.5.3 挖孔桩

1 挖孔桩应符合下列基本要求：

1）挖孔达到设计深度后，应及时进行孔底处理，应无松渣、淤泥等扰动软土层，孔底地质状况应满足设计要求。

2）灌注混凝土时钢筋笼不应上浮。水下灌注时应连续灌注，干灌时应进行振捣。

3）嵌入承台的锚固钢筋长度不得小于设计要求的锚固长度。

2 挖孔桩实测项目应符合表 8.5.3 的规定。

表 8.5.3 挖孔桩实测项目

项次	检查项目			规定值或允许偏差	检查方法和频率
1△	混凝土强度（MPa）			在合格标准内	按附录 D 检查
2	桩位（mm）	群桩		≤100	全站仪：每桩测中心坐标
		排架桩	允许	≤50	
			极值	≤100	
3△	孔深（m）			≥设计值	测绳：每桩测量
4	孔径或边长（mm）			≥设计值	井径仪：每桩测量

续表8.5.3

项次	检查项目	规定值或允许偏差	检查方法和频率
5	孔的倾斜度（mm）	≤0.5%S，且≤200	铅锤法：每桩检查
6△	桩身完整性	满足设计要求；设计未要求时，每桩不低于Ⅱ类	满足设计要求；设计未要求时，采用低应变反射波法或超声波法：每桩检测

注：S为桩长，计算规定值或允许偏差时以mm计。

3　挖孔桩外观质量应符合下列规定：

1）凿除桩头预留混凝土后，桩顶应无残余的松散混凝土。

2）外露混凝土表面不应存在本标准附录P所列限制缺陷。

8.5.4　沉入桩

1　沉入桩应符合下列基本要求：

1）沉入桩下沉应符合施工技术规范的规定。

2）桩的接头质量应满足设计要求。

2　沉入桩实测项目应符合表8.5.4-1～表8.5.4-3的规定，且任一排架桩的桩位不得有超过表中数值2倍的偏差。

表8.5.4-1　混凝土桩预制实测项目

项次	检查项目		规定值或允许偏差	检查方法和频率
1△	混凝土强度（MPa）		在合格标准内	按附录D检查
2	长度（mm）		±50	尺量：每桩测量
3	横截面（mm）	桩径或边长	±5	尺量：抽查10%桩。每桩测3个断面
		空心中心与桩中心偏差	≤5	
4	桩尖与桩的纵轴线偏差（mm）		≤10	尺量：抽查10%桩，每桩测量
5	桩纵轴线弯曲矢高（mm）		≤0.1%S，且≤20	沿桩长拉线量，取最大矢高：抽查10%桩
6	桩顶面与桩纵轴线倾斜偏差（mm）		≤1%D，且≤3	角尺：抽查10%桩，各测2个垂直方向
7	接桩的接头平面与桩轴线垂直度（%）		≤0.5	角尺：抽查20%桩，各测2个垂直方向

注：S为桩长，D为桩径或边长，计算规定值或允许偏差时均以mm计。

表8.5.4-2　钢管桩制作实测项目

项次	检查项目		规定值或允许偏差	检查方法和频率
1	长度（mm）		+300，0	尺量：每桩测量
2	桩纵轴线弯曲矢高（mm）		≤0.1%S，且≤30	沿桩长拉线量，取最大矢高：抽查10%桩，每桩测量
3	管节外形尺寸	管端椭圆度（mm）	±0.5%D，且≤±5	尺量：抽查10%桩，各测3个断面
		周长（mm）	±0.5%L，且≤±10	

续表 8.5.4-2

项次	检查项目			规定值或允许偏差	检查方法和频率
4△	接头尺寸	管径差 （mm）	≤700	≤2	尺量：抽查10%桩，每个接头测量
			>700	≤3	
		对接板 高差 （mm）	δ≤10	≤1	
			10<δ≤20	≤2	
			δ>20	≤δ/10，且≤3	
5	焊缝尺寸（mm）			满足设计要求	量规：抽查10%桩，检查全部焊缝，每条焊缝检查3处
6△	焊缝探伤				超声法：满足设计要求；设计未要求时抽查10%桩，每桩检查20%焊缝，且不少于3条 射线法：满足设计要求；设计未要求时抽查10%桩，每桩检查2%焊缝，且不少于1条

注：D为桩径，S为桩长，L为桩的周长，δ为壁厚，计算规定值或允许偏差时均以mm计。

表 8.5.4-3　沉桩实测项目

项次	检查项目			规定值或允许偏差	检查方法和频率
1	桩位 （mm）	群桩	中间桩	≤D/2 且≤250	全站仪：抽查20%桩，测桩中心坐标
			外缘桩	≤D/4 且≤150	
		排架桩	顺桥方向	≤40	
			垂直桥轴方向	≤50	
2△	桩尖高程（mm）			≤设计值	水准仪测桩顶面高程后反算：每桩测量
3△	贯入度（mm）			≤设计值	与控制贯入度比较：每桩测量
4	倾斜度（%）	直桩		≤1	铅锤法：每桩测量
		斜桩		≤15tanθ	

注：1. 深水中采用打桩船沉桩时，其允许偏差应满足设计要求。

2. D为桩径或短边长度，计算规定值或允许偏差时以mm计。

3. θ为斜桩轴线与垂线间的夹角。

4. 当贯入度满足设计要求但桩尖高程未达到设计高程，应按施工技术规范的规定进行检验，并得到设计认可时，桩尖高程为合格。

3 沉入桩外观质量应符合下列规定：

1）预制桩混凝土表面不应存在本标准附录P所列限制缺陷。

2）桩头应无未处理的劈裂、破碎、破损。

3）钢管桩桩身不得有凹凸现象或深度大于0.5 mm和该钢材厚度允许负偏差1/2的划痕，焊缝应无裂纹、焊瘤、夹渣、未焊透、电弧擦伤、未填满弧坑及设计不允许出现的外观缺陷。

8.5.5 地下连续墙

1 地下连续墙应符合下列基本要求：

1）每一槽段成槽后应清底，并测量槽深、槽宽及倾斜度，满足设计要求并符合施工技术规范规定后，方可灌注水下混凝土。

2）水下混凝土应连续灌注，灌注时钢筋骨架不应上浮。

3）无损和取芯检测数量及结果应满足设计要求。

4）槽段接头形式和质量应符合设计要求，墙体接头不应出现夹渣、松散，间隔灌注时接头处不应出现漏水、漏浆。

5）相邻两槽段墙体中心线在任一深度的偏差值不得超过墙厚的1/10。

2 地下连续墙实测项目应符合表8.5.5的规定。

表8.5.5 地下连续墙实测项目

项次	检查项目	规定值或允许偏差	检查方法和频率
1△	混凝土强度（MPa）	在合格标准内	按附录D检查
2	轴线位置（mm）	≤30	全站仪：每槽段纵、横向各测2点
3	倾斜度（mm）	≤0.5%H	超声波测槽仪或成槽机监测系统：每槽段测量
4	沉淀厚度	满足设计要求	沉淀盒或测渣仪：每槽段测量
5	槽深（mm）	≥设计值	测绳或超声波测槽仪：每槽段测量
6	槽宽（mm）	≥设计值	矩形测规或超声波测槽仪：每槽段测量

注：H为墙高，计算规定值或允许偏差时以mm计。

3 地下连续墙外观质量应符合下列规定：

1）墙顶应无松散混凝土。

2）外露墙体在任意槽段内应无突变转折。

3）基坑开挖后墙体应无透水、翻砂。

8.5.6 沉井

1 沉井应符合下列基本要求：

1）沉井下沉应在井壁混凝土达到规定强度后进行。浮式沉井在下水、浮运前，应进行水密性试验。

2）沉井接高时，各节的竖向中轴线应与第一节竖向中轴线相重合。接高前应纠正沉井的倾斜。

3）沉井下沉到设计高程时，应检查基底，确认满足设计要求后方可封底。

4）沉井下沉中出现开裂，应查明原因，进行处理后方可继续下沉。

2 沉井实测项目应符合表8.5.6的规定。

表8.5.6 沉井实测项目

项次	检查项目		规定值或允许偏差	检查方法和频率
1△	混凝土强度（MPa）		在合格标准内	按附录D检查
2	沉井平面尺寸（mm）	长、宽	B≤24m时，±0.5%B；B>24m时，±120	尺量：每节段测顶面
		半径	R≤12m时，±0.5%R；R>12m时，±60	
		非圆形沉井对角线差	对角线长度的±1%，最大±180	

续表 8.5.6

项次	检 查 项 目		规定值或允许偏差	检查方法和频率
3	井壁厚度（mm）	混凝土	+40，−30	尺量：每节段沿边线测 8 处
		钢壳和钢筋混凝土	±15	
4	顶面高程（mm）		±30	水准仪：测 5 处
5	沉井刃脚高程（mm）		满足设计要求	尺量：测沉井高度 5 处，以顶面高程反算
6△	中心偏位（纵、横向）（mm）	一般	≤H/100	全站仪：测沉井每节段顶面边线与两轴线交点
		浮式	≤H/100 +250	
7	竖直度（mm）		≤H/100	铅锤法：测两轴线位置共 4 处

注：B 为边长，R 为半径，H 为井高，计算规定值或允许偏差时均以 mm 计。

3 沉井外观质量应符合下列规定：

1）井壁应无渗漏，井壁外侧应无鼓胀外凸。

2）混凝土表面不应存在本标准附录 P 所列限制缺陷。

8.5.7 双壁钢围堰

1 双壁钢围堰应符合下列基本要求：

1）钢围堰壳元件的加工尺寸和预拼装精度应满足设计要求，并符合有关技术规范的规定。

2）钢围堰拼焊后应进行水密试验，满足设计要求后方可下沉，下沉要求同沉井。

3）钢围堰内各舱混凝土的浇筑顺序应满足设计要求。

2 双壁钢围堰实测项目应符合表 8.5.7 的规定。

表 8.5.7 双壁钢围堰实测项目

项次	检 查 项 目		规定值或允许偏差	检查方法和频率
1	顶面轴线偏位（mm）		≤80	全站仪：纵横轴线两端共测 4 点
2	围堰平面尺寸（mm）	半径	±D/500，互相垂直的直径差 <20	尺量：每节段测顶面
		长、宽	±30，对角线差 <20	
3	高度（mm）		±10	尺量：每节测 5 处
4	对接错边（mm）		≤2	尺量：每节间测
5	焊缝尺寸（mm）		满足设计要求	量规：抽查 20% 焊缝，且不少于 3 条，每条焊缝检查 3 处
6△	焊缝探伤			超声法：满足设计要求；设计未要求时抽查 20% 焊缝，且不少于 3 条
7	顶面高程（mm）		±30	水准仪：测 5 处
8	竖直度（mm）		≤h/100	铅锤法：测两轴线位置共 4 处

注：D 为围堰直径，h 为围堰高度，计算规定值或允许偏差时均以 mm 计。

3 双壁钢围堰外观质量应符合下列规定：

1) 焊缝应无裂纹、焊瘤、夹渣、未焊透、电弧擦伤、未填满弧坑及设计不允许出现的外观缺陷。

2) 钢材表面不应有深度大于0.5mm和该钢材厚度允许负偏差1/2的划痕。

8.5.8 沉井、钢围堰的混凝土封底

1 沉井、钢围堰的混凝土封底应符合下列基本要求：

1) 基底清理应满足设计要求，检查合格后方可浇筑水下混凝土封底。

2) 水下混凝土应按要求一次浇筑完成，围壁处不得出现空洞，不得渗漏水。

2 沉井、钢围堰的混凝土封底实测项目应符合表8.5.8的规定。

表8.5.8 沉井、钢围堰封底混凝土实测项目

项次	检 查 项 目	规定值或允许偏差	检查方法和频率
1△	混凝土强度（MPa）	在合格标准内	按附录D检查
2	基底高程（mm）	0，－200	测绳和水准仪：测5处
3	顶面高程（mm）	±50	水准仪：测5处

3 沉井、钢围堰的混凝土封底外观质量应符合下列规定：

1) 封底混凝土不得出现上浮、破碎。

2) 与井壁结合应无缝隙。

8.5.9 承台等大体积混凝土结构

1 承台等大体积混凝土结构应符合下列基本要求：

1) 水化热引起的混凝土内最高温度及内表温差应控制在允许范围内。

2) 施工缝的设置及处理应满足设计要求并符合施工技术规范的规定。

2 承台等大体积混凝土结构实测项目应符合表8.5.9的规定。

表8.5.9 承台等大体积混凝土实测项目

项次	检 查 项 目		规定值或允许偏差	检查方法和频率
1△	混凝土强度（MPa）		在合格标准内	按附录D检查
2	平面尺寸（mm）	$B<30m$	±30	尺量：测2个断面
		$B\geqslant30m$	$±B/1\,000$	
3	结构高度（mm）		±30	尺量：测5处
4	顶面高程（mm）		±20	水准仪：测5处
5	轴线偏位（mm）		≤15	全站仪：纵、横向各测2点
6	平整度（mm）		≤8	2m直尺：每侧面每20 m² 测1处，且不少于3处，每处测竖直、水平两个方向

注：B为边长或直径，计算规定值或允许偏差时以mm计。

3 承台等大体积混凝土结构外观质量应符合下列规定：

1）混凝土表面不应存在本标准附录 P 所列限制缺陷。

2）应无建筑垃圾、杂物和临时预埋件。

8.5.10 灌注桩桩底压浆

1 灌注桩桩底压浆应符合下列基本要求：

1）应通过试验确定压浆相关参数，并制定压浆方案。

2）压浆机械设备、压浆管路、接头及阀门等应进行耐压检验，检验结果应满足压浆方案要求。

3）应在桩底混凝土凝固前及时冲开压浆阀，并按设计要求和施工技术规范规定进行压浆操作。

2 灌注桩桩底压浆实测项目应符合表 8.5.10 的规定。

表 8.5.10　灌注桩桩底压浆实测项目

项次	检查项目	规定值或允许偏差	检查方法和频率
1△	浆体强度（MPa）	在合格标准内	按附录 M 检查
2	压浆终止压力值（MPa）	满足压浆方案要求	查压力表读数：全部管路
3△	压浆量（L）	满足压浆方案要求	标定容器法或流量计：每桩测量
4	稳压时间（min）	≥5	计时器：全部管路

8.6　混凝土墩、台

8.6.1　混凝土墩、台

1 混凝土墩、台应符合下列基本要求：

1）模板及支架的强度、刚度、稳定性应符合施工技术规范的规定。

2）施工缝设置及处理应符合施工技术规范规定。

2 混凝土墩、台实测项目应符合表 8.6.1-1～表 8.6.1-3 的规定。

表 8.6.1-1　现浇墩、台身实测项目

项次	检查项目		规定值或允许偏差	检查方法和频率
1△	混凝土强度（MPa）		在合格标准内	按附录 D 检查
2	断面尺寸（mm）		±20	尺量：每施工节段测 1 个断面，不分段施工的测 2 个断面
3	全高竖直度（mm）	$H \leqslant 5m$	≤5	全站仪或铅锤法：纵、横向各测 2 处
		$5m < H \leqslant 60m$	≤H/1 000，且≤20	全站仪：纵、横向各测 2 处
		$H > 60m$	≤H/3 000，且≤30	
4	顶面高程（mm）		±10	水准仪：测 3 处
5△	轴线偏位（mm）	$H \leqslant 60m$	≤10，且相对前一节段≤8	全站仪：每施工节段测顶面边线与两轴线交点
		$H > 60m$	≤15，且相对前一节段≤8	

续表 8.6.1-1

项次	检查项目	规定值或允许偏差	检查方法和频率
6	节段间错台（mm）	≤5	尺量：测每节每侧面
7	平整度（mm）	≤8	2m 直尺：每侧面每 20m² 测 1 处，每处测竖直、水平两个方向
8	预埋件位置（mm）	满足设计要求，设计未要求时≤5	尺量：每件测

注：H 为墩、台身高度，计算规定值或允许偏差时以 mm 计。

表 8.6.1-2 现浇墩、台帽或盖梁实测项目

项次	检查项目	规定值或允许偏差	检查方法和频率
1△	混凝土强度（MPa）	在合格标准内	按附录 D 检查
2	断面尺寸（mm）	±20	尺量：测 3 个断面
3	轴线偏位（mm）	≤10	全站仪：纵、横向各测 2 点
4	顶面高程（mm）	±10	水准仪：测 5 点
5	支座垫石预留位置（mm）	≤10	尺量：每个检查
6	平整度（mm）	≤8	2m 直尺：每侧面测 3 处，每处测长度方向

表 8.6.1-3 预制墩身实测项目

项次	检查项目		规定值或允许偏差	检查方法和频率
1△	混凝土强度（MPa）		在合格标准内	按附录 D 检查
2	断面尺寸（mm）	外轮廓	±15	尺量：测 2 个断面
		壁厚	±10	
3	高度（mm）		±10	尺量：测中心线处
4	平整度（mm）		≤5	2m 直尺：每侧面测 1 处，每处测竖直、水平两个方向
5	支座垫石预留锚孔位置（mm）		≤10	尺量：每个检查
6	墩顶预埋件位置（mm）		≤5	尺量：每件测

注：实际工程中未涉及的项目不检查。

3 混凝土墩、台外观质量应符合下列规定：

1）混凝土表面不应存在本标准附录 P 所列限制缺陷。

2）应无建筑垃圾、杂物和临时预埋件。

8.6.2 墩、台身安装

1 墩、台身安装应符合下列基本要求：

1）墩、台身预制件应检验合格后，方可进行安装。

2）预制节段胶结材料的品种和技术性能应满足设计要求，接缝填充应密实。

3）墩、台身埋入基座坑内深度应满足设计要求。

2 墩、台身安装实测项目应符合表8.6.2的规定。

表8.6.2 墩、台身安装实测项目

项次	检 查 项 目		规定值或允许偏差	检查方法和频率
1△	轴线偏位（mm）	$H≤60m$	≤10，且相对前一节段≤8	全站仪：每施工节段测顶面边线与两轴线交点
		$H>60m$	≤15，且相对前一节段≤8	
2	顶面高程（mm）		±10	水准仪：测5处
3	全高竖直度（mm）	$H≤5m$	≤5	全站仪或铅锤法：纵、横向各测2处
		$5m<H≤60m$	≤$H/1\,000$，且≤20	
		$H>60m$	≤$H/3\,000$，且≤30	
4	节段间错台（mm）		≤3	尺量：测每节每侧面
5△	湿接头混凝土强度（MPa）		在合格标准内	按附录D检查

注：H为墩、台高，计算规定值或允许偏差时以 mm 计。

3 墩、台身安装外观质量应符合下列规定：

1）湿接头混凝土表面不应存在本标准附录P所列限制缺陷。

2）接缝填充材料不得存在脱落和开裂现象。

8.6.3 拱桥组合桥台

1 拱桥组合桥台应符合下列基本要求：

1）地基承载力应满足设计要求。

2）阻滑板不得断裂。

3）应对组合桥台的位移、沉降、转动及各部分是否紧贴进行观测，超出允许范围的应进行分析处理。

4）拱桥台背填土应在承受拱圈水平推力以前完成，并应控制填土进度，桥台不得出现超过设计允许的变位。

2 拱桥组合桥台实测项目应符合表8.6.3的规定。

表8.6.3 拱桥组合桥台实测项目

项次	检 查 项 目	规定值或允许偏差	检查方法和频率
1	架设拱圈前，台后沉降完成量（mm）	≥设计值的85%	水准仪：每台测量台后上、下游两侧填土后至架设拱圈前高程推算
2	台身后倾率	≤1/250	铅锤法：每台检查上、下游的沉降缝两侧分离值后推算
3△	架设拱圈前，台后填土完成量（m³）	≥90%	按填土状况推算：每台
4△	拱建成后桥台水平位移（mm）	≤设计允许值	全站仪：每台检查两侧预埋测点

3 拱桥组合桥台外观质量应符合下列规定：

1）各组成部分的顶面不应出现大于8mm的错台。

2）组合桥台各组成部分的接触面不得出现脱空。

8.6.4 台背填土

1 台背填土应符合下列基本要求：

1）台背填土应采用透水性材料或设计要求的填料，严禁采用腐殖土、盐渍土、淤泥、白垩土、硅藻土和冻土块。填料中不应含有机物、冰块、草皮、树根等杂物及生活垃圾。

2）应分层填筑压实，每层表面平整，顶层路拱合适。

3）台身强度达到设计强度的85%以上时方可进行填土。

4）拱桥台背填土应在承受拱圈水平推力以前完成。

5）台背填土应按设计要求的方式与路基搭接。

6）台背填土的防、排水应满足设计要求。

2 台背填土实测项目应符合表8.6.4的规定，且应按路基要求检验其他项目。

表8.6.4　台背填土实测项目

项次	实 测 项 目	规定值或允许偏差			检查方法和频率
1△	压实度（%）	高速公路一级公路	二级公路	三、四级公路	按附录B的方法检查，每桥台每压实层测2处
		≥96	≥95	≥94	
2	填土长度（mm）	≥设计值			尺量：每桥台测顶、底面两侧

3 台背填土外观质量应符合下列规定：

1）填土表面不平整、边线弯折的累计长度不得超过总长度的10%。

2）不得出现亏坡。

8.7 混凝土梁桥

8.7.1 就地浇筑梁、板

1 就地浇筑梁、板应符合下列基本要求：

1）支架和模板的强度、刚度、稳定性应符合施工技术规范的规定。

2）预计的支架变形及支承的下沉量应满足施工后梁体设计高程的要求，需要消除支承不均匀沉降、非弹性变形的支架应进行预压。

3）预埋件的设置和固定应满足设计要求并符合施工技术规范的规定。

2 就地浇筑梁、板实测项目应符合表8.7.1的规定。

表8.7.1　就地浇筑梁、板实测项目

项次	检 查 项 目	规定值或允许偏差	检查方法和频率
1△	混凝土强度（MPa）	在合格标准内	按附录D检查
2	轴线偏位（mm）	≤10	全站仪：跨测5处
3	梁、板顶面高程（mm）	±10	水准仪：每跨测5处，跨中、桥墩（台）处应布置测点

续表 8.7.1

项次	检查项目		规定值或允许偏差	检查方法和频率
4△	断面尺寸（mm）	高度	+5，-10	尺量：每跨测3个断面
		顶宽	±30	
		箱梁底宽	±20	
		顶、底、腹板或梁肋厚	+10，0	
5	长度（mm）		+5，-10	尺量：每梁测顶面中线处
6	与相邻梁段间错台（mm）		≤5	尺量：测底面、侧面
7	横坡（%）		±0.15	水准仪：每跨测3处
8	平整度（mm）		≤8	2m直尺：沿梁长方向每侧面每10m梁长测1处×2尺

3 就地浇筑梁、板外观质量应符合下列规定：

1）混凝土表面不应存在本标准附录P所列限制缺陷。

2）应无建筑垃圾、杂物和临时预埋件。

8.7.2 预制安装梁、板

1 预制安装梁、板应符合下列基本要求：

1）拼接粗糙面的质量和键槽的数量、质量应满足设计要求。

2）在吊移出预制底座时，混凝土的强度不得低于设计所要求的吊装强度，预制件不得受到损伤；在安装时，支承结构（墩台、盖梁、垫石）的强度应满足设计要求。

3）安装前，梁、板应检验合格，墩、台支座垫板应稳固；就位后，梁、板两端支座应对位，梁底与支座以及支座底与垫石顶应密贴，临时支撑应稳固。

4）梁段之间接缝填充材料的种类、规格和性能应满足设计要求，接缝填充密实。

2 预制安装梁、板实测项目应符合表8.7.2-1～表8.7.2-3的规定。

表 8.7.2-1 梁、板或梁段预制实测项目

项次	检查项目			规定值或允许偏差	检查方法和频率
1△	混凝土强度（MPa）			在合格标准内	按附录D检查
2	梁长度（mm）		总长度	+5，-10	尺量：每梁顶面中线、底面两侧
			梁段长度	0，-2	
3△	断面尺寸（mm）	宽度	箱梁 顶宽	±20（±5）	尺量：每梁测3个断面，板和梁段测2个断面
			箱梁 底宽	±10（+5，0）	
			其他梁、板 干接缝（梁翼缘、板）	±10（±3）	
			其他梁、板 湿接缝（梁翼缘、板）	±20	
		高度	箱梁	0，-5	
			其他梁、板	±5	
		顶板、底板、腹板或梁肋厚		+5，0	

续表8.7.2-1

项次	检查项目		规定值或允许偏差	检查方法和频率
4	平整度（mm）		≤5	2m直尺：沿梁长方向每侧面每10m梁长测1处×2尺
5	横系梁及预埋件位置（mm）		≤5	尺量：每件
6	横坡（%）		±0.15	水准仪：每梁测3个断面，板和梁段测2个断面
7	斜拉索锚面	锚点坐标（mm）	±5	全站仪、钢尺：检查每锚垫板，测水平及相互垂直的锚孔中心线与锚垫板边线交点坐标推算
		锚面角度（°）	≤0.5	角度仪：检查每锚垫板与水平面、立面的夹角，各测3处

注：1. 项次3箱梁宽度括号中的数字适用于节段拼装梁段的预制。
　　2. 项次3对应干接缝的其他梁、板宽度括号中的数字适用于组合梁桥面板的预制。
　　3. 项次7仅适用于斜拉桥预制梁段。

表8.7.2-2　梁、板安装实测项目

项次	检查项目		规定值或允许偏差	检查方法和频率
1	支承中心偏位（mm）	梁	≤5	尺量：每跨测6个支承处，不足6个时全测
		板	≤10	
2	梁、板顶面高程（mm）		±10	水准仪：每跨测5处，跨中、桥墩（台）处应布置测点
3	相邻梁、板顶面高差（mm）	$L≤40m$	≤10	尺量：测每相邻梁、板高差最大处
		$L>40m$	≤15	

表8.7.2-3　逐跨拼装梁安装实测项目

项次	检查项目		规定值或允许偏差	检查方法和频率
1	轴线偏位（mm）		≤5	全站仪：每跨测3处
2	相邻节段间接缝错台（mm）	顶面	≤5	尺量：每条接缝测顶底面和每侧面错台最大处
		底面、侧面	≤3	
3	节段拼装立缝宽度（mm）		≤3	尺量：每条接缝测3处
4	梁长（mm）		+20，−40	尺量：每跨测顶面两侧边线和中线处
5	支承中心偏位（mm）		≤5	尺量：每支承中心

3　预制安装梁、板外观质量应符合下列规定：

1）混凝土表面不应存在本标准附录P所列限制缺陷。

2）应无建筑垃圾、杂物和临时预埋件。

3）梁段接缝胶结材料不得存在脱落和开裂。

8.7.3 顶推施工梁

1 顶推施工梁应符合下列基本要求：

1）台座和滑道的中线应在桥轴线或其延长线上。

2）导梁应在地面试装后，再在台座上安装，导梁与梁身应连接牢固。

3）千斤顶及其他顶推设备在施工前应检查校正，采用多点顶推时各点顶推应同步。

4）顶推过程中应对墩台沉降、墩台位移及梁的偏位、导梁和梁挠度等进行观测。

5）顶推及落梁的程序应满足设计要求，若梁体出现裂缝，应查明原因，在采取措施后，方可继续顶推。

2 顶推施工梁实测项目应符合表8.7.3的规定。

表8.7.3 顶推施工梁实测项目

项次	检查项目		规定值或允许偏差	检查方法和频率
1	轴线偏位（mm）		≤10	全站仪：每段测2处
2△	落梁反力（kN）		满足设计要求；设计未要求时，≤1.1倍的设计反力	查油压表读数：检查全部
3△	支点高差（mm）	相邻纵向支点	满足设计要求；设计未要求时，≤5	水准仪：检查全部
		同墩两侧支点	满足设计要求；设计未要求时，≤2	

8.7.4 悬臂施工梁

1 悬臂施工梁应符合下列基本要求：

1）悬拼或悬浇块件前，应对桥墩根部（0号块件）的高程、桥轴线作详细复核，满足设计要求后方可进行悬拼或悬浇。

2）悬臂施工应对称进行，并对轴线和高程进行施工监控。

3）在施工过程中，梁体不应出现宽度超过设计和相关规范规定的受力裂缝。

4）应按设计要求对悬浇或悬拼的接头交界面进行处理，拼接梁段间胶结材料的种类、规格、质量应满足设计要求，接缝应填充密实。

5）悬臂合龙时，两侧梁段的高差应在设计允许范围内，合龙和体系转换程序应满足设计要求。

2 悬臂施工梁实测项目应符合表8.7.4-1和表8.7.4-2的规定。

表8.7.4-1 悬臂浇筑梁实测项目

项次	检查项目		规定值或允许偏差	检查方法和频率
1△	混凝土强度（MPa）		在合格标准内	按附录D检查
2	轴线偏位（mm）	$L≤100m$	≤10	全站仪：每个节段测2处
		$L>100m$	≤$L/10\,000$	

续表8.7.4-1

项次	检查项目		规定值或允许偏差	检查方法和频率
3	顶面高程（mm）	$L \leq 100m$	±20	水准仪：每个节段测2处
		$L > 100m$	±L/5 000	
4△	断面尺寸（mm）	高度	+5，-10	尺量：每个节段测1个断面
		顶宽	±30	
		底宽	±20	
		顶、底、腹板厚	+10，0	
5	合龙后同跨对称点高程差（mm）	$L \leq 100m$	≤20	水准仪：每跨梁底对称点测6处
		$L > 100m$	≤L/5 000	
6	顶面横坡（%）		±0.15	水准仪：每节段测2处
7	平整度（mm）		≤8	2m直尺：每节段每侧面测1处，测竖直、水平两个方向
8	相邻梁段间错台（mm）		≤5	尺量：测底面、侧面

注：L为梁跨径，计算规定值或允许偏差时以mm计。

表8.7.4-2　悬臂拼装梁实测项目

项次	检查项目		规定值或允许偏差	检查方法和频率
1△	合龙段混凝土强度（MPa）		在合格标准内	按附录D检查
2	轴线偏位（mm）	$L \leq 100m$	≤10	全站仪：每节段测2处
		$L > 100m$	≤L/10 000	
3	顶面高程（mm）	$L \leq 100m$	±20	水准仪：每节段测2处
		$L > 100m$	±L/5 000	
4	合龙后同跨对称点高程差（mm）	$L \leq 100m$	≤20	水准仪：每跨梁底对称点测6处
		$L > 100m$	≤L/5 000	
5	相邻梁段间错台（mm）		≤3	尺量：测底面、侧面

注：1. L为梁跨径，计算规定值或允许偏差时以mm计。

　　2. 非合龙段项次1不检查。

3 悬臂施工梁外观质量应符合本标准第8.7.2条第3款的规定，且梁体线形应无异常折变。

8.7.5 转体施工梁

1 转体施工梁应符合下列基本要求：

1）转动设施和锚固体系应检验合格方可进行转体施工。

2）采用双侧对称同步转体施工时应设位控体系，两侧应同步。

3）上部构造在转体施工中若出现裂缝，应查明原因并采取相应措施。

4）合龙段两侧高差应满足设计要求。

2 转体施工梁实测项目应符合表8.7.5的规定。

表 8.7.5　转体施工梁实测项目

项次	检查项目	规定值或允许偏差	检查方法和频率
1△	封闭转盘和合龙段混凝土强度（MPa）	在合格标准内	按附录 D 检查
2△	轴线偏位（mm）	≤L/10 000	全站仪：测 5 处
3	梁顶面高程（mm）	±20	水准仪：跨中及梁端断面，每断面测 3 处
4	同一横断面两侧或相邻上部构件高差（mm）	≤10	水准仪：测 5 个断面

注：L 为梁跨径，计算规定值或允许偏差时以 mm 计。

　3　转体施工梁外观质量应符合下列规定：

　1）混凝土表面不应存在本标准附录 P 所列限制缺陷。

　2）应无建筑垃圾、杂物和临时预埋件。

8.8　拱桥

8.8.1　就地浇筑拱圈

　1　就地浇筑拱圈应符合下列基本要求：

　1）支架式拱架应按施工技术规范的规定进行制作，且牢固稳定。

　2）应按设计要求的施工顺序浇筑拱圈混凝土。

　3）拱架的卸落应按设计要求的卸架顺序进行。

　2　就地浇筑拱圈实测项目应符合表 8.8.1 的规定。

表 8.8.1　就地浇筑拱圈实测项目

项次	检查项目		规定值或允许偏差	检查方法和频率
1△	混凝土强度（MPa）		在合格标准内	按附录 D 检查
2	轴线偏位（mm）	板拱	≤10	全站仪：每肋、板拱测 5 处
		肋拱	≤5	
3△	内弧线偏离设计弧线（mm）	L≤30m	±20	水准仪：每肋、板测 L/4 跨、3L/4 跨、拱顶 3 处两侧
		L>30m	±L/1 500，且不超过 ±40	
4△	断面尺寸（mm）	高度	±5	尺量：每肋、板拱脚、L/4 跨、3L/4 跨、拱顶测 5 个断面
		顶、底、腹板厚	+10，0	
		宽度　板拱	±20	
		宽度　肋拱	±10	

注：L 为跨径，计算规定值或允许偏差时以 mm 计。

　3　就地浇筑拱圈外观质量应符合本标准第 8.7.1 条第 3 款规定，且拱圈线形不得出现异常折变。

8.8.2　拱圈节段预制

1　拱圈节段预制基本要求应符合本标准第 8.7.2 条第 1 款的预制相关规定。

2　拱圈节段预制实测项目应符合表 8.8.2-1 和表 8.8.2-2 的规定。

表 8.8.2-1　拱圈节段预制实测项目

项次	检 查 项 目		规定值或允许偏差	检查方法和频率
1△	混凝土强度（MPa）		在合格标准内	按附录 D 检查
2	每段拱箱内弧长（mm）		0，−10	尺量：每段测两侧内弧
3△	内弧偏离设计弧线（mm）		±5	样板：检查底面，每段测 3 处
4△	断面尺寸（mm）	顶、底、腹板厚	+10，0	尺量：检查 2 端断面
		宽度、高度	+10，−5	
5	平面度（mm）	肋拱	≤5	拉线、尺量：每段检查 2 侧面
		箱拱	≤10	
6	拱箱接头倾斜（mm）		±5	角尺：每接头测 2 处
7	预埋件位置（mm）		≤5	尺量：测每件

表 8.8.2-2　桁架拱杆件预制实测项目

项次	检 查 项 目	规定值或允许偏差	检查方法和频率
1△	混凝土强度（MPa）	在合格标准内	按附录 D 检查
2△	断面尺寸（mm）	±5	尺量：测 2 个断面
3	杆件长度（mm）	±10	尺量：测顶底面中心线处
4	杆件旁弯（mm）	≤5	拉线、尺量：测每件
5	预埋件位置（mm）	≤5	尺量：测每件

注：若成批生产，每批抽查 25%。

3　拱圈节段预制外观质量应符合本标准第 8.7.2 条第 3 款的规定。

8.8.3　拱的安装

1　拱的安装应符合下列基本要求：

1）拱桥安装应按设计要求的程序进行施工。

2）接头垫塞楔形钢板布置应均匀合理，不得集中安放或偏向一侧。

3）预制段接头现浇混凝土应密实，并应在达到设计要求强度后方可进行拱上建筑的施工。

4）安装过程中，构件或节点不应出现宽度超过设计要求和规范规定的裂缝。

5）合龙段两侧高差应在设计要求的允许范围内。

2　拱的安装实测项目应符合表 8.8.3-1～表 8.8.3-3 的规定。

表 8.8.3-1 主拱圈安装实测项目

项次	检查项目		规定值或允许偏差	检查方法和频率
1△	接头混凝土强度（MPa）		在合格标准内	按附录 D 检查
2△	轴线偏位（mm）	$L \leq 60$m	≤ 10	全站仪：每肋每跨测 5 处
		$L > 60$m	$\leq L/6\,000$，且≤ 40	
3	拱圈高程（mm）	$L \leq 60$m	± 20	水准仪：每肋每跨测 5 处
		$L > 60$m	$\pm L/3\,000$，且不超过± 50	
4△	对称接头点相对高差（mm）	允许 $L \leq 60$m	≤ 20	水准仪：每肋每跨测每对称接头
		允许 $L > 60$m	$\leq L/3\,000$，且≤ 40	
		极值	允许偏差的 2 倍，且反向	
5	同跨各拱肋相对高差（mm）	$L \leq 60$m	≤ 20	水准仪：测 5 处
		$L > 60$m	$\leq L/3\,000$，且≤ 30	

注：L 为跨径，计算规定值或允许偏差时以 mm 计。

表 8.8.3-2 悬臂拼装的桁架拱实测项目

项次	检查项目		规定值或允许偏差	检查方法和频率
1△	节点混凝土强度（MPa）		在合格标准内	按附录 D 检查
2△	轴线偏位（mm）	$L \leq 60$m	≤ 10	全站仪：每肋每跨测 5 处
		$L > 60$m	$\leq L/6\,000$，且≤ 40	
3	拱圈高程（mm）	$L \leq 60$m	± 20	水准仪：每肋每跨测 5 处
		$L > 60$m	$\pm L/3\,000$，且不超过± 50	
4	相邻拱片高差（mm）		≤ 20	水准仪：每跨测 5 处
5△	对称点相对高差（mm）	允许 $L \leq 60$m	≤ 20	水准仪：每肋每跨测每对称点 5 处
		允许 $L > 60$m	$\leq L/3\,000$，且≤ 40	
		极值	允许偏差的 2 倍，且反向	
6	拱片竖向垂直度（mm）		$\leq h/300$，且≤ 20	铅锤法：每片测 $L/4$ 跨、$3L/4$ 跨、拱顶 3 处

注：L 为跨径，h 为拱片高度，计算规定值或允许偏差时均以 mm 计。

表 8.8.3-3 腹拱安装实测项目

项次	检查项目	规定值或允许偏差	检查方法和频率
1	轴线偏位（mm）	≤ 10	全站仪：拱脚、拱顶共 3 处
2	起拱线高程（mm）	± 20	水准仪：每起拱线测 2 点
3	相邻块件高差（mm）	≤ 5	尺量：每相邻块件测 2 处

3 拱的安装外观质量应符合下列规定：

1）主拱圈和上、下弦杆线形无异常弯折及变形。

2）接头混凝土表面不应存在本标准附录 P 所列限制缺陷。

8.8.4 转体施工拱

1 转体施工拱基本要求应符合本准第 8.7.5 条第 1 款的规定。

2 转体施工拱实测项目应符合表8.8.4的规定。

表8.8.4　转体施工拱实测项目

项次	检查项目	规定值或允许偏差	检查方法和频率
1△	封闭转盘和合龙段混凝土强度（MPa）	在合格标准内	按附录D检查
2	轴线偏位（mm）	$\leqslant L/6\,000$，且$\leqslant 30$	全站仪：测5处
3△	跨中拱顶面高程（mm）	± 20	水准仪：测拱顶两侧及中心线处
4	同一横截面两侧或相邻上部构件高差（mm）	$\leqslant 10$	水准仪：测5处

注：L为跨径，计算规定值或允许偏差时以mm计。

3 转体施工拱外观质量应符合本标准第8.7.5条第3款的规定。

8.8.5　劲性骨架混凝土拱

1 劲性骨架混凝土拱应符合下列基本要求：

1）骨架应采用满足设计要求的钢材和焊接材料，按设计要求的线形加工，并应进行试拼装。

2）杆件在施工中，不应出现开裂或局部构件失稳。

3）吊装骨架应平衡下落，减少骨架变形。浇筑前应校核骨架，进行必要的调整。

4）应分层、对称地浇筑混凝土，浇筑顺序满足设计要求。

5）浇筑混凝土过程中骨架应稳定，并应进行拱轴线形观测，累积误差在允许范围内。

2 劲性骨架混凝土拱实测项目应符合表8.8.5-1～表8.8.5-3的规定。

表8.8.5-1　劲性骨架制作实测项目

项次	检查项目	规定值或允许偏差	检查方法和频率
1	杆件截面尺寸（mm）	不小于设计值	尺量：每件测2端
2	骨架高、宽（mm）	± 10	尺量：每段测3个断面
3△	内弧偏离设计弧线（mm）	$\leqslant 10$	样板：每段测3处
4	每段的弧长（mm）	$+10$，-10	尺量：每段测两侧内弧
5△	焊缝探伤	满足设计要求	超声法：检查全部

表8.8.5-2　劲性骨架安装实测项目

项次	检查项目		规定值或允许偏差	检查方法和频率
1	轴线偏位（mm）		$\leqslant L/6\,000$，且$\leqslant 40$	全站仪：每骨架测5处
2	高程（mm）		$\pm L/3\,000$	水准仪：测拱顶、拱脚及各接头点
3△	对称点相对高差（mm）	允许	$\leqslant L/3\,000$，且$\leqslant 40$	水准仪：测各接头点
		极值	允许偏差的2倍，且反向	
4△	焊缝探伤		满足设计要求	超声法：检查全部

注：L为跨径，计算规定值或允许偏差时以mm计。

表 8.8.5-3　劲性骨架拱混凝土浇筑实测项目

项次	检查项目		规定值或允许偏差	检查方法和频率
1△	混凝土强度（MPa）		在合格标准内	按附录 D 检查
2	轴线偏位（mm）	$L \leq 60$m	≤10	全站仪：每骨架测 5 处
		$L > 60$m	≤$L/6\,000$，且 ≤40	
3	拱圈高程（mm）		±$L/3\,000$，且不超过 ±50	水准仪：测拱脚、$L/4$ 跨、$3L/4$ 跨、拱顶 5 处
4△	对称点相对高差（mm）	允许	≤$L/3\,000$，且 ≤40	水准仪：对称点测 8 处
		极值	允许偏差的 2 倍，且反向	
5△	断面尺寸（mm）		±10	尺量：测 10 处

注：L 为跨径，计算规定值或允许偏差时以 mm 计。

3　劲性骨架混凝土拱外观质量应符合下列规定：

1）骨架应无异常变形，其线形无异常弯折。

2）焊缝应无裂纹、焊瘤、夹渣、电弧擦伤、未焊透、未填满弧坑及设计不允许出现的外观缺陷。

3）混凝土表面不应存在本标准附录 P 所列限制缺陷。

4）拱圈内外应无建筑垃圾、杂物和临时预埋件。

8.8.6　钢管混凝土拱

1　钢管混凝土拱应符合下列基本要求：

1）混凝土应具有低泡、大流动、延后初凝和微膨胀的性能。

2）钢管拱肋的焊接应进行焊接工艺评定，评定结果应符合相关技术规范的规定，并制定实施性焊接施工工艺。

3）钢管拱肋元件检验合格后方可组焊，钢管拱肋节段合格后方可安装。

4）同一部位的焊缝返修不能超过两次，返修后的焊缝应按原质量标准进行复验，并且合格。

5）钢管拱在安装过程中，横向稳定措施、扣挂系统应满足设计要求。

6）管内混凝土应采用泵送顶升压注施工，由拱脚至拱顶对称均衡地一次性压注完成。

2　钢管混凝土拱实测项目应符合表 8.8.6-1 ～ 表 8.8.6-3 的规定。

表 8.8.6-1　钢管拱肋节段制作实测项目

项次	检查项目	规定值或允许偏差	检查方法和频率
1△	钢管直径（mm）	±$D/500$，且不超过 ±5	尺量：每段每管检查 3 处
2	钢管椭圆度（%）	≤0.2	尺量：每段每管检查 3 处
3	钢管中距（mm）	±4	尺量：每段检查 2 端面
4	桁式拱肋断面对角线差（mm）	≤4	

续表 8.8.6-1

项次	检查项目	规定值或允许偏差	检查方法和频率
5	节段平面度（mm）	≤3	拉线、尺量：每段检查 2 侧面
6△	内弧偏离设计弧线（mm）	±8	样板：每段测 3 处
7	对接错边（mm）	≤0.1t，且≤2	尺量：检查各对接断面
8	拱肋内弧长（mm）	0，−10	尺量：每段测内弧长 2 处
9	焊缝尺寸（mm）		量规：检查全部，每条焊缝检查 3 处
10△	焊缝探伤	满足设计要求	超声法：检查全部 射线法：按设计要求；设计未要求时按 5% 抽查，且不得少于 2 条

注：D 为钢管直径，t 为板厚，计算规定值或允许偏差时均以 mm 计。

表 8.8.6-2 钢管拱肋安装实测项目

项次	检查项目		规定值或允许偏差	检查方法和频率
1	轴线偏位（mm）		≤L/6 000，且≤50	全站仪：测 5 处
2	拱肋高程（mm）		±L/3 000，且不超过 ±50	水准仪：测拱脚、L/4 跨、3L/4 跨、拱顶 5 处
3△	对称点相对高差（mm）	允许	≤L/3 000，且≤40	水准仪：测各接头点
		极值	允许偏差的 2 倍，且反向	
4	拱肋接缝错边（mm）		≤0.2t，且≤2	尺量：测每个接缝最大值
5	焊缝尺寸（mm）			量规：检查全部，每条焊缝检查 3 处
6△	焊缝探伤		满足设计要求	超声法：检查全部 射线法：按设计要求，设计未要求时按 2% 抽查，且不得少于 1 条
7△	高强螺栓扭矩（N·m）		±10%	扭矩扳手：检查 5%，且不少于 2 个

注：L 为跨径，t 为板厚，计算规定值或允许偏差时均以 mm 计。

表 8.8.6-3 钢管拱肋混凝土浇筑实测项目

项次	检查项目		规定值或允许偏差	检查方法和频率
1△	混凝土强度（MPa）		在合格标准内	按附录 D 检查
2	轴线偏位（mm）	L≤60m	≤10	全站仪：测 5 处
		L>60m	≤L/6 000，且≤50	
3	拱肋高程（mm）		±L/3 000，且≤ ±50	水准仪：测拱脚、L/4 跨、3L/4 跨、拱顶 5 处
4△	混凝土脱空率（%）		≤1.2	敲击法或超声法：检查全肋
5△	对称点相对高差（mm）	允许	≤L/3 000，且≤40	水准仪：检查各接头点
		极值	允许偏差的 2 倍，且反向	

注：L 为跨径，计算规定值或允许偏差时以 mm 计。

3 钢管混凝土拱外观质量应符合下列规定：

1）钢管拱肋应无异常，其线形无异常弯折。

2）焊缝应无裂纹、焊瘤、夹渣、电弧擦伤、未焊透、未填满弧坑及设计不允许出现的外观缺陷，构件表面无焊渣和飞溅物。

3）终拧后高强螺栓丝扣外露应为 2~3 扣，不符合的不应超过 10%，设计另有规定的除外。

8.8.7 中下承式拱吊杆和柔性系杆

1 中下承式拱吊杆和柔性系杆应符合下列基本要求：

1）锚垫板应与孔道轴线垂直。

2）吊杆、系杆防护应满足设计要求。

3）应按设计要求程序进行施工。

4）张拉设备应配套标定和使用，并不得超过标定期限使用。

2 中下承式拱吊杆和柔性系杆实测项目应符合表 8.8.7-1 和表 8.8.7-2 的规定。

表 8.8.7-1　吊杆的制作与安装实测项目

项次	检查项目		规定值或允许偏差	检查方法和频率
1	吊杆长度（mm）		$\pm L/1\,000$ 及 ± 10	尺量：测每根
2△	吊杆拉力（kN）	允许	满足设计要求，设计未要求时 $\pm 10\%$	测力仪：测每吊杆
		极值	满足设计要求，设计未要求时 $\pm 20\%$	
3	吊点位置（mm）		≤ 10	全站仪：测每吊点
4	吊点高程（mm）		± 10	水准仪：测每吊点

注：L 为跨径，计算规定值或允许偏差时以 mm 计。

表 8.8.7-2　柔性系杆实测项目

项次	检查项目	规定值或允许偏差	检查方法和频率
1△	张拉力值（kN）	满足设计要求	查油压表读数：每根检查
2△	张拉伸长率（%）	满足设计要求，设计未要求时 ± 6	尺量：每根检查

3 中下承式拱吊杆和柔性系杆外观质量应符合下列规定：

1）吊杆、系杆应无扭曲。

2）防护层应无破损。

8.9 钢桥

8.9.1 钢梁制作

1 钢梁制作应符合下列基本要求：

1）钢梁或梁段的杆件、零件、临时吊点和养护车轨道吊点的加工尺寸及组装精度应满足设计要求并符合有关技术规范的规定，分阶段检查验收合格后方可进行下一道工序。

2）钢梁或梁段制作前应进行焊接工艺评定，评定结果应符合相关技术规范的规定，并制定实施性焊接施工工艺。

3）同一部位的焊缝返修不得超过两次，返修后的焊缝应按原质量标准进行复验，并且合格。

4）高强螺栓连接摩擦面的抗滑移系数应进行检验，检验结果应满足设计要求。且摩擦面应保持干燥、整洁，安装出现间隙时的处理应符合相关技术规范的规定。

5）钢梁梁段应进行预拼装，并按设计要求和有关技术规范的规定进行验收。

6）钢梁或梁段及其零件的移动、存放不应出现不允许的变形、碰撞损伤和漆面损坏，不得使用变形零件。

7）排水设施、灯座、护栏、路缘石、栏杆柱预埋件和剪力键等均应按设计文件安装完成，无遗漏且位置准确。

2 钢梁制作实测项目应符合表8.9.1-1～表8.9.1-6的规定。

表8.9.1-1 钢板梁制作实测项目

项次	检查项目		规定值或允许偏差	检查方法和频率
1	梁高（mm）	主梁≤2m	±2	钢尺：测两端腹板处高度
		主梁＞2m	±4	
		横梁	±1.5	
		纵梁	±1.0	
2	跨度（mm）		±8	钢尺：测两支承中心距离
3	梁长（mm）	全长	±15	钢尺：测中心线处
		纵梁	+0.5，-1.5	
		横梁	±1.5	
4	纵、横梁旁弯（mm）		≤3	梁立置时在腹板一侧距主焊缝100mm处拉线测量：测中部、四分点3处
5	拱度（mm）	主梁 不设预拱度	+3，0	梁卧置时在下盖板外侧拉线测量：测中部、四分点3处
		主梁 设预拱度	+10，-3	
		两片主梁拱度差	≤4	分别测两片主梁拱度，求差值
6	平面度（mm）	主梁腹板	≤h/350，且≤8	平尺及塞尺：测3处
		纵、横梁腹板	≤h/500，且≤5	
7	主梁、纵横梁盖板对腹板的垂直度（mm）	有孔部位	盖板宽度≤600mm 时≤0.5，其他≤1.0	角尺及塞尺：测5处
		其余部位	≤1.5	
8	焊缝尺寸（mm）			量规：检查全部，每条焊缝检查3处
9△	焊缝探伤		满足设计要求	超声法：检查全部 射线法：按设计要求；设计未要求时按10%抽查，且不少于3条
10△	高强螺栓扭矩（N·m）		±10%	扭矩扳手：检查5%，且不少于2个

注：h 为腹板高，计算规定值或允许偏差时以 mm 计。

表 8.9.1-2 钢桁梁节段制作实测项目

项次	检查项目	规定值或允许偏差	检查方法和频率
1	节段长度（mm）	±2	钢尺：每节段测中心线处
2	节段高度（mm）	±2	钢尺：每节段测 2 处
3	节段宽度（mm）	±3	钢尺：每节段测 2 处
4	对角线长度差（mm）	±3.5	钢尺：测每节段两端
5	桁片平面度（mm）	≤3	拉线测量：测每节段桁片
6	拱度（mm）	±3	拉线测量：每节段测中部
7	焊缝尺寸（mm）		量规：检查全部，每条焊缝检查 3 处
8△	焊缝探伤	满足设计要求	超声法：检查全部 射线法：按设计要求；设计未要求时按 10% 抽查，且不少于 3 条
9△	高强螺栓扭矩（N·m）	±10%	扭矩扳手：检查 5%，且不少于 2 个

表 8.9.1-3 梁桥钢箱梁制作实测项目

项次	检查项目		规定值或允许偏差	检查方法和频率
1△	梁高（mm）	h≤2m	±2	钢尺：测两端腹板处
		h>2m	±4	
2	跨度（mm）		±8	钢尺：测支承中心距离
3	全长（mm）		±15	钢尺：测中心线处
4△	腹板中心距（mm）		±3	钢尺：测两端两腹板中心距
5	横断面对角线差（mm）		≤4	钢尺：测两端断面
6	旁弯（mm）		3 + L/10 000	拉线用尺量：测中部、四分点 3 处
7	拱度（mm）		+10，−5	拉线用尺量：测中部、四分点 3 处跨中
8	腹板平面度（mm）		≤h/350，且≤8	平尺及塞尺：每腹板检查 3 处
9	扭曲（mm）		每米≤1，且每段≤10	置于平台，四角中有三角接触平台，用尺量另一角与平台间隙
10	对接错边（mm）		≤2	钢尺：测各对接断面
11	焊缝尺寸（mm）			量规：检查全部，每条焊缝检查 3 处
12△	焊缝探伤		满足设计要求	超声法：检查全部 射线法：按设计要求；设计未要求时按 10% 抽查，且不少于 3 条
13△	高强螺栓扭矩（N·m）		±10%	扭矩扳手：检查 5%，且不少于 2 个

注：L 为跨径，h 为梁高，计算规定值或允许偏差时以 mm 计。

表 8.9.1-4 斜拉桥钢箱加劲梁段制作实测项目

项次	检 查 项 目		规定值或允许偏差	检查方法和频率
1	梁长（mm）		±2	钢尺：测中心线及两侧
2	梁段桥面板四角高差（mm）		≤6	水准仪：测四角
3	风嘴直线度偏差（mm）		≤L/2 000，且≤5	拉线、尺量：测各风嘴边缘
4△	端口尺寸	宽度（mm）	±4	钢尺：测两端
		中心高（mm）	±2	
		边高（mm）	±2	
		横断面对角线差（mm）	≤6	
5	锚箱	锚点坐标（mm）	±2	全站仪、钢尺：检查每锚垫板，由水平及相互垂直的锚孔中心线与锚垫板边线交点坐标推算
		锚面角度（°）	≤0.5	角度仪：检查每锚垫板与水平面、立面的夹角，各测3处
6△	梁段匹配性	纵桥向中心线偏差（mm）	≤1	钢尺：测每段
		顶、底、腹板对接间隙（mm）	+3，−1	钢尺：测各对接断面
		顶、底、腹板对接错边（mm）	≤2	钢尺：测各对接断面
7	焊缝尺寸（mm）			量规：检查全部，每条焊缝检查3处
8△	焊缝探伤		满足设计要求	超声法：检查全部 射线法：按设计要求；设计未要求时按10%抽查，且不少于3条
9△	高强螺栓扭矩（N·m）		±10%	扭矩扳手：检查5%，且不少于2个

注：L 为梁段长度，计算规定值或允许偏差时以 mm 计。

表 8.9.1-5 组合梁斜拉桥的工字梁段制作实测项目

项次	检 查 项 目		规定值或允许偏差	检查方法和频率
1△	梁高（mm）	主梁	±2	钢尺：每梁段测两端
		横梁	±1.5	
2	梁长（mm）	主梁	±2	钢尺：每梁段测中心线处
		横梁	±1.5	
3	梁宽（mm）	主梁	±1.5	钢尺：每梁段测两端
		横梁	±1.5	
4	梁腹板平面度（mm）	主梁	≤h/350，且≤8	平尺及塞尺：测3处
		横梁	≤h/500，且≤5	

续表 8.9.1-5

项次	检 查 项 目		规定值或允许偏差	检查方法和频率
5	锚箱	锚点坐标（mm）	±2	全站仪、钢尺：检查每锚垫板，由水平及相互垂直的锚孔中心线与锚垫板边线交点坐标推算
		斜拉索轴线角度（°）	≤0.5	角度仪：检查每锚垫板与水平面、立面的夹角，各测3处
6△	梁段盖板、腹板对接错边（mm）		≤2	钢尺：测各对接断面
7	焊缝尺寸（mm）			量规：检查全部，每条焊缝检查3处
8△	焊缝探伤		满足设计要求	超声法：检查全部 射线法：按设计要求；设计未要求时按10%抽查，且不少于3条
9△	高强螺栓扭矩（N·m）		±10%	扭矩扳手：检查5%，且不少于2个

注：h 为梁高，计算规定值或允许偏差时以 mm 计。

表 8.9.1-6 悬索桥钢箱加劲梁段制作实测项目

项次	检 查 项 目		规定值或允许偏差	检查方法和频率
1	梁长（mm）		±2	钢尺：测中心线及两侧
2	梁段桥面板四角高差（mm）		≤6	水准仪：测四角
3	风嘴直线度偏差（mm）		≤L/2 000，且≤5	拉线、尺量：测各风嘴边缘
4△	端口尺寸	宽度（mm）	±4	钢尺：测两端
		中心高（mm）	±2	
		边高（mm）	±2	
		横断面对角线差（mm）	≤6	
5	吊点位置	吊点中心距桥中心线及端口基准线距离（mm）	±2	钢尺：测吊点断面
		同一梁段两侧吊点相对高差（mm）	≤5	水准仪：逐对测
6△	梁段匹配性	纵桥向中心线偏差（mm）	≤1	钢尺：每段测
		顶、底、腹板对接间隙（mm）	+3，−1	钢尺：测各对接断面
		顶、底、腹板对接错边（mm）	≤2	钢尺：测各对接断面
7	焊缝尺寸（mm）			量规：检查全部，每条焊缝检查3处
8△	焊缝探伤		满足设计要求	超声法：检查全部 射线法：按设计要求；设计未要求时按10%抽查，且不少于3条
9△	高强螺栓扭矩（N·m）		±10%	扭矩扳手：检查5%，且不少于2个

注：L 为梁段长度，计算规定值或允许偏差时以 mm 计。

3　钢梁制作外观质量应符合下列规定：

1）钢梁内外表面不得有凹陷、划痕、焊疤，边缘应无毛刺。

2）焊缝应无裂纹、焊瘤、气孔、夹渣、电弧擦伤、未焊透、未填满弧坑及设计不允许出现的外观缺陷，构件表面无焊渣和飞溅物。

3）终拧后高强螺栓丝扣外露应为 2~3 扣，不符合的不应超过 10%，设计另有规定的除外。

8.9.2　钢梁安装

1　钢梁安装应符合下列基本要求：

1）工地安装焊缝应进行焊接工艺评定，评定结果应符合相关技术规范的规定，并制定实施性焊接施工工艺。

2）应按设计要求的程序进行安装。

3）同一部位的焊缝返修不得超过两次，返修后的焊缝应按原质量标准进行复验，并且应合格。

4）高强螺栓连接摩擦面的抗滑移系数应对随梁发送的试板进行检验，检验结果应满足设计要求。安装时，摩擦面应干燥、整洁，间隙处理应符合相关技术规范规定。

5）钢梁运输、吊装过程中构件不应出现设计不允许的变形、碰撞损伤或漆面损坏，严禁在工地安装已变形的构件。

2　钢梁安装实测项目应符合表 8.9.2 的规定。

表 8.9.2　钢梁安装实测项目

项次	检查项目		规定值或允许偏差	检查方法和频率
1	轴线偏位（mm）	钢梁纵轴线	≤10	全站仪：每跨测 3 处
		两跨相邻端横梁中线相对偏位	≤5	尺量：测各相邻端横梁
2	高程（mm）	墩台处	±10	水准仪：每墩台测 3 处
		两跨相邻端横梁相对高差	≤5	水准仪、尺量：测各相邻端横梁
3	固定支座处支承中心偏位（mm）	简支梁	≤10	尺量：测每固定支座
		连续梁	≤20	
4	焊缝尺寸（mm）			量规：检查全部，每条焊缝检查 3 处
5△	焊缝探伤		满足设计要求	超声法：检查全部 射线法：按设计要求；设计未要求时按 10% 抽查，且不少于 3 条
6△	高强螺栓扭矩（N·m）		±10%	扭矩扳手：检查 5%，且不少于 2 个

3　钢梁安装外观质量应符合下列规定：

1）梁底与支座以及支座底与垫石顶不得出现缝隙。

2）钢梁应无异常变形，其线形无异常弯折。

3）焊缝、高强螺栓应符合本标准第 8.9.1 条第 3 款的规定。

4）钢梁防护损伤应修复。

8.9.3 钢梁防护

1　钢梁防护应符合下列基本要求：

1）涂层体系应满足设计要求，采用的涂敷系统应经车间或现场的工艺试验验证后方可施工。

2）应按设计要求对钢梁表面进行处理，涂装前钢梁表面应保持干燥，无灰尘、油脂、氧化皮、锈斑及其他污物，出现返锈、灰尘污染时应重新处理。

3）涂装过程中的环境条件、每层涂装时间间隔以及使用的机具设备等均应满足涂装工艺和涂装材料的要求。

4）在完成前一道涂敷后，其干膜厚度应经检验合格，方可进行下一道涂敷。

5）损坏的防护涂层应修复。

2　钢梁防护实测项目应符合表 8.9.3 的规定。

表 8.9.3　钢梁防护涂装实测项目

项次	检 查 项 目	规定值或允许偏差	检查方法和频率
1△	除锈等级	满足设计要求；设计未要求时，热喷锌或铝 Sa3.0，无机富锌底漆及其他 Sa2.5（St3）	样板对比：全部检查
2△	粗糙度 R_z（μm）	满足设计要求；设计未要求时，热喷锌或铝 60～100，无机富锌底漆 50～80，其他 30～75	按设计要求检查，设计未要求时用对比样块：全部检查
3	总干膜厚度（μm）	满足设计要求；设计未要求时，干膜厚度小于设计值的测点数量≤10%，任意测点的干膜厚度≥设计值的90%	按设计要求检查；设计未要求时用测厚仪检查：抽查20%且不少于5件，每10m² 测10点，且不少于10点
4	附着力（MPa）	满足设计要求	按设计要求检查，设计未要求时用拉开法检查：抽查5%且不少于5件，每件测1处

3　钢梁防护外观质量应符合下列规定：

1）涂层流挂、皱皮、水纹印的最大面积应不大于 900mm²，在任何 1m² 范围内不得多于 2 块。

2）不得出现起泡、裂纹、起皮、大熔滴、松散粒子、裂纹、掉块及返锈，应无漏涂。

8.10 斜拉桥

8.10.1 斜拉桥混凝土索塔

1 斜拉桥混凝土索塔应符合下列基本要求：

1）索塔的索道孔、锚箱位置及锚固平面与水平面的交角均应控制准确，锚垫板与孔道应垂直。

2）施工缝的设置及处理应满足设计要求和施工技术规范的规定。

3）横梁施工中，支架变形应符合相关施工技术规范规定；横梁与塔柱应紧密连成整体。

2 斜拉桥混凝土索塔实测项目应符合表 8.10.1-1 和表 8.10.1-2 的规定。

表 8.10.1-1 斜拉桥混凝土索塔柱实测项目

项次	检查项目	规定值或允许偏差	检查方法和频率
1△	混凝土强度（MPa）	在合格标准内	按附录 D 检查
2△	塔柱轴线偏位（mm）	≤15，且相对前一节段≤8	全站仪：测每节段顶面边线与两轴线交点
3	全高竖直度（mm）	≤H/3 000，且≤30	全站仪：纵、横向各测 2 处
4	外轮廓尺寸（mm）	±20	尺量：每段测 1 个断面
5	壁厚（mm）	±10	尺量：每段顶面测 5 处
6	锚固点高程（mm）	±10	全站仪：测每锚固点
7△	孔道位置（mm）	≤10，且两端同向	尺量：测每孔道
8	预埋件位置（mm）	≤5	尺量：测每件
9	节段间错台（mm）	≤3	尺量：每节段接缝每侧面最大处
10	平整度（mm）	≤8	2m 直尺：检查竖直和水平两个方向，每节段每侧面测 2 处

注：1. H 为塔高，计算规定值或允许偏差时以 mm 计。

2. 设置锚箱或锚梁时不检查项次 6。

表 8.10.1-2 斜拉桥混凝土索塔横梁实测项目

项次	检查项目	规定值或允许偏差	检查方法和频率
1△	混凝土强度（MPa）	在合格标准内	按附录 D 检查
2	轴线偏位（mm）	≤10	全站仪：测 5 处
3	外轮廓尺寸（mm）	±15	尺量：测 2 个断面
4	壁厚（mm）	±10	尺量：测 2 个断面，每断面 4 处
5	顶面高程（mm）	±20	全站仪：测 5 处
6	平整度（mm）	≤8	2m 直尺：检查竖直和水平两个方向，每面测 2 处

3 斜拉桥混凝土索塔外观质量应符合本标准第 8.7.1 条第 3 款的规定。

8.10.2 索塔钢锚梁、钢锚箱节段制作

1 索塔钢锚梁、钢锚箱节段制作基本要求应符合本标准第 8.9.1 条第 1 款的规定，且栓钉的质量、个数应满足设计要求。

2 索塔钢锚梁、钢锚箱节段制作实测项目应符合表 8.10.2-1 和表 8.10.2-2 的规定。

表 8.10.2-1 索塔钢锚梁制作实测项目

项次	检 查 项 目	规定值或允许偏差	检查方法和频率
1	梁长（mm）	±2	钢尺：测两端腹板处
2△	腹板中心距（mm）	±2	钢尺：测两端两腹板中心距
3	横断面对角线差（mm）	≤3	钢尺：测两端断面
4	旁弯（mm）	3	拉线用尺量：测中部、四分点 3 处
5	扭曲（mm）	≤2	置于平台，四角中有三角接触平台，用尺量另一角与平台间隙
6	锚点坐标（mm）	±2	全站仪、钢尺：检查每锚垫板，由水平及相互垂直的锚孔中心线与锚垫板边线交点坐标推算
7	锚面角度（°）	≤0.5	角度仪：检查每锚垫板与水平面、立面的夹角，各测 3 处
8	焊缝尺寸（mm）		量规：检查全部，每条焊缝检查 3 处
9△	焊缝探伤	满足设计要求	超声法：检查全部 射线法：按设计要求；设计未要求时按 10% 抽查，且不少于 3 条
10△	高强螺栓扭矩（N·m）	±10%	扭矩扳手：检查 5%，且不少于 2 个

表 8.10.2-2 索塔钢锚箱节段制作实测项目

项次	检 查 项 目		规定值或允许偏差	检查方法和频率
1	节段高度（mm）		±1	钢尺：每节段测中心线处
2	节段断面尺寸（mm）	边长	±2	钢尺：每段测顶、底面
		对角线差	≤3	
3	节段上、下两端面平行度（mm）		≤0.8	平行度测量仪：每节段测 6 处
4	节段端面平面度（mm）		≤0.2	平面度测量仪：每节段端面测 6 处
5	锚点坐标（mm）		±2	全站仪、钢尺：检查每锚垫板，由水平及相互垂直的锚孔中心线与锚垫板边线交点坐标推算
6	锚面角度（°）		≤0.5	角度仪：检查每锚垫板与水平面、立面的夹角，各测 3 处

续表8.10.2-2

项次	检 查 项 目	规定值或允许偏差	检查方法和频率
7	焊缝尺寸（mm）		量规：检查全部，每条焊缝检查3处
8△	焊缝探伤	满足设计要求	超声法：检查全部 射线法：按设计要求；设计未要求时按10%抽查，且不少于3条
9△	栓钉焊接弯曲裂纹	无裂纹	目测，弯曲30°后观察焊缝和热影响区：各栓钉群测1%，且不少于1个

3 索塔钢锚梁、钢锚箱节段制作外观质量应符合下列规定：

1）锚梁、锚箱内外表面不得有凹陷、划痕、焊疤，边缘应无毛刺。

2）焊缝均应无裂纹、焊瘤、夹渣、电弧擦伤、未焊透、未填满弧坑及设计不允许出现的外观缺陷，构件表面无焊渣和飞溅物。

3）栓钉围焊焊缝不得出现缺漏。

8.10.3 索塔钢锚梁、钢锚箱节段安装

1 索塔钢锚梁、钢锚箱节段安装基本要求应符合本标准第8.9.2条第1款的规定，且钢锚梁、钢锚箱节段应进行预拼装，并验收合格后方可在工地安装。

2 索塔钢锚梁、钢锚箱节段安装实测项目应符合表8.10.3-1和表8.10.3-2的规定。

表8.10.3-1 索塔钢锚梁安装实测项目

项次	检 查 项 目	规定值或允许偏差	检查方法和频率
1	中心线偏位（mm）	≤5	全站仪：每段纵、横向各测2点
2	顶面高程（mm）	$\pm 2n$，且不超过± 10	全站仪：测4角
3△	钢锚梁与支承面的接触率	满足设计要求	塞尺：检查各支承面
4	焊缝尺寸（mm）		量规：检查全部，每条焊缝检查3处
5△	焊缝探伤	满足设计要求	超声法：检查全部 射线法：按设计要求

注：n为节段数。

表8.10.3-2 索塔钢锚箱节段安装实测项目

项次	检 查 项 目	规定值或允许偏差	检查方法和频率
1	中心线偏位（mm）	≤5	全站仪：每段纵、横向各测2点
2	节段顶面高程（mm）	$\pm 2n$，且不超过± 10	全站仪：每段测4角
3△	钢锚箱的断面接触率	满足设计要求	塞尺：全断面检查
4△	高强螺栓扭矩（N·m）	$\pm 10\%$	扭矩扳手：抽检5%，且不少于2个

注：n为节段数。

3 索塔钢锚梁、钢锚箱节段安装外观质量应符合下列规定：

1）锚梁、锚箱的防护应无破损。

2）焊缝、高强螺栓应符合本标准第 8.9.1 条第 3 款的规定。

8.10.4　混凝土斜拉桥主墩上梁段的浇筑

1　混凝土斜拉桥主墩上梁段的浇筑应符合下列基本要求：

1）支架和模板的强度、刚度、稳定性应符合施工技术规范的规定。

2）施工过程中，梁体不得出现宽度超过设计要求和相关规范规定的受力裂缝。

2　混凝土斜拉桥主墩上梁段的浇筑实测项目应符合表 8.10.4 的规定。

表 8.10.4　主墩上混凝土梁段浇筑实测项目

项次	检查项目		规定值或允许偏差	检查方法和频率
1△	混凝土强度（MPa）		在合格标准内	按附录 D 检查
2	轴线偏位（mm）		≤L/10 000	全站仪：测两端及中部
3	顶面高程（mm）		±10	水准仪：测 5 处
4△	断面尺寸（mm）	高度	+5，−10	尺量：测 2 个断面
		顶宽	±30	
		底宽或肋间宽	±20	
		顶、底、腹板厚或肋宽	+10，0	
5	横坡（%）		±0.15	水准仪：测 3 处
6	预埋件位置（mm）		≤5	尺量：测每件
7	平整度（mm）		≤8	2m 直尺：检查竖直、水平两个方向，每侧面每 10m 梁长测 1 处

注：L 为跨径，计算规定值或允许偏差时以 mm 计。

3　混凝土斜拉桥主墩上梁段的浇筑外观质量应符合本标准第 8.7.1 条第 3 款的规定。

8.10.5　混凝土斜拉桥的悬臂施工

1　混凝土斜拉桥的悬臂施工应符合下列基本要求：

1）斜拉索、锚具及附属件应经质量验收合格后方能在工地架设使用。

2）千斤顶及油压表等斜拉索张拉工具应配套标定和使用，并不得超过标定期限使用。

3）穿索前锚索孔道不得存在毛刺。

4）施工过程中应对索力、高程、塔柱变形及环境温度进行观测。

5）悬臂施工梁段前，应对 0 号块件的高程、桥轴线作详细复核，满足设计要求后方可进行悬臂梁段的施工。

6）悬臂施工应对称进行，斜拉索张拉的次数、量值和顺序应按设计要求及施工控制的要求进行。

7）合龙段两侧的高差应在设计允许的范围内。

8）梁体不得出现宽度超过设计要求和相关规范规定的受力裂缝。

9）施工过程中，当索力和高程超过设计允许偏差时，应按施工控制的要求进行调整。

10）接头的形式、位置、结合面处理及胶结材料的性能和质量应满足设计要求，接缝填充密实。

2 混凝土斜拉桥的悬臂施工实测项目应符合表8.10.5-1和表8.10.5-2的规定。

表8.10.5-1 混凝土斜拉桥的悬臂浇筑实测项目

项次	检查项目		规定值或允许偏差	检查方法和频率
1△	混凝土强度（MPa）		在合格标准内	按附录D检查
2	轴线偏位（mm）	$L \leq 100m$	≤10	全站仪：每段测2处
		$L > 100m$	$\leq L/10\,000$	
3△	断面尺寸（mm）	高度	+5，−10	尺量：每段测1个断面
		顶宽	±30	
		底宽或肋间宽	±20	
		顶、底、腹板厚或肋宽	+10，0	
4△	索力（kN）	允许	满足设计和施工控制要求	测力仪：测每索
		极值	满足设计和施工控制要求；未要求时，最大偏差≤10%设计值	
5△	梁锚固点或梁顶高程（mm）	梁段	满足施工控制要求	水准仪或全站仪：测量每个锚固点或每梁段顶面2处
		合龙后 $L \leq 100m$	±20	
		合龙后 $L > 100m$	$\pm L/5\,000$	
6	塔顶偏移（mm）		满足设计和施工控制要求；未要求时，纵向≤30，横向≤20	全站仪：测塔顶各边中点
7	横坡（%）		±0.15	水准仪：每梁段测2处
8	斜拉索锚面	锚点坐标（mm）	±8	全站仪、钢尺：检查每锚垫板，测水平及相互垂直的锚孔中心线与锚垫板边线交点坐标推算
		锚面角度（°）	≤0.5	角度仪：检查每锚垫板与水平面、立面的夹角，各测3处
9	预埋件位置（mm）		≤5	尺量：测每件
10	平整度（mm）		≤8	2m直尺：检查竖直、水平两个方向，每侧每10m梁长测1处
11	相邻梁段间错台（mm）		≤5	尺量：测底面、侧面接缝最大处

注：1. L为跨径，计算规定值或允许偏差时以mm计。
2. 项次4、8仅设置斜拉索的梁段检查。
3. 项次6仅合龙段检查。

表8.10.5-2 混凝土斜拉桥的悬臂拼装实测项目

项次	检查项目		规定值或允许偏差	检查方法和频率
1△	合龙段混凝土强度（MPa）		在合格标准内	按附录D检查
2	轴线偏位（mm）	$L \leq 100m$	≤10	全站仪：每段测2处
		$L > 100m$	$\leq L/10\,000$	

续表 8.10.5-2

项次	检查项目		规定值或允许偏差	检查方法和频率
3△	索力（kN）	允许	满足设计和施工控制要求	测力仪：测每索
		极值	满足设计和施工控制要求；未要求时，最大偏差≤10%设计值	
4△	梁锚固点或梁顶高程（mm）	梁段	满足施工控制要求	水准仪或全站仪：测每个锚固点或每梁段顶面2处
		合龙后 L≤100m	±20	
		L>100m	±L/5 000	
5	塔顶偏位（mm）		满足设计和施工控制要求；未要求时，纵向≤30，横向≤20	全站仪：测塔顶各边中点
6	相邻梁段间错台（mm）		≤3	尺量：测底面、侧面接缝最大值

注：1. L为跨径，计算规定值或允许偏差时以mm计。
　　2. 项次3仅设置斜拉索的梁段检查。
　　3. 项次5仅合龙段检查。

3　混凝土斜拉桥的悬臂施工外观质量应符合下列规定：

1）斜拉索的钢丝、钢绞线不应出现缠绕、扭结，斜拉索、锚具防护不得出现裂纹、破损。

2）悬臂施工梁应符合本标准第8.7.2条第3款的规定，且梁体线形应无异常折变。

8.10.6　钢斜拉桥钢箱梁段的拼装

1　钢斜拉桥钢箱梁段的拼装应符合下列基本要求：

1）钢箱梁段、斜拉索、锚具及附属件应验收合格后方能在工地架设安装。

2）工地安装焊缝应进行焊接工艺评定，评定结果应符合相关技术规范的规定，并制定实施性焊接施工工艺。

3）同一部位的焊缝返修不能超过两次，返修后的焊缝应按原质量标准进行复验，并且合格。

4）高强螺栓连接摩擦面的抗滑移系数应对随梁发送的试板进行检验，检验结果应满足设计要求。安装时，摩擦面应干燥、整洁，间隙处理应符合相关技术规范规定。

5）千斤顶及油压表等斜拉索张拉工具应配套标定和使用，并不得超过标定期限使用。

6）施工过程中应对索力、高程、塔柱变形及环境温度进行观测。当索力和高程超过设计允许偏差时，应按施工控制的要求进行调整。

7）悬臂施工时应按设计要求对称进行。

2　钢斜拉桥钢箱梁段的拼装实测项目应符合表8.10.6-1和表8.10.6-2的规定。

表 8.10.6-1　钢斜拉桥钢箱梁段的悬臂拼装实测项目

项次	检查项目		规定值或允许偏差	检查方法和频率
1	轴线偏位（mm）	L≤200m	≤10	全站仪：每段测2处
		L>200m	≤L/20 000	

续表 8.10.6-1

项次	检 查 项 目		规定值或允许偏差	检查方法和频率
2△	索力（kN）	允许	满足设计和施工控制要求	测力仪：测每索
		极值	满足设计和施工控制要求；未要求时，最大偏差≤10%设计值	
3△	梁锚固点高程或梁顶高程（mm）	梁段	满足施工控制要求	水准仪：测每个锚固点或梁段顶面2处
		合龙后 L≤200m	±20	
		L>200m	±L/10 000	
4	塔顶偏位（mm）		满足设计和施工控制要求；未要求时，纵向≤30，横向≤20	全站仪：测塔顶各边中点
5	梁顶四角高差（mm）		≤20	水准仪：测四角
6	相邻节段对接错边（mm）		≤2	尺量：测每段接缝最大处
7	焊缝尺寸（mm）		满足设计要求	量规：检查全部，每条焊缝检查3处
8△	焊缝探伤			超声法：检查全部 射线法：按设计要求；设计未要求时按10%抽查，且不少于3条
9△	高强螺栓扭矩（N·m）		±10%	扭矩扳手：检查5%，且不少于2个

注：1. L为跨径，计算规定值或允许偏差时以 mm 计。
　　2. 项次4仅合龙段检查。

表 8.10.6-2　钢斜拉桥钢箱梁段的支架安装实测项目

项次	检 查 项 目	规定值或允许偏差	检查方法和频率
1	轴线偏位（mm）	≤10	全站仪：每段检查2处
2	相邻节段间对接错边（mm）	≤2	尺量：每段接缝最大值
3	梁段的纵向位置（mm）	≤10	全站仪：测每段中心坐标
4△	梁顶高程（mm）	±10	水准仪：测梁段两端中点
5	梁顶四角高差（mm）	≤10	水准仪：测四角
6	焊缝尺寸（mm）	满足设计要求	量规：检查全部，每条焊缝检查3处
7△	焊缝探伤		超声法：检查全部 射线法：按设计要求；设计未要求时按10%抽查，且不少于3条
8△	高强螺栓扭矩（N·m）	±10%	扭矩扳手：检查5%，且不少于2个

3　钢斜拉桥钢箱梁段的拼装外观质量应符合下列规定：

1）斜拉索的钢丝、钢绞线不应出现缠绕、扭结，斜拉索、锚具防护不得出现裂纹、破损。

2）钢箱梁线形不得出现异常弯折。

3）焊缝、高强螺栓应符合本标准第8.9.1条第3款的规定。

8.10.7　组合梁斜拉桥钢梁段的悬臂拼装

1　组合梁斜拉桥钢梁段的悬臂拼装基本要求应符合本标准第8.10.6条第1款的规定。

2　组合梁斜拉桥钢梁段的悬臂拼装实测项目应符合表8.10.7的规定。

表 8.10.7　组合梁斜拉桥钢梁段悬臂拼装实测项目

项次	检查项目		规定值或允许偏差	检查方法和频率
1	轴线偏位	$L \leqslant 200\text{m}$	$\leqslant 10$	全站仪：每段测 2 处
		$L > 200\text{m}$	$\leqslant L/20\,000$	
2	相邻节段对接错边（mm）		$\leqslant 2$	尺量：每段接缝最大值
3△	索力（kN）		满足设计和施工控制要求	测力仪：测每索
4△	梁锚固点高程或梁顶高程（mm）	梁段	满足施工控制要求	水准仪：测每个锚固点或梁段顶面 2 处
		两主梁高差	$\leqslant 10$	
5	塔顶偏位（mm）		满足设计及施工控制要求；未要求时，纵向$\leqslant 30$，横向$\leqslant 20$	全站仪：测塔顶各边中点
6	焊缝尺寸（mm）		满足设计要求	量规：检查全部，每条焊缝检查 3 处
7△	焊缝探伤			超声法：检查全部射线法：按设计要求；设计未要求时按 10% 抽查，且不少于 3 条
8△	高强螺栓扭矩（N·m）		$\pm 10\%$	扭矩扳手：检查 5%，且不少于 2 个

注：1. L 为跨径，计算规定值或允许偏差时以 mm 计。

　　2. 项次 5 仅合龙段检查。

3　组合梁斜拉桥钢梁段的悬臂拼装外观质量应符合本标准第 8.10.6 条第 3 款的规定。

8.10.8　组合梁斜拉桥的混凝土板

1　组合梁斜拉桥的混凝土板应符合下列基本要求：

1）混凝土板的浇筑或安装程序应满足设计要求。

2）施工过程中，当索力和高程超过设计允许偏差时，应按施工控制的要求进行调整。

3）混凝土浇筑前，应清除连接件和钢板上的锈蚀、污垢，表面应清洁。

2　组合梁斜拉桥的混凝土板实测项目应符合表 8.10.8 的规定。

表 8.10.8　组合梁斜拉桥混凝土板实测项目

项次	检查项目		规定值或允许偏差	检查方法和频率
1△	混凝土强度（MPa）		在合格标准内	按附录 D 检查
2△	混凝土板尺寸（mm）	厚	+10，0	尺量：每施工段测 2 个断面
		宽	± 30	
3	预制板安装偏位（mm）		± 5	尺量：测 30% 预制板
4△	索力（kN）	允许	满足设计和施工控制要求	测力仪：测每索
		极值	满足设计和施工控制要求；未要求时，最大偏差$\leqslant 10\%$设计值	
5△	高程（mm）	$L \leqslant 200\text{m}$	± 20	水准仪：每 30m 测 1 处，每跨不少于 3 处
		$L > 200\text{m}$	$\pm L/10\,000$	
6	横坡（%）		± 0.15	水准仪：每 40m 测 1 个断面，每跨不少于 3 个断面

注：1. L 为跨径，计算规定值或允许偏差时以 mm 计。

　　2. 实际工程中未涉及的项目不检查。

3 组合梁斜拉桥的混凝土板外观质量应符合本标准第8.7.1条第3款的规定，且混凝土板与支承面不应出现缝隙。

8.11 悬索桥

8.11.1 悬索桥混凝土索塔

1 悬索桥混凝土索塔基本要求应符合本标准第8.10.1条第1款的规定，且格栅内的混凝土应密实，与格栅应连成整体，其收缩性能应满足设计要求。

2 悬索桥混凝土索塔实测项目应符合表8.11.1的规定。

表8.11.1 悬索桥混凝土塔柱实测项目

项次	检查项目	规定值或允许偏差	检查方法和频率
1△	混凝土强度（MPa）	在合格标准内	按附录D检查
2△	塔柱轴线偏位（mm）	≤15，且相对前一节段≤8	全站仪：测每节段顶面边线与两轴线交点
3	全高竖直度（mm）	≤$H/3\,000$，且≤30	全站仪：纵、横向各测2处
4	外轮廓尺寸（mm）	±20	尺量，每段测1个断面
5	壁厚（mm）	±10	尺量：每段顶面测5处
6	塔顶格栅顶面高程（mm）	15，0	全站仪：每格栅测四角及中心处
7△	塔顶格栅顶面高程差（mm）	≤2	
8	预埋件位置（mm）	≤5	尺量：测每件
9	节段间错台（mm）	≤3	尺量：每节段接缝每侧面最大处
10	平整度（mm）	≤8	2m直尺：检查竖直和水平两个方向，每节段每侧面测2处

注：H为塔高，计算规定值或允许偏差时以mm计。

3 悬索桥混凝土索塔外观质量应符合本标准第8.10.1条第3款的规定。

8.11.2 锚碇锚固系统制作

1 锚碇锚固系统制作应符合下列基本要求：

1）杆件制作前应进行焊接工艺评定，评定结果应符合相关技术规范的规定，并制定实施性焊接施工工艺。

2）拉杆、连接平板、连接筒、螺母的氧化、调质处理应满足设计要求。

3）组成刚架的杆件、锚杆、锚梁的零件加工尺寸和刚架的预拼装精度应满足设计要求，并符合有关技术规范的规定，经验收认可后方可进行下一道工序。

4）在批量生产前，应按设计要求的抽样方法与频率，对拉杆、连接器进行强度试验和疲劳试验，试验结果应满足设计要求。

5）构件涂装防护应符合本标准第8.9.3条的规定。

2 锚碇锚固系统制作实测项目应符合表8.11.2-1和表8.11.2-2的规定。

表 8.11.2-1　预应力锚固体系制作实测项目

项次	检查项目		规定值或允许偏差	检查方法和频率
1	连接平板	拉杆孔至锚固孔中心距（mm）	±0.5	电子尺：抽查50%，每件测各拉杆孔
2		主要孔径（mm）	1.0，0.0	游标卡尺：抽查50%，每件测各孔相互垂直方向
3		孔轴线与顶、底面的垂直度（°）	≤0.3	位置度测量法：抽查50%，每件各孔检查3处
4		顶、底面平行度（mm）	≤0.4	打表法：抽查50%，每件检查3处
5		板厚（mm）	1.0，0.0	游标卡尺：抽查50%，每件测5处
6	连接套筒	轴线与顶、底面的垂直度（°）	≤0.3	跳动检测仪：抽查50%，每件检查3处
7		顶、面底平行度（mm）	≤0.25	端面圆跳动：抽查50%，每件检查3处
8		壁厚（mm）	1.0，0.0	游标卡尺：抽查50%，每件测5处
9	拉杆同轴度（mm）		≤0.1	径向圆跳动：抽查50%，每件检查3处
10△	拉杆、连接平板、连接筒、螺母探伤		满足设计要求	按设计要求的方法和频率检查，设计未要求时100%超声波探伤和10%射线法探伤

表 8.11.2-2　刚架锚固体系制作实测项目

项次	检查项目	规定值或允许偏差	检查方法和频率
1	锚杆、锚梁断面尺寸（mm）	±1.5	钢尺：每件测2处
2	杆件长度（mm）	满足设计要求，设计未要求时±3	钢尺：每杆件测中心线
3	锚杆、锚梁连接部位翼板平面度（mm）	≤0.5	钢尺、塞尺：每件测连接面
4	锚杆、锚梁弯曲（mm）	≤3	拉线测量：测每件
5	锚杆、锚梁扭曲（mm）	满足设计要求，设计未要求时≤3	杆件置于平台上，量悬空角与平台间隙：测每件
6	焊缝尺寸（mm）	满足设计要求	量规：检查全部，每条焊缝检查2处
7△	焊缝探伤		超声法：检查全部 射线法：按设计要求；设计未要求时按10%抽查，且不少于3条

3　锚碇锚固系统制作外观质量应符合下列规定：

1）拉杆、连接平板、连接筒、锚杆表面应无凹陷、划痕、焊疤、飞边毛刺。

2）焊缝、高强螺栓应符合本标准第8.9.1条第3款的规定。

8.11.3 锚碇锚固系统安装

1 锚碇锚固系统安装应符合下列基本要求：

1）锚固系统应有合格证书，经验收合格后方可安装。

2）钢架锚固系统应安装牢固，在浇筑混凝土时不产生扰动、变位。

3）预应力锚固系统锚垫板与孔道轴线垂直，混凝土达到设计要求的强度和龄期后方可按规定程序进行张拉。

4）应按设计要求进行防护处理。

5）焊接及高强螺栓连接应符合本标准第8.9.2条的相关规定。

2 锚碇锚固系统安装实测项目应符合表8.11.3-1和表8.11.3-2的规定。

表8.11.3-1 预应力锚固系统安装实测项目

项次	检查项目	规定值或允许偏差	检查方法和频率
1△	锚面孔道中心坐标偏差（mm）	±10	全站仪：测每孔道
2△	前锚面孔道角度（°）	±0.2	全站仪：测每孔道
3	连接平板轴线偏位（mm）	≤5	全站仪、钢尺：测每个连接平板中心线与板边线交点

表8.11.3-2 刚架锚固系统安装实测项目

项次	检查项目		规定值或允许偏差	检查方法和频率
1	刚架中心线偏位（mm）		≤20	全站仪：测前后端
2	安装锚杆之平联高差（mm）		+5，−2	水准仪：测全部
3△	锚杆坐标（mm）	纵	±10	全站仪、钢尺：每根测两端
		横	±5	
		竖直	±5	
4	焊缝尺寸（mm）		满足设计要求	量规：检查全部，每条焊缝检查2处
5△	焊缝探伤			超声法：检查全部 射线法：按设计要求；设计未要求时按10%抽查，且不少于3条
6△	高强螺栓扭矩（N·m）		±10%	扭矩扳手：检查5%，且不少于2个

3 锚碇锚固系统安装外观质量应符合下列规定：

1）连接器、锚杆等构件表面防护应无破损。

2）锚杆线形不得出现弯折。

3）焊缝、高强螺栓应符合本标准第8.9.1条第3款的规定。

8.11.4 锚碇混凝土块体

1 锚碇混凝土块体应符合下列基本要求：

1）地基承载力应满足设计要求。

2）先后浇筑的混凝土层间预埋钢筋的规格、长度、数量、间距及表面处理应满足设计要求，并符合施工技术规范的规定。

3）水化热产生的混凝土内最高温度及内外表温差应控制在允许范围内。

2 锚碇混凝土块体实测项目应符合表8.11.4的规定。

表8.11.4 锚碇混凝土块体实测项目

项次	检 查 项 目		规定值或允许偏差	检查方法和频率
1△	混凝土强度（MPa）		在合格标准内	按附录D检查
2	轴线偏位（mm）	基础	≤20	全站仪：测每个
		槽口	≤10	
3△	平面尺寸（mm）		±30	尺量：测3处
4	基底高程（mm）	土质	±50	水准仪：测10处
		石质	+50，-200	
5	顶面高程（mm）		±20	水准仪：测10处
6	预埋件位置（mm）		满足设计要求，设计未要求时≤5	尺量：测每件
7	平整度（mm）		≤8	2m直尺：每外露面每10 m² 测1处，每处测竖直和水平两方向

3 锚碇混凝土块体外观质量应符合本标准第8.5.9条第3款的规定，且锚室不得出现渗水、积水。

8.11.5 预应力锚索的张拉与压浆

1 预应力锚索的张拉应符合本标准第8.3.2条的规定，实测项目表中有关预应力钢筋位置的项次不检查。

2 预应力锚索的压浆应符合本标准第8.3.3条的规定，并应按设计要求进行张拉试验，满足要求后方可正式张拉。

8.11.6 隧道锚的混凝土锚塞体

1 隧道锚的混凝土锚塞体应符合下列基本要求：

1）应对混凝土抗渗性能和微膨胀性能进行检测，结果应满足设计要求。

2）水化热产生的混凝土内最高温度及内外表温差应控制在允许范围内。

3）锚塞体混凝土与洞身周边应紧密结合，若出现缝隙，应按设计文件进行处理并满足要求。

2 隧道锚的混凝土锚塞体实测项目应符合表8.11.6的规定。

表8.11.6 隧道锚的混凝土锚塞体实测项目

项次	检 查 项 目	规定值或允许偏差	检查方法和频率
1△	混凝土强度（MPa）	在合格范围内	按附录D检查
2	前、后锚面中心纵桥向坐标（mm）	±50	全站仪、钢尺：测前后锚面

续表 8.11.6

项次	检 查 项 目	规定值或允许偏差	检查方法和频率
3	前、后锚面倾角（°）	±0.5	倾角仪：前后锚面各测 3 处
4	预埋件位置（mm）	满足设计要求，设计未要求时≤5	尺量：测每件

3 隧道锚的混凝土锚塞体外观质量应符合本标准第 8.11.4 条第 3 款的规定。

8.11.7 索鞍制作

1 索鞍制作应符合下列基本要求：

1）鞍槽铸钢件的材料性能、无损检测结果应满足设计要求，具有完整的出厂质量合格证明书。

2）鞍座钢板应按有关标准逐张进行超声波法探伤，成批钢板应按设计要求和有关规范规定的频率和方法进行化学成分和机械性能的抽样试验。探伤和试验结果应合格后方可使用。

3）施焊前，应对母材、焊条及坡口形式、焊接质量等按相关技术规范的规定和设计要求进行焊接工艺评定，采用经焊接工艺评定合格的焊条、焊丝和焊剂。

4）索鞍焊缝应按设计要求进行无损探伤，探伤结果应合格。

5）出厂前应先进行试拼装，各零部件应有识别标记和定位标记。搬动、运输和储存过程中零部件和涂装不应损伤和散失。

2 索鞍制作实测项目应符合表 8.11.7-1 和表 8.11.7-2 的规定。

表 8.11.7-1 主索鞍制作实测项目

项次	检 查 项 目		规定值或允许偏差	检查方法和频率
1△	主要平面	平面度	≤0.08mm/1 000mm，且≤0.5mm/全平面	平面度测量仪或机床检查：各主要平面测 12 处，应交叉检测
2△		两平面的平行度（mm/全平面）	≤0.5	平行度测量仪或机床检查：各主要平面测 6 处
3△		鞍体下平面对中心索槽竖直平面的垂直度（mm/全长）	≤2	跳动测量仪或机床检查：测 6 处
4		对合竖直平面对鞍体下平面的垂直度（mm/全长）	≤3	跳动测量仪或机床检查：测 6 处
5	高度	鞍座底面对中心索槽底的高度（mm）	±2	跳动测量仪或机床检查：测 6 处
6△	圆弧半径	鞍槽的轮廓圆弧半径（mm）	±2	跳动测量仪或机床检查：测 6 处

续表 8.11.7-1

项次		检查项目	规定值或允许偏差	检查方法和频率
7△	鞍槽内各尺寸	各槽宽度、深度（mm）	±1，累积误差±2	样板：测3个断面
8		各槽与中心索槽的对称度（mm）	≤0.5	跳动测量仪或机床检查：测3个断面
9△		加工后鞍槽底部及侧壁厚度（mm）	±10	机床检查或设置基准面测量：测3个断面
10		各槽曲线立、平面角度（°）	±0.2	角度传感仪或机床检查：测各曲线
11		鞍槽表面粗糙度R_a（μm）	满足设计要求	粗糙度仪：各槽表面测5处

注：主要平面包括主索鞍的下平面、对合的竖直平面；上、下支承板的上下平面；中心索槽的竖直（基准）平面。

表 8.11.7-2　散索鞍制作实测项目

项次		检查项目	规定值或允许偏差	检查方法和频率
1△	主要平面	平面度	≤0.08mm/1 000mm，且≤0.5mm/全平面	平面度测量仪或机床检查：各主要平面测9处，应交叉检测
2△		两平面的平行（mm/全平面）	≤0.5	平行度测量仪或机床检查：各主要平面测6处
3△		摆轴中心线与索槽中心平面的垂直度（mm/全长）	≤3	跳动测量仪或机床检查：测6处
4	高度	摆轴对合面到索槽底面的高度（mm）	±2	跳动测量仪或机床检查：测3处
5△	圆弧半径	鞍槽的轮廓圆弧半径（mm）	±2	跳动测量仪或机床检查：测3处
6△	鞍槽内各尺寸	各槽宽度、深度（mm）	±1，累积误差±2	样板：测3个断面
7△		各槽与中心索槽的对称度（mm）	≤0.5	跳动测量仪或机床检查：测3个断面
8△		加工后鞍槽底部及侧壁厚度（mm）	±10	机床检查或设置基准面测量：测3个断面
9		各槽曲线立、平面角度（°）	±0.2	角度传感仪或机床检查：测各曲线
10		鞍槽表面粗糙度R_a（μm）	满足设计要求	粗糙度仪：各槽表面测3处

注：主要平面包括摆轴平面、底板下平面、中心索槽竖直平面。

3 索鞍制作外观质量应符合下列规定：

1）铸钢件加工表面不得有气孔、砂眼、缩松。

2）焊缝应符合本标准第8.9.1条第3款的规定。

3）各孔、平面的加工表面不得漏涂防锈油脂。

8.11.8 索鞍安装

1 索鞍安装应符合下列基本要求：

1）索鞍成品应按设计要求和有关技术规范的规定验收合格后方可安装。

2）应按设计要求放置底板，其表面应平整，与索鞍支承板密贴。

3）索鞍安装前应进行全面检查，不得出现损伤。索槽内部应清洁，不应粘有油脂或油漆等材料。

4）索鞍就位后应锁定牢固。

2 索鞍安装实测项目应符合表8.11.8-1和表8.11.8-2的规定。

表8.11.8-1 主索鞍安装实测项目

项次	检查项目		规定值或允许偏差	检查方法和频率
1△	最终偏位（mm）	顺桥向	满足设计要求	全站仪、尺量：每鞍测纵、横中心线2点
		横桥向	≤10	
2△	底板高程（mm）		+20，0	全站仪：每鞍测四角
3	底板四角高差（mm）		≤2	
4	高强螺栓扭矩（N·m）		±10%	扭矩扳手：检查5%，且不少于2个

表8.11.8-2 散索鞍安装实测项目

项次	检查项目	规定值或允许偏差	检查方法和频率
1△	底板轴线纵、横向偏位（mm）	≤5	全站仪、尺量：每鞍测纵、横中心线2点
2	底板中心高程（mm）	±5	水准仪：测每鞍
3	底板高差（mm）	≤2	水准仪：每鞍测底板四角
4△	散索鞍竖向倾斜角	满足设计要求	全站仪：测每鞍

3 索鞍安装外观质量应符合下列规定：

1）鞍槽内应无污物。

2）表面防护损伤应修复。

8.11.9 主缆索股和锚头的制作

1 主缆索股和锚头的制作应符合下列基本要求：

1）锚杯和锚板应逐件进行无损探伤检测，合格后方可使用。

2）索股在成批生产前，应按设计要求进行拉伸破坏试验，试验后锚头进行剖面检查，合格后方可生产。

3）索股上的标志点应齐全、准确，锚头涂装防护应符合本标准第8.9.3条的规定。

4）运输和存储过程中索股和锚头不应受到损伤、污染和腐蚀。

2 主缆索股和锚头的制作实测项目应符合表8.11.9的规定。

表8.11.9 主缆索股和锚头的制作实测项目

项次	检 查 项 目	规定值或允许偏差	检查方法和频率
1△	索股基准丝长度（mm）	$\pm L_z/15\,000$	专用测量平台：测每丝
2△	成品索股长度（mm）	$\pm L_s/10\,000$	专用测量平台：测每股
3△	热铸锚合金灌铸率（%）	>92	量测体积后计算：检查每锚
4	锚头顶压索股外移量（按规定顶压力，持荷5min）（mm）	满足设计要求	百分表：检查每锚
5△	索股轴线与锚头端面垂直度（°）	±0.5	角度仪：检查每锚

注：1. L_z 为基准丝长度，L_s 为索股长度，计算规定值或允许偏差以mm计。

2. 项次4外移量允许偏差应在扣除初始外移量之后进行测量。

3 主缆索股和锚头的制作外观质量应符合下列规定：

1）索股钢丝无缠绕、鼓丝，不得出现弯折。

2）索股缠包带不得出现松散，钢丝、锚头防护应无损伤。

8.11.10 主缆架设

1 主缆架设应符合下列基本要求：

1）索股成品应有合格证，应按设计要求和有关技术规范的规定验收合格后方可架设。

2）索股入鞍、入锚位置应满足设计要求，架设时索股不得弯折、扭转和散开。

3）索股锚固应与锚板正交，锚头锁定应牢固。

2 主缆架设实测项目应符合表8.11.10的规定。

表8.11.10 主缆架设实测项目

项次	检 查 项 目			规定值或允许偏差	检查方法和频率
1△	索股高程（mm）	基准	中跨	$\pm L/20\,000$	全站仪：每索股测跨中
			边跨	$\pm L/10\,000$	
			上、下游高差	≤10	
		一般	相对于基准索股	+10，-5	全站仪或专用卡尺：每索股测跨中
2	锚跨索股力偏差			满足设计要求，设计未要求时±3%	测力仪：测每索股
3	主缆空隙率（%）			±2	量直径和周长后计算：测索夹处和两索夹间，抽查50%
4	主缆直径不圆度（%）			≤2	卡尺：紧缆后测两索夹间，抽查30%

注：L 为中跨跨径，计算规定值或允许偏差时以mm计。

3 主缆架设外观质量应符合下列规定：

1）索股钢丝无鼓丝，不重叠。

2）索股不得出现交叉、扭转。

3）索股表面无污染，锚头防护层、钢丝镀锌层损伤应修复。

8.11.11 索夹的制作

1 索夹制作应符合下列基本要求：

1）分批热处理的铸钢件和合金结构钢均应按设计要求和有关技术规范的规定进行验收，验收结果应合格。

2）每一件加工成品（索夹和螺杆）均应按设计要求和有关技术规范的规定进行无损探伤，结果应合格。每对索夹两半部分应先进行编号和试拼装，并验收合格。

3）每一半索夹超标缺陷修补点不应超过 2 个，同一修补点不应修补 2 次，并做好修补记录备查。

4）索夹与螺杆的螺母和垫圈的接触面应与螺杆轴线垂直，加工精度应满足设计要求。

2 索夹制作实测项目应符合表 8.11.11 的规定。

表 8.11.11 索夹制作实测项目

项次	检 查 项 目		规定值或允许偏差	检查方法和频率
1	索夹内径及长度（mm）		±2	尺量：每组件测中部、端部断面相互垂直两个方向的内径，长度测 2 处
2△	壁厚（mm）		+5，0	卡尺：每组件测 10 处
3	圆度（mm）		≤2	电动轮廓仪或机床检查：每组件检查 5 处
4	平直度（mm）		≤1	平直度测量仪或激光准直仪：每组件测 5 处
5△	索夹内壁粗糙度 R_a（μm）		满足设计要求，设计未要求时 12.5～25	粗糙度仪：每组件测 10 处
6	耳板	销孔中心偏位（mm）	±1	卡尺：抽查 50%，每组件测 2 处
		销孔内径（mm）	+1，0	
7	螺孔	螺孔中心偏位（mm）	±1.5	卡尺：抽查 50%，每组件测 2 处
		螺孔直径（mm）	±2	
		直线度（mm）	≤L/500	直线度测量仪或光纤传感仪：抽查 50%，每组件测 3 处

注：L 为螺杆孔深度，计算规定值或允许偏差时以 mm 计。

3 索夹制作外观质量应符合下列规定：

1）索夹表面不得存在超过设计要求的凹坑、气孔、砂眼，无飞边毛刺。

2）索夹螺杆、螺母、垫圈等表面不应欠涂防护油脂，不应出现锈迹、污物和螺纹损伤。

8.11.12 吊索和锚头的制作

1 吊索和锚头的制作应符合下列基本要求：

1）锚杯、耳板和销轴应逐件按设计要求进行无损探伤检测，结果应合格。

2）应按设计要求进行吊索和锚头组装件拉伸破坏试验，试验结果满足要求。

3）吊索应在设计要求的拉力下进行下料及长度标记，在锚头附近应同时设置长度标志点和方向标志点。

4）锚头涂装防护应符合本标准第8.9.3条的规定，吊索的防护应满足设计要求。

5）搬动、运输和储存过程中不应出现零部件散失及吊索和锚头受到损伤。

2 吊索和锚头的制作实测项目应符合表8.11.12的规定。

表8.11.12 吊索和锚头制作实测项目

项次	检 查 项 目		规定值或允许偏差	检查方法和频率
1	吊索调整后长度（销孔之间）（mm）	≤5m	±1	尺量或专用测量平台：测每索
		>5m	±L/5 000，且不超过±30	
2	销轴直径（mm）		0，−0.15	卡尺：测每个端部断面相互垂直两个方向直径
3	叉形耳板销孔中心偏位（mm）		±2	钢尺：检查每叉形耳板两面，由水平孔中心线与孔边线交点坐标推算
4△	热铸锚合金灌铸率（%）		>92	量测体积后计算：每个检查
5	锚头顶压后吊索外移量（按规定的顶压力，持荷5min）（mm）		满足设计要求	百分表：测每锚
6△	吊索轴线与锚头端面垂直度（°）		≤0.5	角度仪：检查每锚

注：1. 项次5顶压外移量允许偏差应在扣除初始外移量之后进行量测。

2. L为吊索长度，计算规定值或允许偏差时以mm计。

3 吊索和锚头的制作外观质量应符合下列规定：

1）吊索和锚头表面不得出现锈迹，防护应无破损。

2）吊索不得出现弯折，护套应无气泡、划痕、开裂、畸形。

8.11.13 索夹和吊索安装

1 索夹和吊索安装应符合下列基本要求：

1）螺栓紧固设备应标定，按设计要求和有关技术规范的规定分阶段检测螺杆中的拉力。

2）索夹内表面和索夹处主缆表面应按设计要求进行处理，安装时清洁、干燥。

　3）锚头应锁定牢固。

　2　索夹和吊索安装实测项目应符合表8.11.13的规定。

表8.11.13　索夹和吊索安装实测项目

项次	检查项目		规定值或允许偏差	检查方法和频率
1	索夹偏位	顺缆向（mm）	≤10	全站仪和钢尺：测每个
		偏转角（°）	≤0.5	角度仪：测每个
2△	螺杆紧固力（kN）		满足设计要求	张拉压力表读数：检查每个

　3　索夹和吊索安装外观质量应符合下列规定：

　1）吊索应无扭结。

　2）索夹、吊索的防护应无划伤、裂纹、断裂。

8.11.14　主缆防护

　1　主缆防护应符合下列基本要求：

　1）防护前应清除主缆钢丝表面的灰尘、油污和水分，保持干燥、干净，密封膏应均匀地填满主缆外侧钢丝与缠丝之间的间隙。

　2）缠丝前应对缠丝机进行标定。

　3）缠绕钢丝应嵌进索夹端部留出的凹槽内不少于3圈及设计要求，绕丝端部应嵌入索夹端部槽内并应焊接固定，不得松动。

　4）索夹缝隙、螺杆孔、端部应采用满足设计要求的密封材料填充密实。

　5）防护层表面应平整。

　6）主缆缆套的各处密封性能应满足设计要求。

　2　主缆防护实测项目应符合表8.11.14的规定。

表8.11.14　主缆防护实测项目

项次	检查项目	规定值或允许偏差	检查方法和频率
1	缠丝间距（mm）	≤1	插板：每两索夹间随机量测1m内最大间距处
2△	缠丝张力（kN）	±0.3	标定检测：每盘测1次
3△	防护层厚度（μm）	满足设计要求	涂层采用贴片法，密封剂采用切片法：每缆每100m测1处，每缆每跨不少于3处

　3　主缆防护外观质量应符合下列规定：

　1）钢丝缝隙不得欠填缠丝腻子，裹覆层处无残留腻子。

　2）缠丝不得出现重叠、交叉。

　3）防护层表面涂装应无针孔、裂纹、脱落、漏涂。

　4）索夹密封应无开裂、气泡、缝隙。

　5）主缆内不得出现积水。

8.11.15 悬索桥钢加劲梁安装

1 悬索桥钢加劲梁安装基本要求应符合本标准第8.9.2条第1款的规定，并应按设计要求的阶段，将主索鞍顶推至规定位置。

2 悬索桥钢加劲梁安装实测项目应符合表8.11.15的规定。

表8.11.15 钢加劲梁安装实测项目

项次	检查项目	规定值或允许偏差	检查方法和频率
1	吊点偏位（mm）	≤30	全站仪：测每吊点
2	同一梁段两侧对称吊点处梁顶高差（mm）	≤20	水准仪：测每吊点处
3△	相邻节段匹配高差（mm）	≤2	尺量：测每段接缝最大处
4	焊缝尺寸（mm）	满足设计要求	量规：检查全部，每条焊缝检查3处
5△	焊缝探伤		超声法：检查全部 射线法：按设计要求；设计未要求时按10%抽查，且不少于3条
6△	高强螺栓扭矩（N·m）	±10%	扭矩扳手：检查5%，且不少于2个

3 悬索桥钢加劲梁安装外观质量应符合下列规定：

1）加劲梁线形应无异常折变。

2）焊缝、高强螺栓应符合本标准第8.9.1条第3款的规定。

8.11.16 自锚式悬索桥主缆索股的锚固系统制作

1 自锚式悬索桥主缆索股的锚固系统制作应符合下列基本要求：

1）组成锚固系统的锚垫板、导管等零件加工尺寸应满足设计要求，并应验收合格。

2）导管与锚垫板的连接及防护应满足设计要求。

2 自锚式悬索桥主缆索股的锚固系统制作实测项目应符合表8.11.16的规定。

表8.11.16 自锚式悬索桥主缆索股的锚固系统制作实测项目

项次	检查项目	规定值或允许偏差	检查方法和频率	
1	导管长度（mm）	±5	尺量：每个测1处	抽查50%
2	锚垫板与导管角度（°）	≤0.5	角度仪：每锚垫板测两轴线方向	

3 自锚式悬索桥主缆索股的锚固系统制作外观质量应符合下列规定：

1）导管、锚垫板不得有划伤索股的突出物、毛刺及深度超过其板厚度负偏差50%的擦伤、划痕。

2）导管表面应无凹陷。

8.11.17 自锚式悬索桥主缆索股的锚固系统安装

1 自锚式悬索桥主缆索股的锚固系统安装应符合下列基本要求：

1）组成锚固系统应经验收合格后方可安装。

2）锚固系统应安装牢固，在浇筑混凝土时不产生扰动、变位。

2 自锚式悬索桥主缆索股的锚固系统安装实测项目应符合表8.11.17的规定。

表8.11.17 自锚式悬索桥主缆索股的锚固系统安装实测项目

项次	检查项目	规定值或允许偏差	检查方法和频率
1	预埋导管前端孔道中心坐标（mm）	±5	全站仪：测每孔道
2	预埋导管后端孔道中心坐标（mm）	与前端同向，±5	全站仪：测每孔道

3 自锚式悬索桥主缆索股的锚固系统安装外观质量应符合下列规定：

1）锚固系统表面防护应无破损。

2）锚固系统内外应无建筑垃圾、杂物。

8.11.18 自锚式悬索桥吊索张拉和体系转换

1 自锚式悬索桥吊索张拉和体系转换应符合下列基本要求：

1）所使用的千斤顶及油压表等张拉工具应配套标定和使用，并不得超过标定期限使用。

2）体系转换过程中应对吊索力、塔柱变位、主鞍鞍位置的偏移量、钢加劲梁的线形和上、下缘的应力、应变等进行监控和记录。

3）体系转换应按施工控制要求进行操作，索力、施加顺序，索鞍的预偏量、顶推力及顶推时间应符合施工控制要求。

4）索塔偏移、钢加劲梁高程、吊索索力等超过设计允许范围时，应进行吊索力的调整。

2 自锚式悬索桥吊索张拉和体系转换实测项目应符合表8.11.18的规定。

表8.11.18 自锚式悬索桥吊索张拉和体系转换实测项目

项次	检查项目	规定值或允许偏差	检查方法和频率
1	钢加劲梁高程（mm）	±30	水准仪：测中跨5处，每边跨3处
2	钢加劲梁横向高差（mm）	≤20	
3△	吊索索力（kN）	满足设计和施工控制要求，未要求时±10%	测力仪：测全部吊索

3 自锚式悬索桥吊索张拉和体系转换外观质量应符合下列规定：

1）主缆及加劲梁的线形应无异常弯折。

2）吊索应无扭结。

3）吊索的防护不应出现破损、裂纹。

8.12 桥面系和附属工程

8.12.1 混凝土桥面板桥面防水层

1 混凝土桥面板桥面防水层应符合下列基本要求：

1）防水层材料之间应具有相容性，并应至少有不低于桥面沥青混凝土铺装层使用年限的寿命，具有适应动荷载及混凝土桥面开裂时不损坏的性能。

2）混凝土与防水层的黏结面应坚实、平整、清洁、干燥，无垃圾、尘土、油污与浮浆，表面处理应满足设计要求。

3）应按设计要求的工艺施工，施工环境条件应满足防水材料的要求。预计涂料表面在干燥前会下雨，则不应施工。施工过程中，严禁踩踏未干的防水层。防水层养护结束后、桥面铺装完成前，行驶车辆不得在其上急转弯或紧急制动。

4）防水层与泄水孔、护栏、路缘石等衔接处的防水构造应满足设计要求。

5）卷材、胎体长度及宽度方向的搭接宽度应满足设计要求，不得出现横向通缝。

2 混凝土桥面板桥面防水层实测项目应符合表8.12.1的规定。

表8.12.1 防水层实测项目

项次	检查项目		规定值或允许偏差	检查方法和频率
1△	防水涂层	厚度（mm）	满足设计要求；设计未要求时，平均厚度≥设计厚度，85%检查点的厚度≥设计厚度，最小厚度≥80%设计厚度	测厚仪：每施工段测10处，每处测3点
		用量（kg/m²）	满足设计要求	按施工段涂敷面积计算
2△	防水层黏结强度（MPa）		在合格标准内	按附录N检查
3	混凝土黏结面含水率		满足设计要求	含水率测定仪：当施工段不大于1 000m²时，每施工段测5处，每处测3次，取均值；超过1 000m²时，每增加1 000m²增加1处

注：对防水层厚度、用量，仅需检查其中之一，渗透性防水涂料检查用量，其他涂料在用测厚仪困难时，检查用量。

3 混凝土桥面板桥面防水层外观质量应符合下列规定：

1）涂层防水应无漏涂、气泡、脱皮、胎体外露。

2）卷材防水应无空鼓、翘边、褶皱。

3）防水层与泄水孔进水口、伸缩装置、护栏、路缘石衔接处应无渗漏。

8.12.2 混凝土桥面板桥面铺装

1 混凝土桥面板桥面铺装应符合下列基本要求：

1）水泥混凝土桥面应符合本标准第7.2.1条的规定，沥青混凝土桥面应符合本标准第7.3.1条的规定。

2）桥面泄水孔进水口附近的铺装应有利于桥面积水和渗入水的排除，泄水孔数量不得少于设计要求。

2 混凝土桥面板桥面铺装实测项目应符合表8.12.2-1～表8.12.2-3的规定。

表8.12.2-1 水泥混凝土桥面铺装实测项目

项次	检 查 项 目		规定值或允许偏差		检查方法和频率
			高速公路 一级公路	其他公路	
1△	混凝土强度（MPa）		在合格标准内		按附录D检查
2	厚度（mm）		+10，－5		水准仪：以同桥面板产生相同挠度变形的点为基准点，测量桥面铺装施工前后相对高差：长度不大于100m每车道测3处，每增加100m每车道增加2处
3	平整度	σ（mm）	≤1.32	≤2.0	平整度仪：全桥每车道连续检测，每100m计算σ、IRI
		IRI（m/km）	≤2.2	≤3.3	
		最大间隙h（mm）	≤3	≤5	3m直尺：半幅车道板带每200m测2处×5尺
4	横坡（%）		±0.15	±0.25	水准仪：长度不大于200m时测5个断面，每增加100m增加1个断面
5	抗滑构造深度（mm）		0.7～1.1	0.5～1.0	铺砂法：长度不大于200m时测5处，每增加100m增加1处

注：1. 表中σ为平整度仪测定的标准差；IRI为国际平整度指数；h为3m直尺与面层的最大间隙。

2. 小桥（中桥视情况）可并入路面进行检验。

表8.12.2-2 沥青混凝土桥面铺装实测项目

项次	检 查 项 目		规定值或允许偏差		检查方法和频率
			高速公路 一级公路	其他公路	
1△	压实度		≥试验室标准密度的96%（＊98%） ≥最大理论密度的92%（＊94%） ≥试验段密度的98%（＊99%）		按附录B检查，长度不大于200m时测5点，每增加100m增加2点
2	厚度（mm）		+10，－5		水准仪：以同桥面板产生相同挠度变形的点为基准点，测量桥面铺装施工前后相对高差：长度不大于100m每车道测3处，每增加100m每车道增加2处
3	平整度	σ（mm）	≤1.2	≤2.5	平整度仪：全桥每车道连续检测，每100m计算σ、IRI
		IRI（m/km）	≤2.0	≤4.2	
		最大间隙h（mm）	—	≤5	3m直尺：半幅车道板带每200m测2处×5尺
4	渗水系数（mL/min）		满足设计要求；设计未要求时，SMA铺装≤120，其他≤200		渗水试验仪：长度不大于200m时测5处，每增加100m增加1处

续表 8.12.2-2

项次	检 查 项 目	规定值或允许偏差		检查方法和频率
		高速公路 一级公路	其他公路	
5	横坡（%）	±0.3	±0.5	水准仪：长度不大于 200m 时测 5 个断面，每增加 100m 增加 1 个断面
6	抗滑构造深度（mm）	满足设计要求	—	铺砂法：长度不大于 200m 时测 5 处，每增加 100m 增加 1 处

注：1. 表中压实度，高速公路、一级公路应选用 2 个标准评定，以合格率低的作为评定结果；其他等级公路选用 1 个标准进行评定。带 * 号者是指 SMA 路面。

2. 表中 σ 为平整度仪测定的标准差；IRI 为国际平整度指数；h 为 3m 直尺与面层的最大间隙。

3. 小桥（中桥视情况）可并入路面进行检验。

4. 当沥青混合料、施工工艺与路面相同时，压实度、渗水系数可并入路面进行检验，压实度可在路面上取芯。

表 8.12.2-3　复合桥面水泥混凝土铺装实测项目

项次	检 查 项 目	规定值或允许偏差	检查方法和频率
1△	混凝土强度（MPa）	在合格标准内	按附录 D 检查
2	厚度（mm）	+10，−5	水准仪：以同桥面板产生相同挠度变形的点为基准点，测量桥面铺装施工前后相对高差：长度 100m 以内每车道测 3 处，每增加 100m 每车道增加 2 处
3	平整度（mm）	≤5	3m 直尺：半幅车道板带每 200m 测 2 处 × 5 尺
4	横坡（%）	±0.15	水准仪：长度不大于 200m 时测 5 个断面，每增加 100m 增加 1 个断面

注：复合桥面的沥青混凝土面层按表 8.12.2-2 检查。

3 混凝土桥面板桥面铺装外观质量应符合下列规定：

1）与路缘石、护栏等结构构件衔接处，水泥混凝土铺装应无宽度超过 0.3mm 的裂缝，沥青混凝土铺装应无开裂、松散。

2）其他应符合本标准第 7.2.3 条、第 7.3.3 条的规定。

8.12.3　钢桥面板上防水黏结层

1 钢桥面板上防水黏结层应符合下列基本要求：

1）钢桥面板应去除锈迹、灰尘、油污和其他污物，无焊瘤、飞溅物和毛刺等，表面清洁、干燥，并在设计要求时间内进行防水黏结层的涂敷施工。

2）作业环境温度和湿度等条件应符合黏结层施工的要求。

3）防水层与泄水孔、护栏、路缘石等衔接处的防水构造应满足设计要求。

4）防水黏结层材料的加热温度和洒布温度应满足设计要求。

2 钢桥面板上防水黏结层实测项目应符合表8.12.3 的规定。

表8.12.3 钢桥面板上防水黏结层实测项目

项次	检查项目		规定值或允许偏差	检查方法和频率
1	钢桥面板清洁度		满足设计要求	样板对比：每1 000m² 检查9 处
2	粗糙度 R_z (μm)		满足设计要求，设计未要求时 60 ~ 100	按设计要求检查；设计未要求时，用对比样快检查：每1 000m² 检查9 处
3△	防水黏结层	厚度 (mm)	满足设计要求；设计未要求时，平均厚度≥设计厚度，85%检查点的厚度≥设计厚度，最小厚度≥80%设计厚度	按设计要求检查；设计未要求时用测厚仪检查：每洒布段检查10 处，每处测3 点
		用量 (kg/m²)	满足设计要求	按施工段洒布面积计算
4△	黏结层与钢桥板底漆间结合力 (MPa)		≥设计值	按设计要求检查；设计未要求时用拉拔仪检查：每1 000m² 检查3 点，且每洒布段不少于3 点

注：对防水黏结层厚度、用量，仅需检查其中之一，用测厚仪检查困难时检查用量。

3 钢桥面板上防水黏结层外观质量应符合下列规定：

1）应无漏涂防水黏结层的桥面板。

2）防水黏结层应无堆积、鼓泡和起皱，表面不得沾染油污或其他污物。

8.12.4 钢桥面板上沥青混凝土铺装

1 钢桥面板上沥青混凝土铺装应符合下列基本要求：

1）各种矿料和沥青用量及各种材料和沥青混合料的加热温度、碾压温度应满足设计要求，并符合施工技术规范的规定。

2）拌和后的沥青混合料应均匀一致，无花白、粗细料分离和结团成块现象。

3）桥面泄水孔进水口附近的铺装应有利于桥面积水和渗入水的排除，进水口数量不得少于设计要求。

4）应在黏结层洒布完成后设计要求的时间内完成沥青混凝土铺装，黏结层表面应干净、干燥。

2 钢桥面板上沥青混凝土铺装实测项目应符合表8.12.4 的规定。

表8.12.4 钢桥面板上摊铺式沥青混凝土铺装实测项目

项次	检查项目	规定值或允许偏差	检查方法和频率
1△	压实度	满足设计要求	按碾压吨位及遍数检查
2△	厚度 (mm)	+5, -3	水准仪：以同桥面板产生相同挠度变形的点为基准点，测量桥面铺装施工前后相对高差，或采用工程雷达：长度100m 以内每车道测3 处，每增加100m 每车道增加2 处

续表 8.12.4

项次	检查项目			规定值或允许偏差	检查方法和频率
3	平整度	高速公路一级公路	IRI（m/km）	≤2.0	平整度仪：全桥每车道连续检测，每100m计算 IRI 或 σ
			σ（mm）	≤1.2	
		其他公路	IRI（m/km）	≤4.2	
			σ（mm）	≤2.5	
			最大间隙 h（mm）	≤5	3m 直尺：每200m 测 2 处×5 尺
4	横坡（%）			±0.3	水准仪：长度不大于 200m 时测 5 个断面，每增加 100m 增加 1 个断面
5	渗水系数（mL/min）			≤80	渗水试验仪：长度不大于 200m 时测 5 处，每增加 100m 增加 1 处
6	摩擦系数			满足设计要求	摆式仪：每200m 测 5 处；超过 200m 时，每增加 100m 增加 1 处
7	抗滑构造深度			满足设计要求	铺砂法：长度不大于 200m 时测 5 处，每增加 100m 增加 1 处

注：1. 表中 σ 为平整度仪测定的标准差；IRI 为国际平整度指数；h 为 3m 直尺与面层的最大间隙。
　　2. 环氧沥青混凝土面层不检查项次 5。
　　3. 当采用探地雷达检查时，应钻孔验证。

　　3　钢桥面板上沥青混凝土铺装外观质量应符合本标准第 7.3.3 条的规定，且与路缘石、护栏等结构构件衔接处应无开裂、松散。

8.12.5　支座垫石和挡块

　　1　支座垫石和挡块应符合下列基本要求：

　　1）施工缝处理应符合施工技术规范的规定。

　　2）支座垫石和挡块与墩台帽或盖梁的连接处混凝土应密实、无裂缝。

　　2　支座垫石和挡块实测项目应符合表 8.12.5-1 和表 8.12.5-2 的规定。

表 8.12.5-1　支座垫石实测项目

项次	检查项目		规定值或允许偏差	检查方法和频率
1△	混凝土强度（MPa）		在合格标准内	按附录 D 检查
2	轴线偏位（mm）		≤5	全站仪、尺量：测支座垫石纵、横方向，抽查 50%
3	断面尺寸（mm）		±5	尺量：测 1 个断面，抽查 50%
4△	顶面高差（mm）	顶面高程（mm）	±2	水准仪：测中心及四角
		垫石边长 ≤500mm	≤1	
		其他	≤2	
5	预埋件位置（mm）		≤5	尺量：测每件

注：表中顶面高差允许偏差仅适用于直接安放支座的垫石。

表 8.12.5-2 挡块实测项目

项次	检 查 项 目	规定值或允许偏差	检查方法和频率
1△	混凝土强度（MPa）	在合格标准内	按附录 D 检查
2	平面位置（mm）	≤5	全站仪：抽查30%，测中心线2端
3	断面尺寸及高度（mm）	±10	尺量：抽查30%。每块测1个断面尺寸，2处高度
4	与梁体间隙（mm）	±5	尺量：抽查30%，每块测两侧各1处

3 支座垫石和挡块外观质量应符合下列规定：

1）混凝土表面不应存在本标准附录 P 所列限制缺陷。

2）挡块应无大于 3mm 的连接错台。

8.12.6 支座安装

1 支座安装应符合下列基本要求：

1）支座的类型、规格和技术性能应满足设计要求和有关规范的规定，具有产品合格证，经验收合格后方可安装。

2）对先安装后灌浆的支座，灌浆材料性能应满足设计要求，灌注密实，不得出现空洞、缝隙。

3）支座上下各部件纵轴线应对正。当安装时温度与设计要求不同时，应通过计算设置支座顺桥向预偏量。

4）支座不得发生偏歪、不均匀受力和脱空现象。滑动面上的四氟滑板和不锈钢板不得有划痕、碰伤等，位置正确，安装前应涂上硅脂油。

5）支座与桥梁上、下部的连接应满足设计要求并符合施工技术规范的规定。

6）支座钢构件及连接件表面应按设计要求进行防护处理。

2 支座安装实测项目应符合表 8.12.6-1 和表 8.12.6-2 的规定。

表 8.12.6-1 支座安装实测项目

项次	检 查 项 目		规定值或允许偏差	检查方法和频率
1△	支座中心横桥向偏位（mm）		≤2	尺量：测每支座
2	支座中心顺桥向偏位（mm）		≤5	尺量：测每支座
3△	支座高程（mm）		满足设计要求；设计未要求时 ±5	水准仪：测每支座中心线
4	支座四角高差（mm）	承压力≤5 000kN	≤1	水准仪：测每支座
		承压力 >5 000kN	≤2	

注：对直接安放于垫石上的支座，表中项次4不检查。

表 8.12.6-2　斜拉桥、悬索桥的支座安装实测项目

项次	检 查 项 目	规定值或允许偏差	检查方法和频率
1△	竖向支座的纵、横向偏位（mm）	≤5	全站仪、钢尺：每支座纵、横各测2点
2△	支座高程（mm）	±10	水准仪：每支座测5处
3	竖向支座垫石钢板水平度（mm）	≤2	水平仪、钢尺：每支座测5处
4	竖向支座滑板中线与桥轴线平行度（mm）	1／1 000S	全站仪、钢尺：每支座测滑板中线两端
5	横向抗风支座支挡竖直度（mm）	≤1	角度仪：每支座测5处
6	横向抗风支座与支挡表面平行度（mm）	≤1	卡尺：每支座测5处
7	支挡表面与横向抗风支座表面间距（mm）	±2	卡尺：每支座测5处

注：S 为滑板长度，计算规定值或允许偏差时以 mm 计。

3　支座安装外观质量应符合下列规定：

1）支座表面应无污损及灰尘，支座附近无建筑垃圾和其他杂物。

2）支座防护层应无划伤、剥落。

3）防尘罩应无缺失、无损坏。

8.12.7　伸缩装置安装

1　伸缩装置安装应符合下列基本要求：

1）伸缩装置种类、规格及技术性能应满足设计要求并符合有关规范的规定，具有产品合格证，并经验收合格后方可安装。

2）伸缩装置两侧混凝土的类型和强度应满足设计要求，预埋锚固钢筋定位准确、无缺失。

3）伸缩装置处不得积水。

2　伸缩装置安装实测项目应符合表 8.12.7 的规定。

表 8.12.7　伸缩装置安装实测项目

项次	检 查 项 目		规定值或允许偏差	检查方法和频率
1	长度（mm）		满足设计要求	尺量：测每道
2△	缝宽（mm）		满足设计要求	尺量：每道每2m测1处
3	与桥面高差（mm）		≤2	尺量：伸缩装置两侧各测5处
4	纵坡（%）	一般	±0.5	水准仪：每道测5处
		大型	±0.2	
5	横向平整度（mm）		≤3	3m直尺：每道顺长度方向检查伸缩装置及锚固混凝土各2尺
6	焊缝尺寸		满足设计要求；设计未要求时，按焊缝质量二级	量规：检查全部，每条焊缝检查2处
7△	焊缝探伤			超声法：检查全部

注：1. 项次2应按安装时气温折算。

　　2. 项次6、7应为工地焊缝。

3 伸缩装置安装外观质量应符合下列规定：

1）伸缩装置无渗漏、变形、开裂。

2）伸缩缝及伸缩装置中无阻塞活动的杂物。

3）焊缝无裂纹、焊瘤、夹渣、未焊透、电弧擦伤。

4）锚固混凝土表面不应存在本标准附录P所列限制缺陷。

8.12.8 混凝土小型构件预制

1 混凝土小型构件预制应符合下列基本要求：

1）连接粗糙面的质量和键槽的数量、质量应满足设计要求。

2）构件上的预埋件、预留孔洞的规格、位置数量应满足设计要求。

2 混凝土小型构件预制实测项目应符合表8.12.8的规定。

表8.12.8 混凝土小型构件实测项目

项次	检查项目	规定值或允许偏差	检查方法和频率	
1△	混凝土强度（MPa）	在合格标准内	按附录D检查	
2	断面尺寸（mm）	±5	尺量：测2个断面	抽查构件总数的30%
3	长度（mm）	+5，−10	尺量：测中线处	

3 混凝土小型构件预制外观质量应符合本标准第8.7.2条第3款的规定。

8.12.9 人行道铺设

1 人行道铺设应符合下列基本要求：

1）人行道各构件应连接牢固。

2）人行道板应在人行道梁锚固后方可铺设，并应坐浆密实。

3）地砖应粘贴牢固，无空鼓、裂缝。

2 人行道铺设实测项目应符合表8.12.9的规定。

表8.12.9 人行道铺设实测项目

项次	检查项目	规定值或允许偏差	检查方法和频率
1	人行道边缘平面偏位（mm）	≤5	全站仪、钢尺：每200m测5处
2	纵向高程（mm）	+10，0	水准仪：每200m测5处，
3	接缝两侧高差（mm）	≤2	尺量：抽查10%接缝，测接缝高差最大处
4	横坡（%）	±0.3	水准仪：每200m测5处
5	平整度（mm）	≤5	3m直尺：每200m测5处

注：桥长不满200m者，按200m处理。

3 人行道铺设外观质量应符合下列规定：

1）不得出现断裂构件。

2）应无长度超过20mm或深度超过10mm的缺棱掉角。

3）地砖应无开裂，嵌缝无空洞、间断。

8.12.10 栏杆安装

1 栏杆安装应符合下列基本要求：

1）应采用验收合格的栏杆及其他构件。

2）栏杆应在人行道板铺完后方可安装。

3）栏杆安装应牢固，其杆件连接处的填缝料应饱满平整，强度应满足设计要求。

2 栏杆安装实测项目应符合表 8.12.10 的规定。

表 8.12.10　栏杆安装实测项目

项次	检查项目	规定值或允许偏差	检查方法和频率
1	栏杆平面偏位（mm）	≤4	全站仪、钢尺：每 200m 测 5 处
2	扶手高度（mm）	±10	水准仪、尺量：抽查 20%
	柱顶高差（mm）	≤4	
3	接缝两侧扶手高差（mm）	≤3	尺量：抽查 20%
4	竖杆或柱纵、横向竖直度（mm）	≤4	铅锤法：抽查 20%，每处测纵、横向

3 栏杆安装外观质量应符合下列规定：

1）杆件接缝处应无开裂。

2）栏杆线形应无异常突变。

8.12.11 混凝土护栏

1 混凝土护栏应符合下列基本要求：

1）护栏上的钢构件应焊接牢固，并按设计要求进行防护。

2）护栏的断缝、假缝的设置应满足设计要求。

3）应按设计要求的施工阶段安装护栏。

2 混凝土护栏实测项目应符合表 8.12.11 的规定。

表 8.12.11　混凝土护栏浇筑实测项目

项次	检查项目	规定值或允许偏差	检查方法和频率
1△	混凝土强度（MPa）	在合格标准内	按附录 D 检查
2	平面偏位（mm）	≤4	全站仪、钢尺：每道护栏每 200m 测 5 处
3△	断面尺寸（mm）	±5	尺量：每道护栏每 200m 测 5 处
4	竖直度（mm）	≤4	铅锤法：每道护栏每 200m 测 5 处
5	预埋件位置（mm）	≤5	尺量：测每件

注：护栏长度不满 200m 者，按 200m 处理。

3 混凝土护栏外观质量应符合下列规定：

1）护栏线形应无异常弯折、突变。

2）混凝土不应存在本标准附录 P 所列限制缺陷。

3）焊缝表面不得有裂纹、焊瘤、夹渣。

8.12.12 钢桥上钢护栏安装

1 钢桥上钢护栏安装应符合下列基本要求：

1）钢护栏各构件、零件应经验收合格后方可安装。

2）应按设计要求的施工阶段安装护栏。

3）护栏防护及端头、断缝处理应满足设计要求。

2 钢桥上钢护栏安装实测项目应符合表 8.12.12 的规定。

表 8.12.12 钢护栏安装实测项目

项次	检 查 项 目	规定值或允许偏差	检查方法和频率
1	平面偏位（mm）	≤4	全站仪、钢尺：每 200m 测 5 处
2	立柱中距（mm）	±10	尺量：抽检 10%
3	立柱纵、横桥向竖直度（mm）	≤2	铅锤法：抽检 10%
4	横梁高度（mm）	±5	尺量：抽检 10%
5△	与底座连接焊缝探伤	满足设计要求	按设计要求的方法检查，设计未要求时采用超声法探伤：抽检 20%，且不少于 3 条

注：护栏长度不满 200m 者，按 200m 处理。

3 钢桥上钢护栏安装外观质量应符合下列规定：

1）焊缝应无裂纹、焊瘤、夹渣、电弧擦伤及设计不允许出现的外观缺陷。

2）防护层损伤应修复。

8.12.13 桥头搭板

1 桥头搭板应符合下列基本要求：

1）桥头搭板下的地基及垫层或路面基层强度和压实度应满足设计要求。

2）桥头搭板与桥台的连接应满足设计要求。

2 桥头搭板实测项目应符合表 8.12.13 的规定。

表 8.12.13 桥头搭板实测项目

项次	检 查 项 目		规定值或允许偏差	检查方法和频率
1△	混凝土强度（MPa）		在合格标准内	按附录 D 检查
2	枕梁尺寸（mm）	宽、高	±20	尺量：每梁测 2 个断面
		长	±30	尺量：测每梁中心线处
3	板尺寸（mm）	长、宽	±30	尺量：各测 2 处
		厚	±10	尺量：测 4 处
4	顶面高程（mm）		±5	水准仪：测四角及中心附近 5 处

3 桥头搭板外观质量应符合下列规定：

1）混凝土表面不应存在本标准附录 P 所列限制缺陷。

2）搭板接缝充填应无空洞、虚填。

8.12.14 混凝土构件表面防护

1 混凝土构件表面防护应符合下列基本要求：

1）防护涂层应与浇筑混凝土时所用的脱模剂相容，表面防护施工应在构件验收合格、龄期28d 和设计要求的龄期进行。

2）混凝土构件表层应坚固、清洁，无灰尘、油迹、霉点、盐类析出物等污物和松散附着物，含水率应满足涂层材料的要求。

3）施工环境条件应满足涂层材料的要求，按设计要求的涂装道数和涂膜厚度进行施工，上道涂层检查合格后方可进行下道涂层施工。

2 混凝土构件表面防护实测项目应符合表 8.12.14 的规定。

表 8.12.14 混凝土构件表面防护实测项目

项次	检 查 项 目	规定值或允许偏差	检查方法和频率
1	涂层干膜厚度（μm）	平均厚度≥设计厚度，80%点的厚度≥设计厚度，最小厚度≥80%设计厚度	测厚仪：每50m² 测1点，且不少于30点，7d 后检查
2△	涂层附着力（MPa）	满足设计要求，设计未要求时≥1.5	附着力测试仪：每1 000m² 检查3处，每处测3点取均值

3 混凝土构件表面防护外观质量应符合下列规定：

1）构件表面应无漏涂、剥落、起泡和裂纹。

2）针孔、流挂、橘皮、起皱的最大面积应不大于2 500mm²，在任何1m² 范围内不得多于2 块。

9 涵洞工程

9.1 一般规定

9.1.1 涵洞构件的检验数量应符合本标准第8.1.1条的规定。

9.1.2 混凝土涵管预制应按本标准第5.2节进行检验。

9.1.3 涵洞填土应按本标准第8.6.4条进行检验，锥坡坡面防护应按本标准第6.10节进行检验。

9.1.4 钢筋混凝土涵洞除应按本章规定的分项工程进行检验外，还应包括钢筋加工及安装分项工程的检验。

9.2 涵洞总体

9.2.1 涵洞总体应符合下列基本要求：

1　应按设计文件的要求完成全部施工项目。

2　各结构构件应无异常变形。

3　各接缝、沉降缝位置应正确，填缝应无空鼓、开裂、漏水现象。对预制构件，其接缝应与沉降缝在同一平面内。

9.2.2 涵洞总体实测项目应符合表9.2.2的规定。

表9.2.2　涵洞总体实测项目

项次	检查项目		规定值或允许偏差	检查方法和频率
1	轴线偏位（mm）	明涵	≤20	全站仪：测中心线5处
		暗涵	≤50	
2	流水面高程（mm）		±20	水准仪：测洞口、中点和其他四分点附近5处
3	涵底铺砌厚度（mm）		+40，-10	尺量：测5处

续表9.2.2

项次	检查项目		规定值或允许偏差	检查方法和频率
4	长度（mm）		+100，−50	尺量：测中心线处
5	跨径或内径（mm）	波形钢管涵	±2%D	尺量：每5m测1处，且不少于3处，测相互垂直两个方向
		其他	±30	尺量：测5处
6	净高（mm）	明涵	≥设计值−20	尺量：测洞口及中心共3处
		暗涵	≥设计值−50	

注：1. D 为管涵直径，计算规定值或允许偏差时以 mm 计。

2. 实际工程未涉及的项目不检查。

9.2.3 涵洞总体外观质量应符合下列规定：

1 涵洞内不得遗留建筑垃圾、杂物，进出口、洞身、与沟槽衔接处无阻水现象。

2 锥坡不得出现塌陷和亏坡。

9.3 涵台

9.3.1 涵台应符合下列基本要求：

1 地基承载力及基础埋置深度应满足设计要求。

2 沉降缝应竖直、贯通，填缝密实、饱满。

3 砌块应错缝、坐浆挤紧，砌块间嵌缝料和砂浆饱满。

4 勾缝砂浆强度不得小于砌筑砂浆强度。

9.3.2 涵台实测项目应符合表9.3.2的规定。

表9.3.2　涵台实测项目

项次	检查项目		规定值或允许偏差	检查方法和频率
1△	混凝土或砂浆强度（MPa）		在合格标准内	按附录D或附录F检查
2	断面尺寸（mm）	片石砌体	±20	尺量：测3个断面
		混凝土	±15	
3	竖直度（mm）		≤0.3%H	铅垂法：测3个断面
4	顶面高程（mm）		±10	水准仪：测5处

注：H 为台高，计算规定值或允许偏差时以 mm 计。

9.3.3 涵台外观质量应符合下列规定：

1 混凝土表面不应存在本标准附录P所列限制缺陷。

2 砌缝开裂、勾缝不密实和脱落的累计换算面积不得超过该面面积的 1.5%，单个换算面积不应大于 0.04m²，且不应存在宽度超过 0.5mm、长度大于砌块尺寸的非受力砌缝裂隙。换算面积应按缺陷缝长度乘以 0.1m 计算。

3 砌缝应无空洞、宽缝、大堆砂浆填隙和假缝。

9.4 混凝土涵管安装

9.4.1 混凝土涵管安装应符合下列基本要求：

1 地基承载力应满足设计要求，涵管与管座、垫层或地基紧密贴合，垫稳坐实。

2 接缝、沉降缝填料应嵌填密实，表面平整。

3 不得安装破损的涵管。

4 管座沉降缝应与涵管接头平齐，无错位现象。

5 每节涵管底坡度均不得出现反坡。

6 防渗漏的倒虹吸涵管应做渗漏试验，渗漏量应满足相关技术规范的规定。

9.4.2 混凝土涵管安装实测项目应符合表 9.4.2 的规定。

表 9.4.2 混凝土涵管安装实测项目

项次	检 查 项 目		规定值或允许偏差	检查方法和频率
1△	管座或垫层混凝土强度（MPa）		在合格标准内	按附录 D 检查
2	管座或垫层宽度、厚度（mm）		≥设计值	尺量：测 5 个断面
3	相邻管节底面错台（mm）	管径≤1m	≤3	尺量：测 5 个接头最大值
		管径＞1m	≤5	

9.4.3 混凝土涵管安装外观质量应符合下列规定：

1 涵管线形不应出现反复弯折。

2 接缝不得出现脱落、间断、空鼓及宽度超过 0.5mm 的裂缝。

9.5 盖板制作

9.5.1 盖板制作应符合下列基本要求：

1 分块的接缝应与沉降缝在同一平面内。

2 在吊移出预制底座时，混凝土的强度不得低于设计所要求的吊装强度。

9.5.2 盖板制作实测项目应符合表 9.5.2 的规定。

表 9.5.2　盖板制作实测项目

项次	检查项目		规定值或允许偏差	检查方法和频率
1△	混凝土强度（MPa）		在合格标准内	按附录 D 检查
2△	高度（mm）	明涵	+10，0	尺量：抽查 30% 的板，且不少于 3 块板，每板检查 2 个断面
		暗涵	≥设计值	
3	宽度（mm）	现浇	±20	
		预制	±10	
4	长度（mm）		+10，−20	尺量：抽查 30% 的板，且不少于 3 块板，每板检查两侧

9.5.3　盖板制作外观质量应符合下列规定：

1　混凝土表面不应存在附录 P 所列限制缺陷。

2　应无建筑垃圾、杂物和临时预埋件。

9.6　盖板安装

9.6.1　盖板安装应符合下列基本要求：

1　盖板、涵台及支承面应检验合格。

2　盖板与支承面应密贴。

3　板与板之间接缝填充材料的品种和性能应满足设计要求，并应填充密实。

4　接缝应与沉降缝在同一平面内。

9.6.2　盖板安装实测项目应符合表 9.6.2 的规定。

表 9.6.2　盖板安装实测项目

项次	检 查 项 目	规定值或允许偏差	检查方法和频率
1	支承中心偏位（mm）	≤10	尺量：每孔抽查 3 块板
2	相邻板最大高差（mm）	≤10	尺量：抽查 20%，且不少于 6 块板，测相邻板高差最大处

9.6.3　盖板安装外观质量应符合下列规定：

1　填缝不得出现脱落及超过 0.5mm 的裂缝。

2　吊装孔应填塞密实。

9.7　波形钢管涵安装

9.7.1　波形钢管涵安装应符合下列基本要求：

1 不得使用变形的管节或板件。

2 地基处理及承载力应满足设计要求，管节与地基紧密贴合，垫稳坐实。

3 接缝应嵌填密实，填充深度满足设计要求，不得出现渗漏水现象。

4 应对管节或管片、连接件的受损防护镀层进行修复。

5 每节涵管底坡度均不得出现反坡。

9.7.2 波形钢管涵安装实测项目应符合表9.7.2的规定。

表9.7.2 波形钢管涵安装实测项目

项次	检 查 项 目	规定值或允许偏差	检查方法和频率
1	地基压实度	满足设计要求	按附录B的方法检查，每5m测1处，且不少于3处
2	管涵内径（mm）	$\pm1\%D$	尺量：每5m测1处，且不少于3处，测相互垂直两个方向
3	底面高程（mm）	±10	水准仪：测洞口、中点和其他四分点附近5处
4△	高强螺栓扭矩（N·m）	$\pm10\%$	扭矩扳手：检查5%，且不少于2个
5	工地防腐涂层	满足设计要求	按涂刷遍数检查，全部

注：D为管涵直径，以mm计。

9.7.3 波形钢管涵安装外观质量应符合下列规定：

1 涵管线形不应出现反复弯折。

2 工地防腐涂层不得出现漏涂、气泡、剥离。

9.8 箱涵浇筑

9.8.1 箱涵浇筑基本要求应符合本标准第8.7.1条第1款的规定，且地基承载力及基础埋置深度应满足设计要求。

9.8.2 箱涵浇筑实测项目应符合表9.8.2的规定。

表9.8.2 箱涵浇筑实测项目

项次	检 查 项 目		规定值或偏差	检查方法和频率
1△	混凝土强度（MPa）		在合格标准内	按附录D检查
2	净高、宽（mm）	高度	+5，-10	尺量：测3个断面
		宽度	±30	
3△	顶板厚（mm）	明涵	+10，0	尺量：测5处
		暗涵	≥设计值	

续表9.8.2

项次	检 查 项 目	规定值或偏差	检查方法和频率
4	侧墙和底板厚（mm）	≥设计值	尺量：各墙、板测5处
5	平整度（mm）	≤8	2m直尺：每侧面每10m测2处，每处测竖直及水平2个方向

9.8.3 箱涵浇筑外观质量应符合本标准第8.7.1条第3款的规定。

9.9 拱涵浇（砌）筑

9.9.1 拱涵浇（砌）筑基本要求应符合本标准第9.3.1条的规定。

9.9.2 拱涵浇（砌）筑实测项目应符合表9.9.2的规定。

表9.9.2 拱涵浇（砌）筑实测项目

项次	检 查 项 目		规定值或允许偏差	检查方法和频率
1△	混凝土或砂浆强度（MPa）		在合格标准内	按附录D或附录F检查
2△	拱圈厚度（mm）	砌体	+50，−20	尺量：测拱脚、1/4跨、3/4跨、拱顶5处两侧
		混凝土	+30，−15	
3	内弧线偏离设计弧线（mm）		±20	样板：测拱圈1/4跨、3/4跨、拱顶3处两侧

9.9.3 拱涵浇（砌）筑外观质量应符合本标准第9.3.3条的规定。

9.10 倒虹吸竖井、集水井砌筑

9.10.1 倒虹吸竖井、集水井砌筑应符合下列基本要求：
1 砌筑要求同本标准第9.3.1条。
2 抹面应压光，与井壁黏结牢固。
3 井壁、接头填缝应平整密实、不漏水。
4 应做灌水试验，试验结果应符合相关技术规范的规定。

9.10.2 倒虹吸竖井、集水井砌筑实测项目应符合表9.10.2的规定。

表9.10.2 倒虹吸竖井、集水井砌筑实测项目

项次	检 查 项 目		规定值或允许偏差	检查方法和频率
1△	砂浆强度（MPa）		在合格标准内	按附录F检查
2	高程（mm）	井底	±15	水准仪：各测3点
		井口	±20	

项次	检 查 项 目	规定值或允许偏差	检查方法和频率
3	圆井直径或方井边长（mm）	±20	尺量：测 2 个断面，直径测相互垂直两个方向
4	井壁、井底厚（mm）	+20，−5	尺量：测井壁 8 处，井底 3 处

9.10.3 倒虹吸竖井、集水井砌筑外观质量应符合下列规定：

1 井内不得遗留建筑垃圾、杂物。

2 井壁抹面应无剥落、空鼓。

9.11 一字墙和八字墙

9.11.1 一字墙和八字墙基本要求应符合本标准第 9.3.1 条的规定。

9.11.2 一字墙和八字墙实测项目应符合表 9.11.2 的规定。

表 9.11.2 一字墙和八字墙实测项目

项次	检 查 项 目	规定值或允许偏差	检查方式和频率
1△	混凝土或砂浆强度（MPa）	在合格标准内	按附录 D 或附录 F 检查
2	平面位置（mm）	≤50	全站仪：测墙顶内边线 3 点
3	顶面高程（mm）	±20	水准仪：测 3 处
4	坡度（%）	≤0.5	铅锤法：长度方向测 3 处
5△	断面尺寸（mm）	≥设计值	尺量：测 2 个断面

9.11.3 一字墙和八字墙外观质量应符合本标准第 9.3.3 条的规定。

9.12 顶进施工的涵洞

9.12.1 顶进施工的涵洞应符合下列基本要求：

1 涵洞主体结构的强度满足设计要求后方可进行顶进施工。

2 基底应密实，承载力满足设计要求。

3 工作坑的后背墙承载力应满足顶进施工的要求，顶推力轴线应与桥涵中心线一致。

4 节间接缝应按设计要求进行防水处理。

5 涵洞壁注浆应满足设计要求。

9.12.2 顶进施工的涵洞实测项目应符合表 9.12.2 的规定。

表 9.12.2 顶进施工的涵洞实测项目

项次	检查项目			规定值或允许偏差	检查方法和频率
1	轴线偏位（mm）	$L<15$m	箱涵	≤100	全站仪：每段测2端
			管涵	≤50	
		15m≤L≤30m	箱涵	≤150	
			管涵	≤100	
		$L>30$m	箱涵	≤300	
			管涵	≤200	
2△	高程（mm）	$L<15$m	箱涵	+30，−100	水准仪：每段测涵底5处
			管涵	±20	
		15≤L≤30m	箱涵	+40，−150	
			管涵	±40	
		$L>30$m	箱涵	+50，−200	
			管涵	+50，−100	
3	相邻两节高差（mm）		箱涵	≤30	尺量：每接缝测最大值
			管涵	≤20	

注：1. L为涵长，计算规定值或允许误差时以mm计。
　　2. 涵洞的制作、安装应按本标准相关规定检验。

9.12.3 顶进施工的涵洞外观质量应符合下列规定：

1 洞身、进出口与上下游沟槽或引道连接不应阻碍水流或行车，洞身无渗水。

2 混凝土不应出现本标准附录P的限制缺陷。

10 隧道工程

10.1 一般规定

10.1.1 本标准适用于采用钻爆法施工的隧道工程。

10.1.2 采用喷锚衬砌或复合式衬砌的隧道，施工单位应有系统、完整、真实的监控量测数据和图表。

10.1.3 隧道洞口开挖应符合施工技术规范规定。隧道洞门、翼墙和洞口边仰坡防护的检验，应按本标准第6章的有关规定执行。

10.1.4 隧道路面基层、面层的检验，应按本标准第7章的有关规定执行。

10.1.5 隧道装饰装修工程应符合现行《建筑装饰装修工程质量验收规范》（GB 50210）的有关规定。

10.2 隧道总体

10.2.1 隧道总体应符合下列基本要求：

1 隧道衬砌内轮廓及所有运营设施均不得侵入建筑限界。

2 洞口设置应满足设计要求。

3 洞内外的排水系统设置应满足设计要求。

4 高速公路、一级公路和二级公路隧道拱部、边墙、路面、设备箱洞应不渗水，有冻害地段的隧道衬砌背后不积水、排水沟不冻结，车行横通道、人行横通道等服务通道拱部不滴水，边墙不淌水。

5 三级、四级公路隧道拱部、边墙应不滴水，设备箱洞不渗水，路面不积水，有冻害地段的隧道衬砌背后不积水、排水沟不冻结。

10.2.2 隧道总体实测项目应符合表10.2.2的规定。

表 10.2.2　隧道总体实测项目

项次	检 查 项 目	规定值或允许偏差	检查方法和频率
1	行车道宽度（mm）	±10	尺量或按附录 Q 检查：曲线每 20m、直线每 40m 检查 1 个断面
2	内轮廓宽度（mm）	不小于设计值	
3△	内轮廓高度（mm）	不小于设计值	激光测距仪或按附录 Q 检查：曲线每 20m、直线每 40m 检查 1 个断面，每个断面测拱顶和两侧拱腰共 3 点
4	隧道偏位（mm）	20	全站仪：曲线每 20m、直线每 40m 测 1 处
5	边坡或仰坡坡度	不大于设计值	尺量：每洞口检查 10 处

10.2.3　隧道总体外观质量应符合下列规定：

1　洞口边坡、仰坡应无落石。

2　排水系统应不淤积、不堵塞。

10.3　明洞浇筑

10.3.1　明洞浇筑应符合下列基本要求：

1　基础的地基承载力应满足设计要求并符合施工技术规范规定，严禁超挖后回填虚土。

2　钢筋的加工及安装应满足设计要求。

3　明洞与暗洞连接应满足设计要求。

4　明洞与暗洞之间的沉降缝应满足设计要求。

10.3.2　明洞浇筑实测项目应符合表 10.3.2 的规定。

表 10.3.2　明洞浇筑实测项目

项次	检 查 项 目	规定值或允许偏差		检查方法和频率
1△	混凝土强度（MPa）	在合格标准内		按附录 D 检查
2△	混凝土厚度（mm）	不小于设计值		尺量或按附录 R 检查：每 10m 检查 1 个断面，每个断面测拱顶、两侧拱腰和两侧边墙共 5 点
3	墙面平整度（mm）	施工缝、变形缝处	20	2m 直尺：每 10m 每侧连续检查 2 尺，测最大间隙
		其他部位	5	

10.3.3　明洞浇筑外观质量应符合下列规定：

1　蜂窝麻面面积不得超过该面总面积的 0.5%，深度不得超过 10mm。

2　隧道衬砌钢筋混凝土结构裂缝宽度不得超过 0.2mm。

10.4 明洞防水层

10.4.1 明洞防水层应符合下列基本要求：

1 防水层施工前，明洞混凝土外部应平整圆顺，不得有钢筋露出和其他尖锐物。

10.4.2 明洞防水层实测项目应符合表 10.4.2 的规定。

表 10.4.2 明洞防水层实测项目

项次	检 查 项 目		规定值或允许偏差	检查方法和频率
1△	搭接长度（mm）		≥100	尺量：每环搭接测 3 点
2	卷材向隧道暗洞延伸长度（mm）		≥500	尺量：测 3 点
3	卷材向基底的横向延伸长度（mm）		≥500	尺量：测 3 点
4△	缝宽（mm）	焊接	焊缝宽≥10	尺量：每衬砌台车抽查 1 环，每环搭接测 5 点
		粘接	粘缝宽≥50	
5△	焊缝密实性		满足设计要求	按附录 S 检查：每 10m 检查 1 处焊缝

10.4.3 明洞防水层外观质量应符合下列规定：

1 防水材料应无破损、无折皱。

2 焊接应无脱焊、漏焊、假焊、焊焦、焊穿，粘接应无脱粘、漏粘。

10.5 明洞回填

10.5.1 明洞回填应符合下列基本要求：

1 人工回填时拱圈混凝土强度应不低于设计强度的 75%。机械回填应在拱圈混凝土强度达到设计强度且拱圈外人工夯填厚度不小于 1.0m 后进行。

2 墙背回填应两侧同时进行。

3 明洞黏土隔水层应与边坡、仰坡搭接良好，封闭紧密。

10.5.2 明洞回填实测项目应符合表 10.5.2 的规定。

表 10.5.2 明洞回填实测项目

项次	检 查 项 目	规定值或允许偏差	检查方法和频率
1	回填压实	符合设计要求	尺量：厚度及碾压遍数
2	每层回填层厚（mm）	≤300	尺量：每层每侧测 5 点
3	两侧回填高差（mm）	≤500	水准仪：每层每侧测 3 处
4	坡度	满足设计要求	尺量：检查 3 处
5	回填厚度（mm）	不小于设计值	水准仪：拱回填层顶面测 5 处

10.5.3 明洞回填外观质量应符合下列规定：

1 回填坡面应不积水。

10.6 洞身开挖

10.6.1 洞身开挖应符合下列基本要求：

1 当围岩自稳能力差时，开挖前应做好预加固、预支护。

2 当隧道地质出现变化或接近围岩分界线时，应采用地质雷达、超前小导坑、超前探孔等方法探明工程地质和水文地质状况，方可进行开挖。

3 开挖轮廓应预留变形量，并根据量测反馈信息及时调整。

4 应采用控制爆破减少开挖对围岩的扰动。

5 应严格控制欠挖，拱脚、墙脚以上1m范围内严禁欠挖；当石质坚硬完整且岩石抗压强度大于30MPa并确认不影响衬砌结构稳定和强度时，岩石个别凸出部分（每$1m^2$不大于$0.1m^2$）可突入衬砌断面，锚喷支护时凸入不得大于30mm，衬砌时欠挖值不得大于50mm。

6 洞身开挖在清除浮石后应及时进行初喷支护。

10.6.2 洞身开挖实测项目应符合表10.6.2的规定。

表 10.6.2 洞身开挖实测项目

项次	检查项目		规定值或允许偏差	检查方法和频率
1△	拱部超挖（mm）	Ⅰ级围岩（硬岩）	平均100，最大200	全站仪或按附录Q检查：每20m检查1个断面，每个断面自拱顶起每2m测1点
		Ⅱ、Ⅲ、Ⅳ级围岩（中硬岩、软岩）	平均150，最大250	
		Ⅴ、Ⅵ级围岩（破碎岩、土）	平均100，最大150	
2	边墙超挖（mm）	每侧	+100，0	
		全宽	+200，0	
3	仰拱、隧底超挖（mm）		平均100，最大250	水准仪：每20m检查3处

10.6.3 洞身开挖外观质量应符合下列规定：

1 洞顶应无浮石。

10.7 喷射混凝土

10.7.1 喷射混凝土应符合下列基本要求：

1 开挖断面质量、超欠挖处理、围岩表面渗漏水处理应符合施工技术规范规定，受喷岩面应清洁。

2 喷射混凝土支护应与围岩紧密黏结，结合牢固，不得有空洞。喷层内不应存在片石和木板等杂物。严禁挂模喷射混凝土。

3 钢架与围岩之间的间隙应采用喷射混凝土充填密实。

4 喷射混凝土表面平整度应符合施工技术规范规定。

10.7.2 喷射混凝土实测项目应符合表 10.7.2 的规定。

表 10.7.2 喷射混凝土实测项目

项次	检查项目	规定值或允许偏差	检查方法和频率
1△	喷射混凝土强度（MPa）	在合格标准内	按附录 E 检查
2	喷层厚度（mm）	平均厚度≥设计厚度；60%的检查点的厚度≥设计厚度；最小厚度≥0.6设计厚度	凿孔法：每 10m 检查 1 个断面，每个断面从拱顶中线起每 3m 测 1 点
3△	喷层与围岩接触状况	无空洞，无杂物	按附录 R 检查：沿隧道纵向分别在拱顶、两侧拱腰、两侧边墙连续测试共 5 条测线，每 10m 检查 1 个断面，每个断面测 5 点

10.7.3 喷射混凝土外观质量应符合下列规定：

1 喷射混凝土表面应无漏喷、离鼓、钢筋网和钢架外露。

10.8 锚杆

10.8.1 锚杆应符合下列基本要求：

1 锚杆长度应不小于设计长度，锚杆插入孔内的长度不得短于设计长度的95%。

2 砂浆锚杆和注浆锚杆的灌浆强度应不小于设计值和规范要求，锚杆孔内灌浆密实饱满。

3 锁脚锚杆（管）的数量、长度、打入角度应满足设计要求。

10.8.2 锚杆实测项目应符合表 10.8.2 的规定。

表 10.8.2 锚杆实测项目

项次	检查项目	规定值或允许偏差	检查方法和频率
1△	数量（根）	不少于设计值	目测：现场逐根清点
2	抗拔力（kN）	28d 抗拔力平均值≥设计值，最小抗拔力≥0.9设计值	拉拔仪：抽查1%，且不少于3根
3	孔位（mm）	±150	尺量：抽查10%
4	孔深（mm）	±50	尺量：抽查10%
5	孔径（mm）	≥锚杆杆体直径+15	尺量：抽查10%

10.8.3 锚杆外观质量应符合下列规定：

1 锚杆垫板与岩面间应无间隙。

10.9 钢筋网

10.9.1 钢筋网应符合下列基本要求：

1 钢筋网铺设应在初喷混凝土后进行。

10.9.2 钢筋网实测项目应符合表10.9.2的规定。

表 10.9.2 钢筋网实测项目

项次	检查项目	规定值或允许偏差	检查方法和频率
1	钢筋网喷射混凝土保护层厚度（mm）	≥20	凿孔法：每10m测5点
2△	网格尺寸（mm）	±10	尺量：每100m² 检查3个网眼
3	搭接长度（mm）	≥50	尺量：每20m测3点

10.9.3 钢筋网外观质量应符合下列规定：

1 钢筋网与锚杆或其他固定构件连接不得松脱。

10.10 钢架

10.10.1 钢架应符合下列基本要求：

1 钢架之间应采用纵向钢筋连接，安装基础应牢固。

2 钢架安装基底高程不足时，不得用石块、碎石砌垫，应设置钢板或采用强度等级不小于 C20 混凝土垫块。

3 钢架应紧靠初喷面。

4 连接钢板与钢架应焊接牢固，焊缝饱满密实；钢架节段之间通过钢板应用螺栓连接或焊接牢固。

10.10.2 钢架实测项目应符合表10.10.2的规定。

表 10.10.2 钢架实测项目

项次	检查项目	规定值或允许偏差	检查方法和频率
1△	榀数（榀）	不少于设计值	目测或按附录R检查：逐榀检查
2△	间距（mm）	±50	尺量或按附录R检查：逐榀检查
3	喷射混凝土保护层厚度（mm）	外侧保护层≥40 内侧保护层≥20	凿孔法：每20m测5点

续表 10.10.2

项次	检 查 项 目		规定值或允许偏差	检查方法和频率
4	倾斜度（°）		±2	铅锤法：逐榀检查
5	拼装偏差（mm）		±3	尺量：逐榀检查
6	安装偏差（mm）	横向	±50	尺和水准仪：逐榀检查
		竖向	不低于设计高程	
7	连接钢筋	数量（根）	不少于设计值	目测：逐榀检查
		间距（mm）	±50	尺量：逐榀检查 3 处

注：钢架临空一侧为内侧。

10.10.3 钢架外观质量应符合下列规定：

1 焊接应无假焊、漏焊，基底应无虚渣及杂物。

10.11 仰拱

10.11.1 仰拱应符合下列基本要求：

1 仰拱基底承载力应满足设计要求。

2 仰拱超挖后严禁回填虚土、虚渣。

3 仰拱浇筑前应无积水、杂物、虚渣。

4 仰拱曲率、仰拱与边墙连接应满足设计要求并符合施工技术规范规定。

10.11.2 仰拱实测项目应符合表 10.11.2 的规定。

表 10.11.2 仰拱实测项目

项次	检 查 项 目	规定值或允许偏差	检查方法和频率
1△	混凝土强度（MPa）	在合格标准内	按附录 D 检查
2△	厚度（mm）	不小于设计值	尺量：每 20m 检查 1 个断面，每个断面测 5 点
3	钢筋保护层厚度（mm）	+10，−5	尺量：每 20m 测 5 点
4	底面高程（mm）	±15	水准仪：每 20m 测 5 点

10.11.3 仰拱外观质量应符合下列规定：

1 混凝土表面应无露筋。

10.12 仰拱回填

10.12.1 仰拱回填应符合下列基本要求：

1 仰拱回填混凝土浇筑前表面应无积水和杂物。

2 仰拱回填混凝土应在仰拱混凝土强度达到设计强度的 70% 后进行。

10.12.2 仰拱回填实测项目应符合表 10.12.2 的规定。

表 10.12.2 仰拱回填实测项目

项次	检 查 项 目	规定值或允许偏差	检查方法和频率
1△	混凝土强度（MPa）	在合格标准内	按附录 D 检查
2	顶面高程（mm）	±10	水准仪：每 20m 测 5 点

10.12.3 仰拱回填外观质量应符合下列规定：

1 仰拱回填表面应无开裂。

10.13 衬砌钢筋

10.13.1 衬砌钢筋应符合下列基本要求：

1 钢筋的连接方式、同一连接区段内的接头面积应满足设计要求；接头位置应设在受力较小处。

2 钢筋的搭接长度、焊接和机械接头质量应满足施工技术规范规定。

3 钢筋安装时，应保证设计要求的钢筋根数。

4 受力钢筋应平直，表面不得有裂纹及其他损伤。

5 钢筋的保护层垫块应分布均匀，数量及材料性能应满足设计和有关技术规范规定。

6 多层钢筋网应有足够的钢筋支撑，并应保证钢筋骨架的施工刚度，使其在混凝土浇筑过程中不出现移位。

10.13.2 衬砌钢筋实测项目应符合表 10.13.2 的规定。

表 10.13.2 衬砌钢筋实测项目

项次	检 查 项 目	规定值或允许偏差	检查方法和频率
1△	主筋间距（mm）	±10	尺量或按附录 R 检查：每模板测 3 点
2	两层钢筋间距（mm）	±5	尺量：每模板测 3 点
3	箍筋间距（mm）	±20	尺量：每模板测 3 点
4	钢筋长度（mm）	满足设计要求	尺量：每模板检查 2 根
5	钢筋保护层厚度（mm）	+10，−5	尺量：每模板检查 3 点

10.13.3 衬砌钢筋外观质量应符合下列规定：

1 钢筋表面无颗粒状或片状老锈及焊渣、烧伤，绑扎或焊接的钢筋网和钢筋骨架不得松脱和开焊。

2 焊接接头、连接套筒不得出现裂纹。

10.14 混凝土衬砌

10.14.1 混凝土衬砌应符合下列基本要求：

1 衬砌施工前初期支护背部存在空洞、断面严重侵限时应及时处理。

2 衬砌背后的空隙应回填注浆。

10.14.2 混凝土衬砌实测项目应符合表 10.14.2 的规定。

表 10.14.2 混凝土衬砌实测项目

项次	检查项目	规定值或允许偏差	检查方法和频率
1△	混凝土强度（MPa）	在合格标准内	按附录 D 检查
2	衬砌厚度（mm）	90% 的检查点的厚度≥设计厚度，且最小厚度≥0.5 设计厚度	尺量：每 20m 检查 1 个断面，每个断面测 5 点 按附录 R 检查：沿隧道纵向分别在拱顶、两侧拱腰、两侧边墙连续测试共 5 条测线，每 20m 检查 1 个断面，每个断面测 5 点
3	墙面平整度（mm）	施工缝、变形缝处≤20 其他部位≤5	2m 直尺：每 20m 每侧连续检查 5 尺，每尺测最大间隙
4△	衬砌背部密实状况	无空洞，无杂物	按附录 R 检查：沿隧道纵向分别在拱顶、两侧拱腰、两侧边墙连续测试共 5 条测线

10.14.3 混凝土衬砌外观质量应符合下列规定：

1 蜂窝麻面面积不得超过该面总面积的 0.5%，深度不得超过 10mm。

2 隧道衬砌钢筋混凝土结构裂缝宽度不得超过 0.2mm，混凝土结构裂缝宽度不得超过 0.4mm。

10.15 防水层

10.15.1 防水层应符合下列基本要求：

1 防水材料铺设前喷射混凝土基面不得有钢筋、凸出的管件等尖锐突出物。

2 隧道断面变化处或转弯处的阴角应抹成半径不小于 50mm 的圆弧。

3 防水层施工时，基面不得有明水。

10.15.2 防水层实测项目应符合表 10.15.2 的规定。

表 10.15.2 防水层实测项目

项次	检查项目		规定值或允许偏差	检查方法和频率
1△	搭接长度（mm）		≥100	尺量：每5环搭接抽查3处
2△	缝宽（mm）	焊接	焊缝宽≥10	尺量：每5环搭接抽查3处
		粘接	粘缝宽≥50	
3	固定点间距（m）		满足设计要求	尺量：每20m检查3处
4	焊缝密实性		满足设计要求	按附录S检查：每20m检查1处焊缝

10.15.3 防水层外观质量应符合下列规定：

1 防水层表面应无折皱、气泡、破损，无紧绷。

2 焊接应无脱焊、漏焊、假焊、焊焦、焊穿，粘接应无脱粘、漏粘。

10.16 止水带

10.16.1 止水带应符合下列基本要求：

1 止水带应与衬砌端头模板正交。

10.16.2 止水带实测项目应符合表 10.16.2 的规定。

表 10.16.2 止水带实测项目

项次	检查项目	规定值或允许偏差	检查方法和频率
1	纵向偏离（mm）	±50	尺量：每衬砌台车检查1环，每环测3点
2	偏离衬砌中线（mm）	≤30	尺量：每衬砌台车检查1环，每环测3点
3△	固定点间距（mm）	±50	尺量：每衬砌台车每环止水带检查3点

10.16.3 止水带外观质量应符合下列规定：

1 止水带应无松脱、扭曲。

2 止水带连接缝应无裂口、脱胶。

10.17 排水

10.17.1 排水应符合下列基本要求：

1 隧道纵向排水管、横向排水管、环向排水管的材质和规格应满足设计要求。

2 横向排水管、环向排水管的间距应满足设计要求。

3 纵向排水管、中心排水沟（管）基座的坡度应满足设计要求。

4 排水管整体线形应平顺，排水管接头应不得出现松动。

5 防排水工程施工完成后，应清理排水系统中的建筑垃圾，及时疏通排水管道，并进行灌水排水试验。

10.17.2 排水沟（管）实测项目应符合表 10.17.2 的规定。

表 10.17.2 排水沟（管）实测项目

项次	检 查 项 目	规定值或允许偏差	检查方法和频率
1△	混凝土强度（MPa）	在合格标准内	按附录 D 检查
2	轴线偏位（mm）	15	全站仪：每 10m 测 1 处
3	断面尺寸或管径（mm）	±10	尺量：每 10m 测 1 处
4△	壁厚（mm）	不小于设计值	尺量：每 10m 测 1 处
5	沟底高程（mm）	±20	水准仪：每 10m 测 1 处
6△	纵坡	满足设计要求	水准仪：每 10m 测 1 处
7	基础厚度（mm）	不小于设计值	尺量：每 10m 测 1 处

10.17.3 排水外观质量应符合下列规定：

1 沟槽盖板应无松动、破损。

10.18 超前锚杆

10.18.1 超前锚杆应符合下列基本要求：

1 超前锚杆的打入角度应满足设计要求并符合施工技术规范规定。

2 超前锚杆纵向两排之间水平搭接长度应不小于 1m。

3 锚杆孔内灌注砂浆应饱满密实。

10.18.2 超前锚杆实测项目应符合表 10.18.2 的规定。

表 10.18.2 超前锚杆实测项目

项次	检 查 项 目	规定值或允许偏差	检查方法和频率
1	长度（mm）	不小于设计值	尺量：逐根检查
2	数量（根）	不少于设计值	目测：逐根清点
3	孔位（mm）	±50	尺量：每 5 环抽查 5 根
4	孔深（mm）	±50	尺量：每 5 环抽查 5 根
5	孔径（mm）	≥40	尺量：每 5 环抽查 5 根

10.18.3 超前锚杆外观质量应符合下列规定：

1 锚杆尾端与钢架焊接应无假焊、漏焊。

10.19 超前小导管

10.19.1 超前小导管应符合下列基本要求：

1 超前小导管注浆浆液强度、配合比、注浆压力和注浆量应满足设计要求，且浆液应充满钢管及周围的空隙。

 2 超前小导管的打入角度应满足设计要求并符合施工技术规范规定。

 3 两组小导管之间纵向水平搭接长度不小于1m。

10.19.2 超前小导管实测项目应符合表10.19.2的规定。

表10.19.2 超前小导管实测项目

项次	检查项目	规定值或允许偏差	检查方法和频率
1	长度（mm）	不小于设计值	尺量：逐根检查
2	数量（根）	不少于设计值	目测：现场逐根清点
3	孔位（mm）	±50	尺量：每5环抽查5根
4	孔深（mm）	大于钢管长度设计值	尺量：每5环抽查5根

10.19.3 超前小导管外观质量应符合下列规定：

 1 钢管尾端与钢架焊接应无假焊、漏焊。

10.20 管棚

10.20.1 管棚应符合下列基本要求：

 1 管棚注浆浆液强度、配合比、注浆压力和注浆量应满足设计要求。

 2 管棚套拱基底承载力应满足设计要求并符合施工技术规范规定。

 3 超前钢管的打入角度应满足设计要求并符合施工技术规范规定。

 4 两组管棚之间纵向水平搭接长度应不小于3m。

10.20.2 管棚实测项目应符合表10.20.2的规定。

表10.20.2 管棚实测项目

项次	检查项目	规定值或允许偏差	检查方法和频率
1	长度（mm）	不小于设计值	尺量：逐根检查
2	数量（根）	不少于设计值	目测：现场逐根清点
3	孔位（mm）	±50	尺量：每环抽查10根
4	孔深（mm）	大于钢管长度设计值	尺量：每环抽查10根

10.20.3 管棚外观质量应符合下列规定：

 1 钢管尾端与钢架焊接应无假焊、漏焊。

11　交通安全设施

11.1　一般规定

11.1.1　交通安全设施产品应检测合格，并经进场检验确认满足设计要求后方可使用。

11.1.2　交通安全设施采用钢质材料时，应进行防腐处理，防腐层质量应满足设计要求。

11.1.3　桥梁护栏的检验评定应按本标准第 8 章的有关规定执行。

11.1.4　本章未包括的其他交通安全设施工程项目，可根据设计文件和其他相关规范另行制定检验评定标准。

11.2　交通标志

11.2.1　交通标志应符合下列基本要求：

1　交通标志的加工、制作应符合现行《道路交通标志和标线》（GB 5768）和《道路交通标志板及支撑件》（GB/T 23827）的规定。

2　交通标志在运输过程中不得损伤标志面及金属构件涂层。

3　交通标志的设置及安装应满足设计要求并符合施工技术规范的规定。

4　交通标志及支撑件应安装牢固，基础混凝土强度应满足设计要求。

11.2.2　交通标志实测项目应符合表 11.2.2 的规定。

表 11.2.2　交通标志实测项目

项次	检　查　项　目	规定值或允许偏差	检查方法和频率
1△	标志面反光膜逆反射系数（cd·lx^{-1}·m^{-2}）	满足设计要求	逆反射系数测试仪：每块板每种颜色测 3 点
2	标志板下缘至路面净空高度（mm）	+100，0	经纬仪、全站仪或尺量：每块板测 2 点

续表 11.2.2

项次	检 查 项 目	规定值或允许偏差	检查方法和频率
3	柱式标志板、悬臂式和门架式标志立柱的内边缘距土路肩边缘线距离（mm）	满足设计要求	尺量：每处测 1 点
4	立柱竖直度（mm/m）	3	垂线法：每根柱测 2 点
5	基础顶面平整度（mm）	4	尺量：对角拉线测最大间隙，每个基础测 2 点
6	标志基础尺寸（mm）	+100，−50	尺量：每个基础长度、宽度各测 2 点

11.2.3 交通标志外观质量应符合下列规定：

1 交通标志在安装后标志面及金属构件涂层应无损伤。

11.3 交通标线

11.3.1 交通标线应符合下列基本要求：

1 交通标线施划前路面应清洁、干燥、无起灰。

2 交通标线用涂料产品应符合现行《路面标线涂料》（JT/T 280）及《路面标线用玻璃珠》（GB/T 24722）的规定；防滑涂料产品应符合现行《路面防滑涂料》（JT/T 712）的规定。

3 交通标线的颜色、形状和位置应符合现行《道路交通标志和标线》（GB 5768）的规定并满足设计要求。

4 反光标线玻璃珠应撒布均匀，施划后标线无起泡、剥落现象。

11.3.2 交通标线实测项目应符合表 11.3.2 的规定。

表 11.3.2　交通标线实测项目

项次	检 查 项 目		规定值或允许偏差	检查方法和频率
1	标线线段长度（mm）	6 000	±30	尺量：每 1km 测 3 处，每处测 3 个线段
		4 000	±20	
		3 000	±15	
		2 000	±10	
		1 000	±10	
2	标线宽度（mm）		+5，0	尺量：每 1km 测 3 处，每处测 3 点
3△	标线厚度（干膜，mm）	溶剂型	不小于设计值	标线厚度测量仪或卡尺：每 1km 测 3 处，每处测 6 点
		热熔型	+0.50，−0.10	
		水性	不小于设计值	
		双组份	不小于设计值	

续表 11.3.2

项次	检查项目				规定值或允许偏差	检查方法和频率
3△	标线厚度 (干膜, mm)	预成型标线带			不小于设计值	标线厚度测量仪或卡尺: 每1km测3处, 每处测6点
		突起型	突起高度		不小于设计值	
			基线厚度		不小于设计值	
4	标线横向偏位 (mm)				≤30	尺量: 每1km测3处, 每处测3点
5	标线纵向间距 (mm)	9 000			±45	尺量: 每1km测3处, 每处测3个线段
		6 000			±30	
		4 000			±20	
		3 000			±15	
6△	逆反射亮度系数 R_L (mcd·m^{-2}·lx^{-1})	非雨夜反光标线	Ⅰ级	白色	≥150	标线逆反射测试仪: 每1km测3处, 每处测9点
				黄色	≥100	
			Ⅱ级	白色	≥250	
				黄色	≥125	
			Ⅲ级	白色	≥350	
				黄色	≥150	
			Ⅳ级	白色	≥450	
				黄色	≥175	
		雨夜反光标线	干燥	白色	≥350	标线逆反射测试仪: 每1km测3处, 每处测9点
				黄色	≥200	
			潮湿	白色	≥175	
				黄色	≥100	
			连续降雨	白色	≥75	
				黄色	≥75	
		立面反光标记	干燥	白色	≥400	
				黄色	≥350	
			潮湿	白色	≥200	
				黄色	≥175	
			连续降雨	白色	≥100	
				黄色	≥100	
7①	抗滑值 (BPN)	抗滑标线			≥45	摆式摩擦系数测试仪: 每1km测3处
		彩色防滑标线			满足设计要求	

注: ①抗滑标线、彩色防滑标线测量抗滑值。

11.3.3 交通标线外观质量应符合下列规定:

1 交通标线线形不得出现设计要求以外的弯折。

11.4 波形梁钢护栏

11.4.1 波形梁钢护栏应符合下列基本要求：

1 波形梁钢护栏产品应符合现行《波形梁钢护栏》（GB/T 31439）的规定。
2 路肩和中央分隔带的土基压实度应不小于设计值。
3 石方路段和挡土墙上护栏立柱的埋深及基础处理应满足设计要求。
4 波形梁钢护栏各构件的安装应满足设计要求并符合施工技术规范的规定。
5 护栏的端头处理及护栏过渡段的处理应满足设计要求。

11.4.2 波形梁钢护栏实测项目应符合表 11.4.2 的规定。

表 11.4.2 波形梁钢护栏实测项目

项次	检查项目	规定值或允许偏差	检查方法和频率
1△	波形梁板基底金属厚度（mm）	符合现行 GB/T 31439 标准规定	板厚千分尺、涂层测厚仪：抽查板块数的 5%，且不少于 10 块
2△	立柱基底金属壁厚（mm）	符合现行 GB/T 31439 标准规定	千分尺或超声波测厚仪、涂层测厚仪：抽查 2%，且不少于 10 根
3△	横梁中心高度（mm）	±20	尺量：每 1km 每侧测 5 处
4	立柱中距（mm）	±20	尺量：每 1km 每侧测 5 处
5	立柱竖直度（mm/m）	±10	垂线法：每 1km 每侧测 5 处
6	立柱外边缘距土路肩边线距离（mm）	≥250 或不小于设计要求	尺量：每 1km 每侧测 5 处
7	立柱埋置深度（mm）	不小于设计要求	尺量或埋深测量仪测量立柱打入后定尺长度：每 1km 每侧测 5 处
8	螺栓终拧扭矩	±10%	扭力扳手：每 1km 每侧测 5 处

11.4.3 波形梁钢护栏外观质量应符合下列规定：

1 护栏各构件表面应无漏镀、露铁、擦痕。
2 护栏线形应无凹凸、起伏现象。

11.5 混凝土护栏

11.5.1 混凝土护栏应符合下列基本要求：

1 混凝土护栏的地基承载力应满足设计要求。
2 混凝土护栏块件标准段、混凝土护栏起终点的几何尺寸应满足设计要求。
3 混凝土护栏预制块件在吊装、运输、安装过程中，不得断裂。

4 各混凝土护栏块件之间、护栏与基础之间的连接应满足设计要求。

5 混凝土护栏的埋入深度、配筋方式及数量应满足设计要求。

6 混凝土护栏的端头处理及护栏过渡段的处理应满足设计要求。

11.5.2 混凝土护栏实测项目应符合表 11.5.2 的规定。

表 11.5.2 混凝土护栏实测项目

项次	检 查 项 目		规定值或允许偏差	检查方法和频率
1	护栏断面尺寸（mm）	高度	±10	尺量：每 1km 每侧测 5 处
		顶宽	±5	
		底宽	±5	
2	钢筋骨架尺寸（mm）		满足设计要求	过程检查，尺量：每 1km 每侧测 5 处
3	横向偏位（mm）		±20 或满足设计要求	尺量：每 1km 每侧测 5 处
4①	基础厚度（mm）		±10%H	过程检查，尺量：每 1km 每侧测 5 处
5△	护栏混凝土强度（MPa）		满足设计要求	按附录 D 检测
6	混凝土护栏块件之间的错位（mm）		≤5	尺量：每 1km 每侧测 5 处

注：①H 为基础的设计厚度，以 mm 计。

11.5.3 混凝土护栏外观质量应符合下列规定：

1 混凝土护栏表面的蜂窝、麻面、裂缝、脱皮等缺陷面积不得超过该面面积的 0.5%；深度不得超过 10mm。

2 混凝土护栏块件的损边、掉角长度每处不得超过 20mm。

3 护栏线形应无凹凸、起伏现象。

11.6 缆索护栏

11.6.1 缆索护栏应符合下列基本要求：

1 缆索护栏产品应符合现行《缆索护栏》（JT/T 895）的规定。

2 端部立柱应安装牢固。基础混凝土强度应满足设计要求。

3 护栏的端头处理及护栏过渡段的处理应满足设计要求。

11.6.2 缆索护栏实测项目应符合表 11.6.2 的规定。

表 11.6.2 缆索护栏实测项目

项次	检 查 项 目	规定值或允许偏差	检查方法和频率
1△	初张力	±5%	张力计：逐根检测
2	最下一根缆索的高度（mm）	±20	尺量：每 1km 每侧测 5 处
3	立柱中距（mm）	±20	尺量：每 1km 每侧测 5 处

续表 11.6.2

项次	检 查 项 目	规定值或允许偏差	检查方法和频率
4	立柱竖直度（mm/m）	±10	垂线法：每1km每侧测5处
5	立柱埋置深度（mm）	不小于设计要求	尺量或埋深测量仪测量立柱打入后定尺长度：每1km每侧测5处
6	混凝土基础尺寸	满足设计要求	尺量：每个基础长度、宽度各测2点

11.6.3 缆索护栏外观质量应符合下列规定：

1 护栏各构件表面应无漏镀、露铁、擦痕。

2 护栏线形应无凹凸、起伏现象。

11.7 突起路标

11.7.1 突起路标应符合下列基本要求：

1 突起路标产品应符合现行《突起路标》（GB/T 24725）、《太阳能突起路标》（GB/T 19813）的规定。

2 突起路标的布设及其颜色应符合现行《道路交通标志和标线》（GB 5768）的规定并满足设计要求。

3 突起路标施工前路面应清洁、干燥，定位准确。

4 突起路标与路面的粘结应牢固。

11.7.2 突起路标实测项目应符合表 11.7.2 的规定。

表 11.7.2 突起路标实测项目

项次	检 查 项 目	规定值或允许偏差	检查方法和频率
1	安装角度（°）	±5	角尺：抽查10%
2	纵向间距（mm）	±50	尺量：抽查10%
3	横向偏位（mm）	±30	尺量：抽查10%

11.7.3 突起路标外观质量应符合下列规定：

1 突起路标表面无污损。

11.8 轮廓标

11.8.1 轮廓标应符合下列基本要求：

1 轮廓标产品应符合现行《轮廓标》（GB/T 24970）的规定。

2 柱式轮廓标的基础混凝土强度、基础尺寸应满足设计要求。

3 轮廓标的布设应满足设计要求并符合施工技术规范规定。

4 轮廓标应安装牢固，色度性能和光度性能应满足设计要求。

11.8.2 轮廓标实测项目应符合表11.8.2的规定。

表11.8.2 轮廓标实测项目

项次	检 查 项 目	规定值或允许偏差	检查方法和频率
1	安装角度（°）	0~5	花杆、十字架、卷尺、万能角尺：抽查5%
2	反射器中心高度（mm）	±20	尺量：抽查5%
3	柱式轮廓标竖直度（mm/m）	±10	垂线法：抽查5%

11.8.3 轮廓标外观质量应符合下列规定：

1 轮廓标表面应无污损。

11.9 防眩设施

11.9.1 防眩设施应符合下列基本要求：

1 防眩板产品应符合现行《防眩板》（GB/T 24718）的规定，其他防眩设施应满足设计要求并符合施工技术规范的规定。

2 防眩设施的几何尺寸及遮光角应满足设计要求。

3 防眩设施应安装牢固。

11.9.2 防眩设施实测项目应符合表11.9.2的规定。

表11.9.2 防眩设施实测项目

项次	检 查 项 目	规定值或允许偏差	检查方法和频率
1△	安装高度（mm）	±10	尺量：每1km测10处
2	防眩板设置间距（mm）	±10	尺量：每1km测10处
3	竖直度（mm/m）	±5	垂线法：每1km测5处
4	防眩网网孔尺寸	满足设计要求	尺量：每1km测5处，每处测3孔

11.10 隔离栅和防落物网

11.10.1 隔离栅和防落物网应符合下列基本要求：

1 隔离栅产品应符合现行《隔离栅》（GB/T 26941）的规定，绿篱隔离栅和防落物网应满足设计要求。

2 立柱混凝土基础应满足设计要求。

3 各构件的安装应满足设计要求并符合施工技术规范的规定。

4 防落物网网孔应均匀，结构牢固，围封严实。

5 隔离栅起终点端头围封应满足设计要求。

11.10.2 隔离栅和防落物网实测项目应符合表11.10.2的规定。

表 11.10.2 隔离栅和防落物网实测项目

项次	检 查 项 目		规定值或允许偏差	检查方法和频率
1	高度（mm）		±15	尺量：每1km测5处
2	刺钢丝的中心垂度（mm）		≤15	尺量：每1km测5处
3	立柱中距 （mm）	焊接网	±30	尺量：每1km测5处
		钢板网	±30	
		刺钢丝网	±60	
		编织网	±60	
4	立柱竖直度（mm/m）		±10	垂线法：每1km测5处
5	立柱埋置深度		不小于设计要求	过程检查，尺量：抽查2%

11.10.3 隔离栅和防落物网外观质量应符合下列规定：

1 混凝土立柱表面无裂缝、无蜂窝。

11.11 中央分隔带开口护栏

11.11.1 中央分隔带开口护栏应符合下列基本要求：

1 中央分隔带开口护栏的防护等级应满足设计要求，安全性能应符合现行《公路护栏安全性能评价标准》（JTG B05-01）的规定。

2 中央分隔带开口护栏的安装及与中央分隔带护栏过渡段处理，应满足设计要求并符合施工技术规范的规定。

3 中央分隔带开口护栏在使用时，应易于开启、移动方便。

11.11.2 中央分隔带开口护栏实测项目应符合表11.11.2的规定。

表 11.11.2 中央分隔带开口护栏实测项目

项次	检 查 项 目	规定值或允许偏差	检查方法和频率
1	高度（mm）	±20	尺量：每处测5点
2△	涂层厚度（μm）	满足设计要求	涂层测厚仪：每处测5点

11.12 里程碑和百米桩

11.12.1 里程碑和百米桩应符合下列基本要求：

1 里程碑的样式、尺寸、颜色、字体应符合现行《道路交通标志和标线》（GB 5768）的规定。

2 里程碑和百米桩在运输、安装过程中不得断裂和破损。

3 里程碑和百米桩应定位准确、安装牢固。

11.12.2 里程碑和百米桩实测项目应符合表11.12.2的规定。

表 11.12.2 里程碑和百米桩实测项目

项次	检 查 项 目		规定值或允许偏差	检查方法和频率
1	外形尺寸（mm）	高度	±10	尺量：抽查10%
		宽度	±5	
		厚度	±5	
2	字体及尺寸（mm）		满足设计要求	尺量：抽查10%
3	里程碑竖直度（mm/m）		±10	垂线法：抽查10%

11.12.3 里程碑和百米桩外观质量应符合下列规定：

1 里程碑和百米桩表面应无裂缝、蜂窝和破损。

11.13 避险车道

11.13.1 避险车道应符合下列基本要求：

1 避险车道基床、排水应符合本标准第4章、第5章的规定。

2 制动床铺装材料与级配应满足设计要求。

11.13.2 避险车道实测项目应符合表11.13.2的规定。

表 11.13.2 避险车道实测项目

项次	检 查 项 目	规定值或允许偏差	检查方法和频率
1	避险车道宽度（m）	满足设计要求	尺量：每道测5个断面，引道入口处设测点
2△	制动床长度（m）	满足设计要求	尺量：每道测3处
3	制动床集料厚度（m）	满足设计要求	尺量：每道测5处
4	坡度（%）	满足设计要求	水准仪：每道测3处

12 绿化工程

12.1 一般规定

12.1.1 植物种子应有由国家法定种子质量检验机构出具的种子质量检验报告，外省市调入的苗木和种子应有植物检疫证书。

12.1.2 植物成活率、覆盖率、植被盖度的检验应在满一个年生长周期后进行。

12.2 绿地整理

12.2.1 绿地整理应符合下列基本要求：

1 绿地内不得有废弃构筑物、工程渣土与废料及其他有害污染物，互通式立体交叉区与环岛、管理养护设施区及服务设施区等有景观要求的绿地内不得有宿根性杂草、树根。

2 回填土及地形造型的范围、厚度、高程、造型及坡度应满足设计要求；回填的种植土已达到自然沉降的状态，表层不得有明显低洼和积水处。

12.2.2 绿地整理实测项目应符合表12.2.2的规定。

表12.2.2 绿地整理实测项目

项次	检 查 项 目		规定值或允许偏差	检查方法和频率
1	有效土层厚度（mm）		满足设计要求	环刀或挖样洞，尺量：带状绿地①每1km测5点；点状绿地②每个连续种植单元每1 000m²测2点，且不少于3点
2	地形相对高程③（mm）	$H \leqslant 1\ 000$	±50	水准仪测量或尺量：分隔带绿地每1km测5点；互通式立体交叉区与环岛、管理养护设施区及服务设施区绿地每个连续种植单元每1 000m²测2点，且不少于3点
		$1\ 000 < H \leqslant 2\ 000$	±100	
		$2\ 000 < H \leqslant 3\ 000$	±150	
		$3\ 000 < H \leqslant 5\ 000$	±200	

注：①指分隔带、边坡、护坡道、碎落台及边坡平台等沿公路路线纵向分布的可绿化场地。
　　②指互通式立体交叉区与环岛、管理养护设施区、服务设施区及取、弃土场等分布于公路沿线局部路段集中成块的可绿化场地。
　　③H为设计高程与原地面的高差，边坡、护坡道、碎落台、边坡平台及取、弃土场等绿地不作要求。

12.3 树木栽植

12.3.1 树木栽植应符合下列基本要求：

1 严禁使用带有严重病虫害的苗木，非检疫对象的病虫害危害痕迹不得超过树体的 5% ~ 10%。

2 种植穴（槽）的定点放线应满足设计要求，位置准确、标记明显。

3 带土球苗木栽植前应去除不易降解的包装物。

4 树木栽植不得影响行车安全视距；规则式种植、绿篱、球类的植物修剪应整齐，绿篱不得有空缺。

5 孤植树、珍贵树种以及大树（胸径在 200mm 以上的落叶乔木或常绿阔叶乔木，株高在 6m 以上或地径在 180mm 以上的常绿针叶乔木）应全部成活。

12.3.2 树木栽植实测项目应符合表 12.3.2 的规定。

表 12.3.2 树木栽植实测项目

项次	检 查 项 目			规定值或允许偏差	检查方法和频率
1	种植穴（槽）直径（mm）			$d+400 ~ d+600$[①]	尺量：抽查全部种植穴（槽）5%，且不少于 10 个，少于 10 个时应全部检查
	种植穴（槽）深度（mm）			(3/4 ~ 4/5) 穴径	
2	苗木数量			满足设计要求	目测或无人机航拍测量：带状绿地每 1km 检查 100m 内的苗木；点状绿地每个连续种植单元按苗木数量抽查 10%，且不少于 10 株，少于 10 株的苗木应全部检查
3△	苗木成活率（%）			≥95	
4	苗木规格	乔木	胸径（mm）	≤50	−2	尺量：带状绿地每 1km 检查 100m 内的苗木；点状绿地每个连续种植单元按苗木数量抽查 10%，且不少于 10 株，少于 10 株的苗木应全部检查
				50 ~ 90	−5	
				90 ~ 150	−8	
				150 ~ 200	−10	
				>200	−20	
			高度（mm）	−200	
			冠径（mm）	−200	
		灌木	高度（mm）	≥1 000	−100	
				<1 000	−50	
			冠径（mm）	≥1 000	−100	
				<1 000	−50	
		球类	冠径（mm）	<500	0	
				500 ~ 1 000	−50	
				1 000 ~ 2 000	−100	
				>2 000	−200	

续表 12.3.2

项次	检查项目			规定值或允许偏差	检查方法和频率
4	苗木规格	球类	高度（mm） ＜500	0	尺量：带状绿地每1km检查100m内的苗木；点状绿地每个连续种植单元按苗木数量抽查10%，且不少于10株，少于10株的苗木应全部检查
			500~1 000	-50	
			1 000~2 000	-100	
			＞2 000	-200	
		藤本	主蔓长（mm） ≥1500	-100	
			主蔓径（mm） ≥10	0	
		棕榈类植物	株高（mm） ≤1 000	0	
			1 000~2 500	-100	
			2 500~4 000	-200	
			＞4 000	-300	
			地径（mm） ≤100	-10	
			100~400	-20	
			＞400	-30	

注：①d 为土球苗直径或裸根苗根系展幅，以 mm 计。

12.3.3 树木栽植外观质量应符合下列规定：

1 乔木、灌木以及球类苗木不得有木烧膛，不得有影响行车安全的偏冠苗木。

2 树木应无损伤的断枝、枯枝、严重病虫害枝。

12.4 草坪、草本地被及花卉种植

12.4.1 草坪、草本地被及花卉种植应符合下列基本要求：

1 铺栽草坪用的草卷、草块应厚度均匀，杂草不应超过 5%。

2 草坪、草本地被及花卉种植的施工工艺、品种及配合比或栽植株行距应满足设计要求；采用喷播绿化施工工艺时，其质量检验应按本标准第 12.5 节的有关规定执行。

3 花苗的栽植放样、密度及图案均应满足设计要求。

12.4.2 草坪、草本地被及花卉种植实测项目应符合表 12.4.2 的规定。

表 12.4.2 草坪、草本地被及花卉种植实测项目

项次	检查项目		规定值或允许偏差	检查方法和频率
1	草坪、草本地被面积		满足设计要求	尺量或无人机航拍测量：带状绿地每1km检查100m；点状绿地按每个连续种植单元全部检查
2△	草坪、草本地被覆盖率（%）	取弃土场绿地	≥90	目测或无人机航拍测量：带状绿地每1km检查100m；点状绿地按每个连续种植单元全部检查
		其他绿地	≥95	

续表12.4.2

项次	检 查 项 目	规定值或允许偏差	检查方法和频率
3	花卉数量	满足设计要求	目测或无人机航拍测量：带状绿地每1km检查100m内的花卉数量；点状绿地每个连续种植单元按花卉数量抽查5%，且不少于10株，少于10株的花卉应全部检查
4△	花卉成活率（%）	≥95	

12.4.3 草坪、草本地被及花卉种植外观质量应符合下列规定：

1 互通式立体交叉区与环岛、管理养护设施区、服务设施区等绿地内的草坪、草本地被及花卉不得有连续空秃。

12.5 喷播绿化

12.5.1 喷播绿化应符合下列基本要求：

1 草本植物种子的质量不应低于《禾本科草种子质量分级》（GB 6142）中所规定的二级标准，木本植物种子的质量不应低于《林木种子质量分级》（GB 7908）中所规定的二级标准；GB 6142和GB 7908中均未提及的植物种子应在使用前进行发芽率试验和种子配合比试验，确定合适的种子用量后方可进行大规模的施工。

2 喷播绿化采用的植物品种及种子配比应满足设计要求。

12.5.2 喷播绿化实测项目应符合表12.5.2的规定。

表12.5.2 喷播绿化实测项目

项次	检 查 项 目	规定值或允许偏差	检查方法和频率
1△	基材混合物喷射厚度（mm）	设计厚度±10	环刀取样或挖样洞，尺量：带状绿地每1km测10点； 点状绿地每个连续种植单元每1 000m² 测2点，且不少于5点
2	植物群落物种组成	满足设计要求	植物样方法调查：带状绿地每km设置3个样方（长2m，宽2m或等同于绿地宽度），且不少于3个；点状绿地每个连续种植单元设置3个样方（长2m，宽2m），且不少于3个
3	绿化面积	满足设计要求	尺量或无人机航拍测量：带状绿地每1km检查100m；点状绿地按每个连续种植单元全部检查
4△	植被盖度（%）	≥95	目测或无人机航拍测量：带状绿地每1km检查100m；点状绿地按每个连续种植单元全部检查

12.5.3 喷播绿化外观质量应符合下列规定：

1 绿地不得有连续空秃、冲沟侵蚀。

13 声屏障工程

13.1 一般规定

13.1.1 声屏障工程的插入损失应满足设计要求。

13.1.2 声屏障排水应满足设计要求。

13.2 砌块体声屏障

13.2.1 砌块体声屏障应符合下列基本要求：
1 砂浆所用的水泥、砂、水、外加剂的品种、规格和质量应满足设计要求。
2 地基承载力应满足设计要求。
3 砌筑基础前，基坑尺寸应满足设计要求。
4 砌筑应分层错缝，浆砌时坐浆挤紧，嵌填饱满密实，不得有空洞。
5 砌体中的钢筋防腐应满足设计要求。

13.2.2 砌块体声屏障实测项目应符合表 13.2.2 的要求。

表 13.2.2 砌块体声屏障实测项目

项次	检 查 项 目	规定值或允许偏差	检查方法和频率
1△	砂浆强度（MPa）	在合格标准内	按附录 F 检查
2△	顶面高程（mm）	±20	水准仪：抽查标准段数的 30%，每段测 1 点
3△	墙体厚度（mm）	满足设计要求	直尺：抽查标准段数的 30%，每段测 1 点
4	基础外露宽度（mm）	±20	尺量：抽查标准段数的 30%，每段测 1 点
5	墙体竖直度（mm/m）	≤3	直尺、经纬仪：抽查标准段数的 30%，每段测 1 点
6	顺直度（mm/10m）	≤10	10m 拉线：每 100m 测 2 处，且不少于 5 处
7	表面平整度（mm）	≤8	2m 直尺：每 100m 测 10 尺

13.2.3 砌块体声屏障外观质量应符合下列规定：
1 墙体表面应无破损。

13.3 金属结构声屏障

13.3.1 金属结构声屏障应符合下列基本要求：

1 基础的埋置深度应满足设计要求。

2 金属屏体声学性能应满足设计要求并应有声学性能检测报告。

3 金属立柱、连接件和金属屏体在安装前，应无构件变形或防腐处理层损坏。

4 固定螺栓应紧固，位置正确，数量满足设计要求。

5 屏体间及屏体与基础的接缝应密实。

13.3.2 金属结构声屏障实测项目应符合表 13.3.2 的要求。

表 13.3.2 金属结构声屏障实测项目表

项次	检 查 项 目	规定值或允许偏差	检查方法和频率
1△	混凝土强度（MPa）	在合格标准内	按附录 D 检查
2△	顶面高程（mm）	±20	水准仪：抽查标准段数的 30%，每段测 1 点
3	基础外露宽度（mm）	±20	尺量：抽查标准段数的 30%，每段测 1 点
4	与路肩边线位置偏移（mm）	±20	尺量：抽查标准段数的 30%，每段测 1 点
5	立柱中距（mm）	≤10	尺量：抽查标准段数的 30%，每段测 1 点
6	立柱竖直度（mm/m）	≤3	垂线法：抽查标准段数的 30%，每段测 1 点
7	立柱镀（涂）层厚度（μm）	不小于规定值	测厚仪：抽查标准段数的 20%，每段测 1 点
8	屏体表面镀（涂）层厚度（μm）	不小于规定值	测厚仪：抽查标准段数的 20%，每段测 1 点
9△	屏体背板厚度（mm）	±0.1	游标卡尺：检查屏体总块数的 5%
10	表面平整度（mm）	≤8	2m 直尺：每 100m 测 10 尺

13.3.3 金属结构声屏障外观质量应符合下列规定：

1 立柱镀（涂）层不得有剥落、气泡、漏镀（涂）、刻痕、划伤。

2 屏体应无裂纹、划伤。

13.4 复合结构声屏障

13.4.1 复合结构声屏障应符合下列基本要求：

1 基础的埋置深度应满足设计要求。

2 非金属屏体声学性能应满足设计要求并应有声学性能检测报告。

3 安装紧固件应满足设计要求和符合现行标准的规定。

4 立柱、连接件和屏体在安装前，应无构件变形或防腐处理层损坏。

5 固定螺栓紧固，位置正确，数量满足设计要求。

6 屏体与立柱及屏体与基础的接缝密实。

13.4.2 复合结构声屏障实测项目应符合表 13.4.2 的要求。

表 13.4.2 声屏障实测项目表

项次	检 查 项 目	规定值或允许偏差	检查方法和频率
1△	混凝土强度（MPa）	在合格标准内	按附录 D 检查
2△	顶面高程（mm）	±20	水准仪：抽查标准段数的 30%，每段测 1 点
3△	屏体厚度（mm）	±3	钢卷尺：抽查标准段数的 30%，每段测 1 点
4△	透明屏体厚度（mm）	±0.2	游标卡尺：抽查标准段数的 30%，每段测 1 点
5	基础外露宽度	±20	尺量：抽查标准段数的 30%，每段测 1 点
6	与路肩边线位置偏移（mm）	±20	抽查标准段数的 30%，每段测 1 点
7	立柱中距（mm）	≤10	钢卷尺：抽查标准段数的 30%，每段测 1 点
8	立柱竖直度（mm/m）	≤3	垂线法：抽查标准段数的 30%，每段测 1 点
9	金属立柱镀（涂）层厚度（μm）	不小于规定值	测厚仪：抽查标准段数的 20%，每段测 1 点
10	表面平整度（mm）	≤8	2m 直尺：每 100m 测 10 尺

13.4.3 复合结构声屏障外观质量应符合下列规定：

1 立柱镀（涂）层不得有剥落、气泡、漏镀（涂）、刻痕、划伤。

2 屏体应无裂纹、划伤。

附录 A 单位、分部及分项工程的划分

表 A-1 一般建设项目的工程划分

单 位 工 程	分 部 工 程	分 项 工 程
路基工程（每10km或每标段）	路基土石方工程（1~3km路段）①	土方路基，填石路基，软土地基处置，土工合成材料处置层等
	排水工程（1~3km路段）①	管节预制，混凝土排水管安装，检查（雨水）井砌筑，土沟，浆砌水沟，盲沟，跌水，急流槽，水簸箕，排水泵站沉井、沉淀池等
	小桥及符合小桥标准的通道，人行天桥，渡槽（每座）	钢筋加工及安装，砌体，混凝土扩大基础，钻孔灌注桩，混凝土墩、台，墩、台身安装，台背填土，就地浇筑梁、板，预制安装梁、板，就地浇筑拱圈，混凝土桥面板桥面防水层，支座垫石和挡块，支座安装，伸缩装置安装，栏杆安装，混凝土护栏，桥头搭板，砌体坡面护坡，混凝土构件表面防护，桥梁总体等
	涵洞、通道（1~3km路段）①	钢筋加工及安装，涵台，管节预制，混凝土涵管安装，波形钢管涵安装，盖板制作，盖板安装，箱涵浇筑，拱涵浇（砌）筑，倒虹吸竖井、集水井砌筑，一字墙和八字墙，涵洞填土，顶进施工的涵洞，砌体坡面防护，涵洞总体等
	防护支挡工程（1~3km路段）①	砌体挡土墙，墙背填土，边坡锚固防护，土钉支护，砌体坡面防护，石笼防护，导流工程等
	大型挡土墙、组合挡土墙（每处）	钢筋加工及安装，砌体挡土墙，悬臂式挡土墙，扶壁式挡土墙，锚杆、锚定板和加筋土挡土墙，墙背填土等
路面工程（每10km或每标段）	路面工程（1~3km路段）①	垫层、底基层，基层，面层，路缘石，路肩等
桥梁工程②（每座或每合同段）	基础及下部构造（1~3墩台）③	钢筋加工及安装，预应力筋加工和张拉，预应力管道压浆，混凝土扩大基础，钻孔灌注桩，挖孔桩，沉入桩，灌注桩桩底压浆，地下连续墙，沉井，沉井、钢围堰的混凝土封底，承台等大体积混凝土结构，砌体，混凝土墩、台，墩台身安装，支座垫石和挡块，拱桥组合桥台，台背填土等
	上部构造预制和安装（1~3跨）③	钢筋加工及安装，预应力筋加工和张拉，预应力管道压浆，预制安装梁、板，悬臂施工梁，顶推施工梁，转体施工梁，拱圈节段预制，拱的安装，转体施工拱，中下承式拱吊杆和柔性系杆，刚性系杆，钢梁制作，钢梁安装，钢梁防护等
	上部构造现场浇筑（1~3跨）③	钢筋加工及安装，预应力筋加工和张拉，预应力管道压浆，就地浇筑梁、板，悬臂施工梁，就地浇筑拱圈，劲性骨架混凝土拱，钢管混凝土拱，中下承式拱吊杆和柔性系杆，刚性系杆等

续表 A-1

单 位 工 程	分 部 工 程	分 项 工 程
桥梁工程② （每座或每合同段）	桥面系、附属工程及桥梁总体	钢筋加工及安装，混凝土桥面板桥面防水层，钢桥面板上防水黏结层，混凝土桥面板桥面铺装，钢桥面板上沥青混凝土铺装，支座安装，伸缩装置安装，人行道铺设，栏杆安装，混凝土护栏，钢桥上钢护栏安装，桥头搭板，混凝土小型构件预制，砌体坡面护坡，混凝土构件表面防护，桥梁总体等
	防护工程	砌体坡面护坡，护岸④，导流工程等
	引道工程	见路基工程、路面工程的分项工程
隧道工程⑤ （每座或每合同段）	总体及装饰装修（每座或每合同段）	隧道总体、装饰装修工程
	洞口工程（每个洞口）	洞口边仰坡防护、洞门和翼墙的浇（砌）筑、截水沟、洞口排水沟、明洞浇筑、明洞防水层、明洞回填
	洞身开挖（200 延米）	洞身开挖
	洞身衬砌（200 延米）	喷射混凝土、锚杆、钢筋网、钢架、仰供、仰拱回填、衬砌钢筋、混凝土衬砌、超前锚杆、超前小导管、管棚
	防排水（200 延米）	防水层、止水带、排水
	路面（1～3km 路段）①	基层、面层
	辅助通道⑥（200 延米）	洞身开挖、喷射混凝土、锚杆、钢筋网、钢架、仰供、仰拱回填、衬砌钢筋、混凝土衬砌、超前锚杆、超前小导管、管棚、防水层、止水带、排水
绿化工程（每合同段）	分隔带绿地、边坡绿地、护坡道绿地、碎落台绿地、平台绿地（每2km 路段）互通式立体交叉区与环岛绿地、管理养护设施区绿地、服务设施区绿地、取、弃土场绿地（每处）	绿地整理，树木栽植，草坪、草本地被及花卉种植，喷播绿化
声屏障工程（每合同段）	声屏障工程（每处）	砌块体声屏障，金属结构声屏障，复合结构声屏障
交通安全设施（每 20km 或每标段）	标志、标线、突起路标、轮廓标（5～10km 路段）①	标志，标线，突起路标，轮廓标
	护栏（5～10km 路段）①	波形梁护栏，缆索护栏，混凝土护栏，中央分隔带开口护栏
	防眩设施、隔离栅、防落物网（5～10km 路段）①	防眩板，防眩网，隔离栅，防落物网等
	里程碑和百米桩（5km 路段）	里程碑，百米桩
	避险车道（每处）	避险车道
交通机电工程	其分部、分项工程划分见《公路工程质量检验评定标准　第二册　机电工程》	

续表 A-1

单 位 工 程	分 部 工 程	分 项 工 程
附属设施	管理中心、服务区、房屋建筑、收费站、养护工区等设施	按其专业工程质量检验评定标准评定

注：①按路段长度划分的分部工程，高速公路、一级公路宜取低值，二级及二级以下公路可取高值。

②分幅桥梁按照单幅划分，特大斜拉桥和悬索桥按照附表 A-2 进行划分，其他斜拉桥和悬索桥可作为一个单位工程参照附表 A-2 进行划分。

③按单孔跨径确定的特大桥取 1，其余根据规模取 2 或 3。

④护岸可参照挡土墙进行划分。

⑤双洞隧道每单洞作为一个单位工程。

⑥辅助通道包括竖井、斜井、平行导坑、横通道、风道、地下风机房等。

表 A-2 特大斜拉桥、特大悬索桥工程划分

单 位 工 程	分 部 工 程	分 项 工 程
塔及辅助、过渡墩（每个）	塔基础	钢筋加工及安装，混凝土扩大基础，钻孔灌注桩，灌注桩桩底压浆，沉井，沉井、钢围堰的混凝土封底等
	塔承台	钢筋加工及安装，双壁钢围堰，沉井、钢围堰的混凝土封底，承台等大体积混凝土结构等
	索塔	钢筋加工及安装，预应力筋加工和张拉，预应力管道压浆，混凝土索塔，索塔钢锚箱节段制作，索塔钢锚箱节段安装、支座垫石和挡块等
	辅助墩	钢筋加工及安装，预应力筋加工和张拉，预应力管道压浆，钻孔灌注桩，灌注桩桩底压浆，承台等大体积混凝土结构，沉井、钢围堰的混凝土封底，混凝土墩、台，墩台身安装、支座垫石和挡块等
	过渡墩	
锚碇（每个）	锚碇基础	钢筋加工及安装，混凝土扩大基础，钻孔灌注桩，灌注桩桩底压浆，地下连续墙，沉井，沉井、钢围堰的混凝土封底等
	锚体	钢筋加工及安装，锚碇锚固系统制作，锚碇锚固系统安装，锚碇混凝土块体，预应力锚索的张拉与压浆，隧道锚的洞身开挖，隧道锚的混凝土锚塞体等
上部钢结构制作与防护	主缆	索股和锚头的制作与防护，主缆防护
	索鞍	索鞍制作，索鞍防护
	索夹	索夹制作，索夹防护
	吊索	吊索和锚头制作与防护
	加劲梁	钢梁制作，钢梁防护，自锚式悬索桥主缆索股的锚固系统制作等
上部结构浇筑与安装	加劲梁浇筑	混凝土斜拉桥主墩上梁段的浇筑，混凝土斜拉桥梁的悬臂施工，组合梁斜拉桥的混凝土板等
	安装	索鞍安装，主缆架设，索夹和吊索安装，悬索桥钢加劲梁安装，自锚式悬索桥主缆索股的锚固系统安装，自锚式悬索桥吊索张拉和体系转换，钢斜拉桥钢箱梁段的拼装、组合梁斜拉桥工字梁段的悬臂拼装，混凝土斜拉桥梁的悬臂施工等

续表 A-2

单位工程	分 部 工 程	分 项 工 程
桥面系、附属工程及桥梁总体	桥面系	钢筋加工及安装，混凝土桥面板桥面防水层或钢桥面板上防水黏结层，混凝土桥面板桥面铺装或钢桥面板上沥青混凝土铺装
	附属工程及桥梁总体	支座安装，伸缩装置安装，人行道铺设，栏杆安装，混凝土护栏，钢桥上钢护栏安装，混凝土构件表面防护，桥头搭板，桥梁总体等

附录 B　压实度评定

B.0.1　路基和路面基层、底基层的压实度应以重型击实标准为准。沥青层压实度应以现行《公路沥青路面施工技术规范》（JTG F40）的规定为准。对于特殊干旱、潮湿地区或过湿土，可以现行《公路路基设计规范》（JTG D30）、《公路路基施工技术规范》（JTG F10）规定的压实度标准进行评定。

B.0.2　标准密度应做平行试验，求其平均值作为现场检验的标准值。对于均匀性差的路基土质和路面结构层材料，应根据实际情况增补标准密度试验，求得相应的标准值。

B.0.3　路基、路面压实度应以 1～3km 长的路段为检验评定单元，按本标准各有关章节要求的检测频率进行现场压实度抽样检查，求算每一测点的压实度 K_i。细粒土现场压实度检查可采用灌砂法或环刀法；粗粒土及路面结构层压实度检查可采用灌砂法、水袋法或钻孔取样蜡封法。应用核子密度仪时，应经对比试验检验，确认其可靠性。

检验评定段的压实度代表值 K（算术平均值的下置信界限）为：

$$K = \bar{k} - t_\alpha S / \sqrt{n} \geqslant K_0$$

式中：$\bar{k}$——检验评定段内各测点压实度的平均值；

　　　t_α——t 分布表中随测点数和保证率（或置信度 α）而变的系数；t_α 见表 B.0.3。

采用的保证率，高速公路、一级公路：基层、底基层为 99%，路基、路面面层为 95%；其他公路：基层、底基层为 95%，路基、路面面层为 90%；

　　　S——检测值的标准差；

　　　n——检测点数；

　　　K_0——压实度标准值。

路基、基层和底基层：$K \geqslant K_0$，且单点压实度 K_i 全部大于或等于规定值减 2 个百分点时，评定路段的压实度合格率为 100%；当 $K \geqslant K_0$，且单点压实度 K_i 全部大于或等于规定极值时，按测定值不低于规定值减 2 个百分点的测点数计算合格率。

$K < K_0$ 或某一单点压实度 K_i 小于规定极值时，该评定路段压实度为不合格，相应分项工程评为不合格。

路基施工段落短时，分层压实度应全部符合要求，且样本数不少于 6 个。

沥青面层：当 $K \geqslant K_0$ 且全部测点大于或等于规定值减 1 个百分点时，评定路段的压实度合格率为100%；当$K \geq K_0$时，按测定值不低于规定值减1个百分点的测点数计算合格率。

$K < K_0$时，评定路段的压实度应为不合格，相应分项工程评为不合格。

表 B.0.3　$t_\alpha/\sqrt{n}$值

n	保证率			n	保证率		
	99%	95%	90%		99%	95%	90%
2	22.501	4.465	2.176	21	0.552	0.376	0.289
3	4.021	1.686	1.089	22	0.537	0.367	0.282
4	2.270	1.177	0.819	23	0.523	0.358	0.275
5	1.676	0.953	0.686	24	0.510	0.350	0.269
6	1.374	0.823	0.603	25	0.498	0.342	0.264
7	1.188	0.734	0.544	26	0.487	0.335	0.258
8	1.060	0.670	0.500	27	0.477	0.328	0.253
9	0.966	0.620	0.466	28	0.467	0.322	0.248
10	0.892	0.580	0.437	29	0.458	0.316	0.244
11	0.833	0.546	0.414	30	0.449	0.310	0.239
12	0.785	0.518	0.393	40	0.383	0.266	0.206
13	0.744	0.494	0.376	50	0.340	0.237	0.184
14	0.708	0.473	0.361	60	0.308	0.216	0.167
15	0.678	0.455	0.347	70	0.285	0.199	0.155
16	0.651	0.438	0.335	80	0.266	0.186	0.145
17	0.626	0.423	0.324	90	0.249	0.175	0.136
18	0.605	0.410	0.314	100	0.236	0.166	0.129
19	0.586	0.398	0.305	>100	$\dfrac{2.3265}{\sqrt{n}}$	$\dfrac{1.6449}{\sqrt{n}}$	$\dfrac{1.2815}{\sqrt{n}}$
20	0.568	0.387	0.297				

附录 C　水泥混凝土弯拉强度评定

C.0.1　水泥混凝土弯拉强度试验方法应使用标准小梁法或钻芯劈裂法，试件使用标准方法制作，标准养生时间28d，路面钻芯劈裂时间宜控制在28～56d以内，不掺粉煤灰宜用28d，掺粉煤灰宜用28～56d。

C.0.2　高速公路和一级公路每工作班制作2～4组：日进度<500m取2组，≥500m取3组，≥1 000m取4组。其他公路每工作班制作1～3组：日进度<500m取1组，≥500m取2组，≥1 000m取3组。每组3个试件的平均值作为一个统计数据。

C.0.3　水泥混凝土弯拉强度的合格标准应符合下列规定：

1　试件组数大于10组时，平均弯拉强度合格判断式为：

$$f_{cs} \geqslant f_r + K\sigma$$

$$\sigma = C_v \bar{f_c}$$

式中：f_{cs}——合格判定平均弯拉强度（MPa）；

　　　f_r——设计弯拉强度标准值（MPa）；

　　　K——合格判定系数（见表C.0.3）；

　　　σ——弯拉强度统计均方差；

　　　C_v——实测弯拉强度统计变异系数；

　　　$\bar{f_c}$——实测弯拉强度统计平均值（MPa）。

表 C.0.3　合格判定系数

试件组数 n	11～14	15～19	≥20
K	0.75	0.70	0.65

当试件组数为11～19组时，允许有一组最小弯拉强度小于$0.85f_r$，但不得小于$0.80f_r$。当试件组数大于或等于20组时，高速公路和一级公路均不得小于$0.85 f_r$，其他公路允许有一组最小弯拉强度小于$0.85f_r$，但不得小于$0.80f_r$。

2　试件组数小于或等于10组时，试件平均强度不得小于$1.15f_r$，任一组强度均不得小于$0.85f_r$。

3　实测弯拉强度统计变异系数C_v值应符合设计要求。

C.0.4　当标准小梁合格判定平均弯拉强度f_{cs}、最小弯拉强度f_{min}和统计变异系数C_v

值中有一个不符合上述要求时，应在不合格路段每车道每 1km 钻取 3 个以上 ϕ150mm 的芯样，实测劈裂强度，通过各自工程的经验统计公式换算弯拉强度，其合格判定平均弯拉强度 f_{cs} 和最小值 f_{min} 必须合格；否则，应返工重铺。

C. 0. 5 评定路段内水泥混凝土弯拉强度评为不合格时，相应分项工程应评为不合格。

附录 D 水泥混凝土抗压强度评定

D. 0. 1 评定水泥混凝土的抗压强度，应以标准养生 28d 龄期的试件、在标准试验条件下测得的极限强度为准，试件应为边长为 150mm 的立方体，大体积混凝土标准养生龄期设计另有要求的应从其要求。每组试件 3 个。制取组数应符合下列规定：

1 不同强度等级及不同配合比的混凝土应在浇筑地点随机取样，分别制取试件。

2 浇筑一般体积的结构物（如基础、墩台等）时，每一单元结构物应制取 2 组。

3 连续浇筑大体积结构时，每 80~200m³ 或每一工作班应制取 2 组。

4 上部结构的主要构件长 16m 以下应制取 1 组，16~30m 制取 2 组，31~50m 制取 3 组，50m 以上者不少于 5 组。小型构件每批或每工作班至少应制取 2 组。

5 每根钻孔桩至少应制取 2 组；桩长 20m 以上者不少于 3 组；桩径大、浇筑时间很长时，不少于 4 组。如换工作班时，每工作班应制取 2 组。

6 小桥涵、挡土墙、声屏障等构筑物每座、每处或每工作班制应取不少于 2 组。当原材料和配合比相同并由同一拌和站拌制时，可几座或几处合并制取 2 组。

7 应根据施工需要，另制取几组与结构物同条件养生的试件，作为拆模、吊装、张拉预应力、承受荷载等施工阶段的强度依据。

D. 0. 2 水泥混凝土抗压强度的合格评定应符合下列规定：

1 同批试件组数大于或等于 10 组时，应以数理统计方法评定，并满足下述条件：

$$m_{f_{cu}} \geqslant f_{cu,k} + \lambda_1 S_n \qquad (D. 0. 2\text{-}1)$$

$$f_{cu,min} \geqslant \lambda_2 f_{cu,k} \qquad (D. 0. 2\text{-}2)$$

式中：n——同批混凝土试件组数；

$m_{f_{cu}}$——同批 n 组试件强度的平均值（MPa），精确到 0.1 MPa；

S_n——同批 n 组试件强度的标准差（MPa），精确到 0.01 MPa。当 $S_n < 2.5$MPa 时，取 $S_n = 2.5$MPa；

$f_{cu,k}$——混凝土设计强度等级（MPa）；

$f_{cu,min}$——n 组试件中强度最低一组的值（MPa），精确到 0.1MPa；

λ_1、λ_2——合格判定系数，见表 D. 0. 2-1。

表 D. 0. 2-1 λ_1、λ_2 的值

n	10 ~ 14	15 ~ 19	≥20
λ_1	1.15	1.05	0.95
λ_2	0.9	0.85	

2　同批试件组数小于 10 组时，可用非数理统计方法评定，并满足下述条件：

$$m_{f_{cu}} \geqslant \lambda_3 f_{cu,k} \tag{D. 0. 2-3}$$

$$f_{cu,min} \geqslant \lambda_4 f_{cu,k} \tag{D. 0. 2-4}$$

式中：λ_3、λ_4——合格判定系数，见表 D. 0. 2-2。

表 D. 0. 2-2 λ_3、λ_4 的值

混凝土强度等级	< C60	≥C60
λ_3	1.15	1.10
λ_4	0.95	

D. 0. 3　检查项目中，水泥混凝土抗压强度评为不合格时，相应分项工程应为不合格。

附录 E　喷射混凝土抗压强度评定

E. 0. 1　喷射混凝土抗压强度应在喷射混凝土板件上，切割制取 100mm × 100mm × 100mm 的立方体试件，在标准条件下养护至 28d，用标准试验方法测得的极限抗压强度，乘以 0.95 的系数（精确到 0.1MPa）。

E. 0. 2　单洞两车道或三车道隧道每 10 延米，应至少在拱部和边墙各取 1 组（3 个）试件。其他工程，每喷射 50 ~ 100m³ 混合料或小于 50m³ 混合料的独立工程，不得少于 1 组。材料或配合比变更时应制取新试件。

E. 0. 3　喷射混凝土强度的合格标准应符合下列规定：

1　当同批试件组数 $n \geqslant 10$ 时，试件抗压强度平均值不低于设计值，任一组试件抗压强度不低于 0.85 倍的设计值。

2　当同批试件组数 $n < 10$ 时，试件抗压强度平均值不低于 1.05 倍的设计值，任一组试件抗压强度不低于 0.9 倍的设计值。

E. 0. 4　实测项目中喷射混凝土抗压强度评定为不合格时，相应分项工程应为不合格。

附录 F　水泥砂浆强度评定

F.0.1　评定水泥砂浆的强度应以标准养护 28d 的试件为准，试件为边长 70.7mm 的立方体，每组 3 个试件。制取组数应符合下列规定：

1　不同强度等级及不同配合比的水泥砂浆应随机取样，分别制取试件。

2　重要及主体砌筑物，每工作班应制取 2 组。

3　一般及次要砌筑物，每工作班可制取 1 组。

4　试件组数应不少于 3 组。

5　拱圈砂浆应同时制取与砌体同条件养护试件，以检查各施工阶段强度。

F.0.2　试验及计算方法应符合现行《建筑砂浆基本试验方法》（JGJ/T 70）的规定。

F.0.3　水泥砂浆强度的合格标准应符合下列规定：

1　同强度等级试件的平均强度不低于设计强度等级的 1.1 倍。

2　任意一组的强度不低于设计强度等级的 85%。

F.0.4　实测项目中水泥砂浆强度评为不合格时，相应分项工程应为不合格。

附录 G　无机结合料稳定材料强度评定

G.0.1　无机结合料稳定材料强度，应以规定温度下保湿养生 6d、浸水 1d 后的 7d 无侧限抗压强度为准。

G.0.2　应在现场按规定频率取样，按工地预定达到的压实度制备试件。每 2 000m² 或每工作班制备 1 组试件。不论稳定细粒土、中粒土或粗粒土，当多次偏差系数 C_V < 10% 时，可为 6 个试件；C_V = 10% ~ 15% 时，可为 9 个试件；C_V > 15% 时，应为 13 个试件。

G.0.3　试件的平均强度 $\bar{R}$ 应满足式（G.0.3）要求：

$$\bar{R} \geqslant \frac{R_d}{1 - Z_\alpha C_v} \tag{G.0.3}$$

式中：R_d——设计抗压强度（MPa）；

　　　C_v——试验结果的偏差系数（以小数计）；

　　　Z_α——标准正态分布表中随保证率而变的系数。

　　高速公路、一级公路：保证率 95%，Z_α = 1.645；

　　其他公路：保证率 90%，Z_α = 1.282。

G.0.4　评定路段内无机结合料稳定材料强度评为不合格时，相应分项工程为不合格。

附录 H 路面结构层厚度评定

H.0.1 评定路段内路面结构层厚度应按代表值和单个合格值的允许偏差进行评定。

H.0.2 应按规定频率，采用挖验或钻取芯样测定厚度。

H.0.3 厚度代表值为厚度的算术平均值的下置信界限值，即：

$$X_L = \overline{X} - t_\alpha \frac{S}{\sqrt{n}}$$ （H.0.3）

式中：X_L——厚度代表值（算术平均值的下置信界限）；

$\overline{X}$——厚度平均值；

S——标准差；

n——检查数量；

t_α——t分布表中随测点数和保证率（或置信度α）而变的系数，可查表 B.0.3。

采用的保证率：

高速公路、一级公路：基层、底基层为99%，面层为95%。

其他公路：基层、底基层为95%，面层为90%。

H.0.4 当厚度代表值大于或等于设计厚度减去代表值允许偏差时，则按单个检查值的偏差不超过单点合格值来计算合格率；当厚度代表值小于设计厚度减去代表值允许偏差时，该评定路段厚度不合格，相应分项工程应评为不合格。

代表值和单点合格值的允许偏差见本标准第 7 章各节实测项目表。

H.0.5 沥青面层宜按沥青铺筑层总厚度进行评定，高速公路和一级公路分 2~3 层铺筑时，还应进行上面层厚度检查和评定。

附录 J　路基、粒料类基层和底基层、沥青路面弯沉值评定

J.0.1　弯沉值采用落锤式弯沉仪（FWD）、自动弯沉仪或贝克曼梁测量。每一双车道评定路段（不超过1km）测量检查点数应符合表 J.0.1 规定，多车道公路应按车道数与双车道之比，相应增加测点。

表 J.0.1　弯沉测点数

检测设备	落锤式弯沉仪（FWD）	自动弯沉仪或贝克曼梁
测点数（点）	40	80

J.0.2　路基、沥青路面弯沉代表值为弯沉测量值的上波动界限，用式（J.0.2）计算：

$$l_r = (\bar{l} + \beta \cdot S)K_1 K_3 \tag{J.0.2}$$

式中：l_r——弯沉代表值（0.01mm）；

$\bar{l}$——实测弯沉的平均值；

S——标准差；

β——目标可靠指标，见表 J.0.2；

K_1——湿度影响系数，根据当地经验确定；

K_3——温度影响系数，路基顶面弯沉测定时取1；路表弯沉测定时根据下式确定；

$$K_3 = e^{[9 \times 10^{-6}(\ln E_0 - 1)H_a + 4 \times 10^{-3}](20-T)}$$

T——弯沉测定时沥青结合料类材料层中点实测或预估温度（℃）；

H_a——沥青结合料类材料层厚度（mm）；

E_0——平衡湿度状态下路基顶面回弹模量（MPa）。

表 J.0.2　目标可靠指标 β 值

公路等级	高速公路	一级公路	二级公路	三级公路	四级公路
目标可靠度（%）	95	90	85	80	70
目标可靠指标 β	1.65	1.28	1.04	0.84	0.52

J.0.3 粒料类基层和底基层顶面弯沉代表值应按式（J.0.3）计算：

$$l_r = \bar{l} + Z_\alpha S \tag{J.0.3}$$

式中：l_r——弯沉代表值（0.01mm）；

$\bar{l}$——实测弯沉的平均值；

S——标准差；

Z_α——与要求保证率有关的系数，高速公路和一级公路取 $Z_\alpha = 2.0$，二级公路取 $Z_\alpha = 1.645$，二级以下公路取 $Z_\alpha = 1.5$。

J.0.4 二级及二级以下公路，当路基和粒料类基层、底基层的弯沉代表值不符合要求时，可将超出 $\bar{l} + (2 \sim 3) S$ 的弯沉特异值舍弃，对舍弃的弯沉值大于 $\bar{l} + (2 \sim 3) S$ 的点，应找出其周围界限，进行局部处理，并对弯沉进行复测后重新计算平均值和标准差。高速公路、一级公路不得舍弃特异值。

J.0.5 弯沉代表值大于设计弯沉值时，相应分项工程应为不合格。

附录 K 工程质量检验评定用表

表 K-1 分项工程质量检验评定表

分项工程名称：　　　　　　工程部位：(桩号、墩台号、孔号)　　　　　所属建设项目（合同段）：

所属分部工程名称：　　　所属单位工程：　　　　　施工单位：　　　分项工程编号：

基本要求	1. 2. …														
实测 项目	项次	检查项目	规定值或 允许偏差	实测值或实测偏差值										质量评定		
				1	2	3	4	5	6	7	8	9	10	平均值、 代表值	合格率 （%）	合格判定
	外观质量							质量保证资料								
工程质量等级评定																

检验负责人：　　　　检测：　　　记录：　　　复核：　　　　　年 月 日

表 K-2　分部工程质量检验评定表

分部工程名称：　　　　　　　　　　　　　　工程部位：（桩号、墩台号、孔号）

所属单位工程：

所属建设项目（合同段）：

施工单位：　　　　　　　　　　　　　　　　分部工程编号：

分项工程			备注
分项工程编号	分项工程名称	质量等级	
外观质量			
评定资料			
质量等级			
评定意见			

检验负责人：　　　　　记录：　　　　复核：　　　　　　　　年　　月　　日

表 K-3 单位工程质量检验评定表

单位工程名称： 工程地点、桩号：

所属建设项目（合同段）：

施工单位： 单位工程编号：

分部工程			备注
分部工程编号	分部工程名称	质量等级	
外观质量			
评定资料			
质量等级			
评定意见			

检验负责人： 记录： 复核： 年 月 日

附录 L 路面横向力系数评定

L.0.1 评定路段内的路面横向力系数应按 SFC 的设计或验收标准值进行评定。

L.0.2 SFC 代表值为 SFC 算数平均值的下置信界限值，即：

$$SFC_r = \overline{SFC} - \frac{t_\alpha}{\sqrt{n}}S \qquad (\text{L.0.2})$$

式中：SFC_r——SFC 代表值；

$\overline{SFC}$——SFC 平均值；

S——标准差；

n——采集数据样本数量；

t_α——t 分布表中随测点数和保证率（或置信度 α）而变的系数，可查表 B.0.3。
采用的保证率：高速公路、一级公路为 95%；其他公路为 90%。

L.0.3 当 SFC 代表值不小于设计或验收标准时，应以所有单个 SFC 值统计合格率；当 SFC 代表值小于设计或验收标准值时，该路段应为不合格。

附录 M 水泥基浆体抗压强度评定

M.0.1 水泥基浆体的强度评定应以标准养护 28d 的试件为准，试件为 40mm×40mm×160mm 的棱柱体，每组 3 个试件。制取组数应符合下列规定：

1 不同强度等级及不同配合比的水泥浆体应随机取样，分别制取试件。

2 每一工作班制取 1 组；如用量超过 10m³，应按每 10m³ 制取 1 组。

3 对桩基压浆，每桩每次应制取 1 组。

4 对预应力管道压浆，每次或每 25 根应至少制取 1 组。

5 对锚杆压浆，每次或每 50 根应至少制取 1 组。

M.0.2 试验及计算方法应符合现行《水泥胶砂强度检验方法（ISO 法）》（GB/T 17671）的规定，测定每组 6 个抗压强度值。

M.0.3 水泥基浆体强度的合格标准应符合下列规定：

1 同强度等级试件的平均强度不低于设计强度等级。

2 任意一组的强度不低于设计强度等级的 85%。

M.0.4 检查项目中水泥基浆体强度评为不合格时，相应分项工程应为不合格。

附录 N　防水层与混凝土间正拉黏结强度评定

N.0.1　本附录适用于混凝土桥面防水层正拉黏结强度的现场检测和评定。

N.0.2　现场使用的黏结强度检测仪（拉拔仪）技术性能应不低于《数显式黏结强度检测仪》（JG/T 507）的规定。

N.0.3　测点数量和布置应符合下列规定：

　　1　当一个施工段的面积不大于 500m² 时测 5 点，超过 500 m² 时每增加 500 m² 增加测 2 点，每一连续施工的防水层桥面长度为一个施工段。

　　2　测点应随机布置，且间距不小于 5.0m。

N.0.4　被测部位表面应清除干净并保持干燥。预切缝形状为 50mm 的圆形，从清理干净的表面向混凝土基体内部切割预切缝，切入深度为 3~5mm、宽度为 1~2mm。切缝完毕，应再次清理表面。

N.0.5　应采用高强、快速固化的黏结剂粘贴圆形钢标准块，避免黏结剂进入预切缝。在黏结剂完全固化前不得扰动钢标准块。

N.0.6　钢标准块直径为 50mm，厚度不低于 20mm，应采用 45 号钢制作，其带有的传力螺杆应满足所用检测仪的要求。

N.0.7　检测应在防水层固化干燥后连接钢标准块。加载应以小于或等于 0.2MPa/s 的匀速进行，记录破坏时的荷载值和防水层温度，并观察破坏形式。检测完成后应对检测部位进行修补。

N.0.8　正拉黏结强度应按式（N.0.8）计算：

$$f_i = \frac{P_i}{A} \qquad (N.0.8)$$

式中：f_i——测点 i 的正拉黏结强度（MPa）；

　　　P_i——测点 i 破坏时的荷载值（N）；

　　　A——钢标准块的黏结面积（mm²）。

N. 0. 9 不应出现钢标准块与黏结胶间的界面破坏，否则重做。

N. 0. 10 检测部位的温度与设计强度对应的温度不一致时，检测的黏结强度应按检测部位的温度进行修正。

N. 0. 11 防水层黏结强度的合格标准应符合下列规定：

1 平均强度应大于或等于设计强度值。

2 小于设计强度值的测点数量不超过5%。

3 最小强度不小于设计强度值的85%。

N. 0. 12 检查项目中防水层黏结强度评为不合格时，相应分项工程应为不合格。

附录 P 结构混凝土外观质量限制缺陷

P.0.1 结构混凝土外观质量应进行全面检查。

P.0.2 外观质量检查前，结构混凝土的表面不得进行涂饰。

P.0.3 结构混凝土外观质量的限制缺陷应按表 P.0.3 确定。

表 P.0.3 结构混凝土外观质量限制缺陷

名称	现象	限 制 缺 陷		
		支座垫石、锚下混凝土、锚索垫块等局部承压构件或部位	梁、板、拱、墩台身、盖梁、塔柱、防撞护栏、挡块、伸缩装置锚固块、封锚、小型预制构件等	挡土墙、承台、锚碇块体、隧道锚塞体、沉井、基础、桥头搭板、边坡框格梁等
裂缝	表面延伸到内部的缝隙	存在非受力裂缝和宽度超过设计规定值的受力裂缝①	存在宽度超过设计规定限值的非受力裂缝①（设计未规定的，对防撞护栏及边坡框格梁、隐蔽结构或构件等为0.3mm，其他结构或构件为0.2mm）；全预应力及A类预应力混凝土构件存在受力裂缝，B类预应力构件和钢筋混凝土构件存在宽度超过设计和相关规范限值的受力裂缝	
孔洞	深度超过保护层厚度的孔穴	存在孔洞		
露筋	钢筋未被混凝土包裹而形成的外露	存在露筋		
蜂窝	表面缺失水泥浆形成的局部蜂窝样粗骨料外露	存在蜂窝	主要受力部位②：存在蜂窝；其他部位：单个蜂窝面积大于0.02m²，或蜂窝总面积超过所在面面积的1%，或深度超过10mm及1/2保护层厚度的蜂窝	单个蜂窝面积大于0.04m²，或蜂窝总面积超过所在面面积的2%，或深度超过15mm及1/2保护层厚度的蜂窝

续表 P. 0. 3

名称	现象	限 制 缺 陷		
		支座垫石、锚下混凝土、锚索垫块等局部承压构件或部位	梁、板、拱、墩台身、盖梁、塔柱、防撞护栏、挡块、伸缩装置锚固块、封锚、小型预制构件等	挡土墙、承台、锚碇块体、隧道锚塞体、沉井、基础、桥头搭板、边坡框格梁等
疏松	由离析、振捣不足而形成的局部不密实	存在疏松	主要受力部位[2]：存在疏松；其他部位：疏松总面积超过所在面面积的1%；任何一处面积大于0.02m²的疏松；深度超过10mm及1/2保护层厚度的疏松	疏松总面积超过所在面面积的2%；任何一处面积大于0.04m²的疏松；深度超过15mm及1/2保护层厚度的疏松
夹渣	混凝土中夹有杂物	存在夹渣	若杂物为钢筋、钢板等易腐蚀金属，视同为露筋；若杂物为土块、木块、混凝土碎块及其他杂物等视同为蜂窝	—
麻面	混凝土表面局部缺浆、粗糙或密集小凹坑	预制构件：麻面总面积超过所在面面积的2%；其他结构或构件：麻面总面积超过所在面面积的3%		非隐蔽结构或构件：麻面总面积超过所在结构或构件面积的4%；隐蔽结构或构件：麻面总面积超过所在结构或构件面积的6%
外形缺陷	棱线不直、翘曲不平、飞边凸肋、啃边、蹦角	影响结构使用功能或构件安装的外形缺陷，深度超过1/2保护层厚度的啃边、蹦角		
其他表面缺陷	掉皮、起砂、污染	预制构件：缺陷超过所在面面积的2%；其他构件：缺陷超过所在面面积的3%		非隐蔽结构或构件：缺陷总面积超过所在结构或构件面积的4%；隐蔽构件或结构：缺陷总面积超过所在结构或构件面积的6%

注：①非受力裂缝系指由荷载以外的作用而产生的裂缝，受力裂缝系指由荷载而产生的裂缝。
②主要受力部位包括梁、板、盖梁的跨中、支承区段，拱脚、拱顶区段，塔、柱底区段，连接区段等部位。

附录 Q　激光断面仪检测隧道断面方法

Q.0.1　激光断面仪检测隧道断面方法（简称激光断面仪法），适用于检测隧道开挖断面、初期支护断面和二次衬砌断面，评价隧道开挖质量和判断支护（衬砌）断面是否侵入限界。

Q.0.2　隧道激光断面仪主要由三大部分组成：检测主机、掌上电脑、数据处理软件。主要技术参数如下：

1　检测半径：1～45m。
2　检测点数：自动检测，一般为 35 个点/断面。
3　测距精度：优于 ±1 mm。
4　测角精度：优于 0.01°。
5　方位角范围：30°～330°（仪器测头垂直向下为 0°），连续测量 60°～300°。
6　手动测头转动方位角范围：0°～350°。
7　定位测量方式：具有垂直向下激光定心标志、测距功能。

Q.0.3　采用隧道激光断面仪对隧道断面检测前，先采用全站仪按一定间距（根据检测频率要求，一般开挖断面检测为 20m，初期支护断面检测为 10m，二次衬砌断面检测为 20m）放出隧道中线点，并用水准仪测量该点的地面高程 H_1，同时在隧道边墙上放出对应的横断面点。隧道激光断面仪检测隧道断面的步骤如下：

1　将隧道激光断面仪设置在所需检测断面的隧道中线点上，安装并调整好仪器，使仪器对中。

2　在仪器安装好并对中归零后，测量仪器高度 Z_1 并记录（仪器高为相对地面的高度）。

3　在掌上电脑的软件主界面中选择"测量断面"。

4　再选择"新测"，输入所检测断面的桩号，并设置好所检测断面的起始和终止测量角度及所需检测的点数等参数。

5　最后选择"测量"，隧道激光断面仪测头自动完成断面的检测，并将角度及斜距等参数保存在文件中，在现场可以看到所检测断面的轮廓线。

6　提示栏中显示检测完成的信息后即可退出，数据自动保存在掌上电脑中，然后进行下一个断面检测。检测断面数据可带回室内进行处理，以减少对施工的影响。

Q.0.4 现场检测完成后，将掌上电脑的检测数据传输到计算机上，采用专用数据处理软件处理检测数据。检测数据处理步骤如下：

1 首先在计算机上编辑隧道设计轮廓线（标准断面曲线），并将检测断面曲线导入到计算机中。其次编辑导入的检测断面曲线，检测时仪器架设在隧道中线点上，所以 X 坐标值为零，Z 值为相对于该检测断面桩号的路线设计高程的仪器高度，其值应按式（Q.0.4）计算：

$$Z = Z_1 - (H_2 - H_1) \qquad\qquad (Q.0.4)$$

式中：Z_1——现场所测量到的仪器高（m）；

　　　H_2——隧道该检测断面桩号的路线设计高程（m）；

　　　H_1——隧道现场检测时的地面高程（m）。

2 输入 Z 值，然后输入量测的一些相关信息（如检测时间、检测单位和检测人等），即完成当前检测断面的编辑。计算机可自动生成相关图表。

3 最后根据图表中的标准断面曲线和检测断面曲线，判断隧道开挖断面是否存在超欠挖，超欠挖的部位以及超欠挖最大值和面积；可以判断隧道断面是否侵入支护（衬砌）限界，在哪些部位存在侵界，同时给出检测断面侵界最大值、侵界面积等信息。

附录 R 地质雷达检测隧道支护（衬砌）质量方法

R.0.1 地质雷达检测隧道支护（衬砌）质量方法（简称地质雷达法），适用于探测隧道支护（衬砌）厚度、背后的回填密实度和内部钢架、钢筋等分布的情况。

R.0.2 地质雷达主机的技术指标应包括下列内容：

1 系统增益不低于 150dB。

2 信噪比不低于 60dB。

3 模/数转换不低于 16 位。

4 采样间隔一般不大于 0.2ns。

5 信号叠加次数可选择或自动叠加。

6 数据的触发和采集模式为距离/时间/手动。

7 具有点测与连续测量功能。

8 具有手动或自动位置标记功能。

9 具有现场数据处理功能。

R.0.3 地质雷达天线的选择应符合下列规定：

1 应选择有屏蔽功能的天线。

2 垂直分辨率应高于 2cm。

3 用于探测隧道支护（衬砌）背后的回填密度时，最大探测深度应大于 2m（宜选用 500MHz 的天线）。

R.0.4 现场检测应符合下列规定：

1 隧道施工阶段检测时，测线布置应以纵向布置为主，横向布置为辅。单洞两车道隧道应分别在隧道的拱顶、左右拱腰、左右边墙布置共 5 条测线，单洞三车道隧道应在隧道的拱腰部位增加两条测线，遇到支护（衬砌）有缺陷的地方应加密测线。

2 交工验收阶段检测时，测线布置应以纵向布置为主，横向布置为辅。单洞两车道隧道应分别在隧道的拱顶、左右拱腰布置共 3 条测线，单洞三车道隧道应在隧道的拱腰部位增加两条测线，遇到支护（衬砌）有缺陷的地方应加密测线。

3 每 5~10m 测线应有一个里程标记。

R. 0. 5 介质参数的标定应符合下列规定：

1 检测前应对支护（衬砌）混凝土的介电常数或电磁波速做现场标定，且每座隧道应不少于1处，每处实测不少于3次，取平均值为该隧道的介电常数或电磁波速。对于特长隧道，应增加标定点数。

2 标定方法包括：钻孔实测；在已知厚度部位或材料与隧道相同的其他预埋件上测量；在洞口或洞内避车洞处使用双天线直达波法测量。

3 求取参数时应具备的条件：标定目标体的厚度不宜小于15cm，且厚度已知；标定记录中界面反射信号应清晰、准确。

4 标定结果应按式（R. 0. 5-1）或式（R. 0. 5-2）计算：

$$\varepsilon_r = \left(\frac{0.3t}{2d}\right)^2 \qquad\qquad (R. 0. 5\text{-}1)$$

$$v = \frac{2d}{t} \times 10^9 \qquad\qquad (R. 0. 5\text{-}2)$$

式中：ε_r——相对介电常数；

v——电磁波速（m/s）；

t——双程旅行时间（ns）；

d——标定目标物体的厚度（m）。

R. 0. 6 仪器操作应符合下列规定：

1 检测人员应事先经过培训，了解仪器性能及工作原理，并且具备一定的图像识别经验后，才可以进行仪器操作。

2 检测前应正确连接雷达系统，确保其处于正常连接状态，并在检测前进行试运行，确保主机、天线及输入输出设备运行正常。

3 检测前应在支护（衬砌）表面准确标记隧道里程桩号。

4 检测（采集雷达图像）时，应确保天线与支护（衬砌）表面密贴（空气耦合天线除外）。

5 检测（采集雷达图像）时，天线移动速度应平稳、均匀，移动速度宜为3~5km/h。

6 检测记录应包括测线位置、编号、天线移动方向、标记间隔以及天线类型等。

7 当需要分段检测时，相邻检测段接头重合长度不应小于1m。

8 应随时记录可能对检测产生电磁影响的物体（如渗水、电缆、铁架及预埋管件等）及其位置。

9 检测过程中应严格遵守相关的安全操作规定。

R. 0. 7 数据处理应符合下列规定：

1 数据处理前应检查原始数据是否完整，信号是否清晰，里程记录是否正确。

2 应使用正式认证的软件或经过鉴定合格的软件进行数据处理与解释。

3 数据处理过程中应选择正确的滤波方式，从而根据数据图像对隧道支护（衬砌）质量作出正确的分析与解释。

R.0.8 数据解释应符合下列规定：

1 雷达数据解释时，应根据现场记录，分析可能存在干扰的预埋管件等刚性构件的位置，准确区分支护（衬砌）内部缺陷异常与预埋管件异常。

2 雷达数据解释完后，对有异常的部位应现场钻孔验证。

R.0.9 支护（衬砌）背部回填密实度的主要判释特征应符合下列规定：

1 密实：反射信号弱，图像均一且反射界面不明显。

2 不密实：反射信号强，图像变化杂乱。

3 空洞：反射信号强，图像呈弧形且反射界面明显。

R.0.10 支护（衬砌）内部钢架、钢筋、预埋管件的分布主要判释特征应符合下列规定：

1 钢架、预埋管件：反射信号强，图像呈分散的月牙状。

2 钢筋：反射信号强，图像呈连续的小双曲线形。

附录 S 防水板焊缝施工质量检测方法

S.0.1 防水板焊接机工作原理：电机通过减速箱、链条带动上、下压轮转动，滑动支架带动热楔插入两母材，同时由压壁对压轮加压，将上、下两热熔后的母材压和。焊接原理如图 S.0.1 所示。

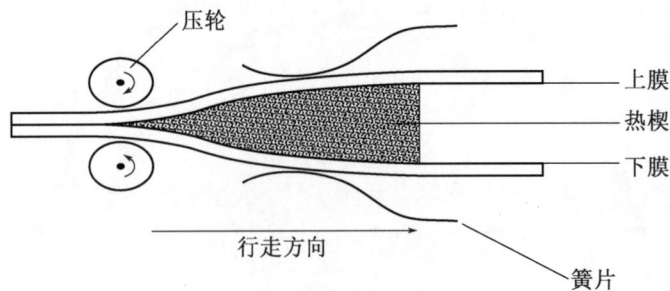

图 S.0.1 焊接原理示意图

S.0.2 防水板焊缝质量检查应符合下列规定：

1 防水板焊缝一般用肉眼检查，当两层焊接在一起的防水板呈透明状、无气泡，即熔为一体，表明焊接牢固严密。

2 防水板焊缝可抽样用充气法检查。检查方法如图 S.0.2 所示。气压泵与压力表相接，充气至所需压力，停止充气。当压力表读数达到 0.25MPa 时，保持 15min，若压力下降在 10% 以内，则焊缝质量合格。如压力下降，证明有未焊好之处，用肥皂水涂在焊接缝上，产生气泡的地方为焊接欠佳处。若压力表压读数不降或因材料继续变形压力有所下降，但下降幅度在 20% 以内，且保证 2min 不漏气，则说明焊接良好；反之进行检查和修补。

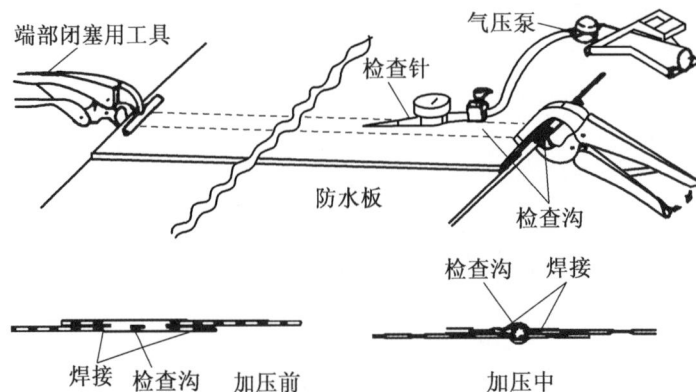

图 S.0.2 充气法检查焊缝质量示意图

　　3　焊缝拉伸强度不得小于防水板强度的 70%，焊缝抗剥离强度不小于 70 N/cm。焊缝若有漏焊、假焊应予以补焊；若有烤焦、焊穿处以及外露的固定点，应用同材质防水板焊接覆盖。

本标准用词用语说明

1　对执行条文严格程度的用词，采用下列写法：

表示很严格，非这样不可的用词：

正面词采用"必须"；

反面词采用"严禁"。

表示严格，在正常情况下均应这样做的用词：

正面词采用"应"；

反面词采用"不应"或"不得"。

表示允许稍有选择，在条件许可时首先这样做的用词：

正面词采用"宜"或"可"；

反面词采用"不宜"。

2　本标准条文中应按指定的其他有关标准、规范的规定执行，其写法为"应按⋯⋯执行"或"应符合⋯⋯要求（或规定）"。

如非必须按指定的其他有关标准、规范的规定执行，其写法为"可参照⋯⋯"。

附件

《公路工程质量检验评定标准
第一册 土建工程》

（JTG F80/1—2017）

条 文 说 明

1 总则

1.0.1 本条文明确了制定本标准的目的是"为规范公路工程施工质量的检验评定，保证工程质量"。《中华人民共和国公路法》第二十六条规定："公路建设必须符合公路工程技术标准。承担公路建设项目的设计单位、施工单位和工程监理单位，应当按照国家有关规定建立健全质量保证体系，落实岗位责任制，并依照有关法律、法规、规章以及公路工程技术标准的要求和合同约定进行设计、施工和监理，保证公路工程质量。"第三十三条规定："公路建设项目和公路修复项目竣工后，应当按照国家有关规定进行验收；未经验收或者验收不合格的，不得交付使用。"单位、分部、分项工程的质量检验评定作为分层次的验收，通过本标准，统一了公路工程的质量检验标准和评定标准。

1.0.2 本次修订对本标准的适用范围和适用对象进行了调整。

关于本标准的适用范围，根据修订期间组织的多次专家咨询会的意见以及交通运输部公路局对本标准适用范围的指导意见，本次修订明确了本标准"适用于各等级公路新建与改扩建工程施工质量的检验评定"。

公路养护工程的质量检验评定标准另行制订，故本标准不再要求养护工程执行本标准。

本次修订，也不再单独列出环保、机电工程的具体规定。同时，根据附录 A，作为附属设施的房屋建筑工程可列为单位工程，按其专业工程质量检验评定标准评定。

本次修订删减了适用对象的规定。交通主管部门、质量监督机构及参建单位的检验评定、验收职责参照有关法律法规中的规定。

1.0.3 本次修订对本标准在公路工程施工质量检验评定过程中其所具备的属性进行了明确，即本标准是公路工程施工质量的最低限值标准，在使用过程中，使用者需要把握本标准的实质，在公路工程施工质量评定中严格把握。

公路工程质量检验评定标准的定位在实际执行过程有时候会被淡化，给公路工程质量的评定带来负面的影响。本次修订过程中，修订组充分调研了交通行业主管部门、各省交通主管部门、质量监督部门以及各参建单位的意见，根据交通运输部 2013 年组织的专家咨询会意见，明确了"《检评标准》是公路工程施工质量的最低限值标准，公路工程施工质量检验评定应以本标准为准"，进一步明确了本标准在公路工程质量评定中的地位和应起到的作用，其刚性要求进一步加强。

本标准作为公路工程质量的限值标准，已注意到与相关设计施工规范的协调一致，但仍可能存在某些不一致的情况。出现这种情况时一般应以本标准为准执行。如果有关质量检测指标的规定值或允许偏差的规定，与新颁布的技术标准出现不一致时，可参照新颁标准使用。

1.0.4 本标准是强制性技术法规文件，必须认真贯彻执行。但标准是带普遍性的技术经验总结，对于特殊地区或因采用新材料、新工艺等，在本标准中缺乏适宜的技术规定时，可以参照相关标准，在保证工程质量的前提下提出可行的解决办法，并按照相关规定报主管部门批准。

本条对公路工程施工质量检验评定过程中可能遇到的特殊情况进行了规定。一是可以根据特殊情况的特点，制订相应的施工质量检验评定标准，做到不漏项，二是要在确保施工质量的前提下，制订相应的检验评定标准，需要报主管部门批准后执行，提出了执行本标准可能出现的技术争议和问题的解决办法。

2 术语

对本标准中出现的主要专用名词术语进行了规定，参照现行《建筑工程施工质量验收统一标准》（GB 50300），对检验、评定、关键项目、一般项目和外观质量等内容进行了解释；根据确定的新的质量评定方法，取消了对权重的解释。

其他有关公路工程专业名词术语，可参阅有关国家标准、行业标准，特别是施工技术规范的规定。

2.0.2 评定 evaluation

本次修订，将原标准第 3 章中对单位工程、分部工程、分项工程划分的要求，作为单位工程、分部工程、分项工程三个名词术语进行了规定。

2.0.3 关键项目 dominant item

现行《建筑工程施工质量验收统一标准》（GB 50300）中称为"主控项目"。

2.0.5 外观质量 quality of appearance

现行《建筑工程施工质量验收统一标准》（GB 50300）中称为"观感质量"。

3　基本规定

本次修订将本章原标准中"工程质量评定"修改为"基本规定"，仍分三节。原标准为一般规定、工程质量评分和工程质量等级评定，修订后为一般规定、工程质量检验和工程质量评定。

由于本次修订取消了评分制，新的评价层级需要梳理，可表示为：建设项目→合同段→单位工程→分部工程→分项工程→检验项目（基本要求、实测项目、外观质量和质量保证资料）→实测项目（实测项目表）→检查项目（表中所列）→检测指标（有些检查项目如路面平整度、摩擦系数等包括多个指标）。

3.1　一般规定

3.1.1　公路工程项目点多、面广、线长，需要统一检验评定的单元。同时，单位工程、分部工程、分项工程划分也是工程项目管理的一条主线。项目划分需要在施工准备阶段完成，划分时要列出所有的单位工程、分部工程、分项工程并按统一规则分类编号。

3.1.2　公路工程质量检验评定标准自 1985 年实施以来，一直采用对分项工程、分部工程、单位工程直到合同段逐级进行质量评定的方法。分项工程、分部工程、单位工程划分是工程管理的一条主线，也是本标准的核心内容，涉及工程质量、安全、进度、费用管理等各个方面，是工程建设、监理、施工单位等开展各项工作的基础条件。

3.1.3　根据有关法律法规的规定，施工单位对施工质量负责。因此，施工单位按照本标准进行工程质量检验评定。

建设单位、监理单位、施工单位及质量监督部门和检测单位在公路工程质量检验评定过程中的作用和需要完成的工作，由《公路工程竣（交）工验收办法》等规定，本次修订取消了对各相关单位在工程质量检验评定过程中职责的描述，本标准不再规定。

《公路工程施工监理规范》（JTG G10—2016）中规定"驻地办应及时对已完分部工程进行质量检验评定，总监办应及时组织进行单位工程和合同段工程质量评定。"

公路工程质量检验评定的流程如图 3-1 所示。

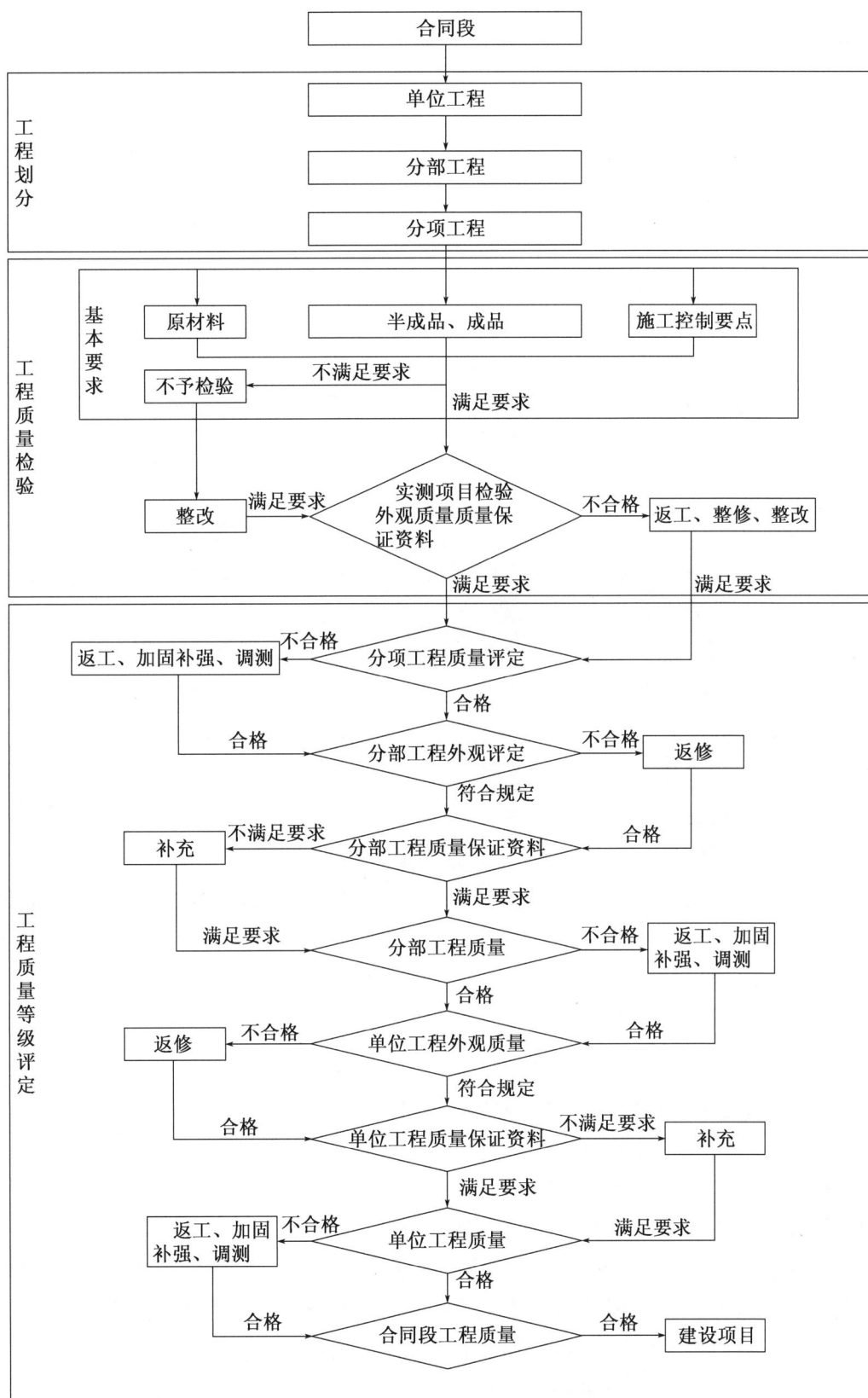

图 3-1 公路工程质量检验评定流程

3.2 工程质量检验

在取消评分制后本节调整较大，分别列出了检验项目的内容、检验评定的基本条件，以及对基本要求、实测项目、外观质量、质量保证资料和检验项目不合格处理等的规定。

3.2.1 根据评价层级的划分和多年来形成的评价体系，检验项目包括基本要求、实测项目、外观质量和质量保证资料四项内容。

3.2.2 本条明确了分项工程质量检验的基本条件，即符合基本要求的规定、无严重外观缺陷，质量保证资料真实并基本齐全。

3.2.3 本标准在每个分项工程中都有基本要求的内容，主要是从工程建设采用的原材料、半成品、成品以及关键的施工控制要点等方面进行规定，这是保证工程质量的基础条件。如果基本要求没有满足本标准的规定，其工程质量理论上就已经不合格了。

为了减少重复和篇幅，本标准在本节中对工程所用的各种原材料的品种、规格、质量及混合料配合比、半成品和成品的设计要求进行了统一的明确和强调，后面章节中材料和混合料如果没有特殊要求，均按照本节执行，不再进行累述。

3.2.4、3.2.5 本条文是公路工程施工质量检验的核心内容，本次修订取消了评分法，并规定根据各分项工程检测项目的合格率是否满足规定的要求进行合格判定。

（1）《公路工程质量检验评定标准》自1985年发布实施以来，公路工程质量检验评定一直采用评分法和合格率法两种方法来评定。多年来的应用实践表明，评分法由于其人为因素对评定结果的影响，一直被诟病，其中原因虽然与管理体制等方面的因素有关，但能否从技术方面加以改进成为本次修订过程中的焦点问题。

本次修订过程中，充分吸取了来自交通行业主管部门、各省交通主管部门、质量监督机构以及各参建单位的意见，尽管各方对现行的公路工程质量评定方法的认识存在较大分歧，但从解决现实问题和着眼于未来的角度出发，本次修订对公路工程质量检验评定标准的定位和应起到的作用进行了梳理，并参照国家标准和其他行业的做法，明确了采用合格率法作为公路工程质量检验评定的方法。

采用合格率法对公路工程质量评定就是通过对分项工程检查项目的检测，计算每个检查项目的合格率，并按照规定的标准对分项工程质量合格与否进行判定，然后按照分部工程、单位工程和合同段逐级对公路工程质量进行评定。采用合格率法对公路工程质量进行评定比原来的方法更加简单、直观、刚性，有效地减少了人为因素对评定结果的影响。

（2）根据交通运输部工程建设质量监督局对全国各等级公路2003至2014年连续

十年质量抽查统计结果，我国各等级公路抽检合格率一直处于不断提高的趋势，并在2011年后趋于稳定，各等级公路质量检验的平均合格率水平基本都大于95%。

该统计资料中，各等级公路抽查的项目基本上都是关键项目，其中路基工程的主要检查项目为：路基压实度、小桥涵混凝土强度、支挡工程砂浆及混凝土强度、支挡工程断面尺寸、排水工程铺砌厚度和断面尺寸、小桥涵主要结构尺寸；路面工程检查项目为：弯沉、车辙、强度、压实度、平整度、厚度、相邻板高差、抗滑、路面基础强度及厚度；桥梁工程检查项目为：钢筋保护层厚度、上部混凝土强度、墩台混凝土强度、桥面宽度厚度横坡、伸缩缝与桥面高差、墩台垂直度、上下部主要结构尺寸；隧道工程检查项目为：衬砌强度、衬砌厚度、净空；交通安全设施检查项目为：护栏横梁中心高度、立柱壁厚度、混凝土护栏强度、波形板厚度、标志板净空；公路工程建设所采用的原材料主要为：沥青、钢筋、水泥。

另一方面，根据《建筑工程施工质量验收统一标准》（GB 50300—2013）第5.0.1条规定，主控项目的质量经抽样检验均应合格，即其合格率判定标准为100%。

基于以上各等级公路近十年来抽检合格率统计结果，参照《建筑工程施工质量验收统一标准》（GB 50300—2013），并考虑公路工程建设的复杂性和变异性较大的特点，本次修订将各专业工程关键项目的合格率标准确定为95%，较原标准提高了5%，是可行的。

（3）在本标准中，一般项目的检查项目多为几何尺寸类的项目，这些项目与涉及结构安全、耐久性的关键项目相比较，其重要性虽可以适当降低，但一般项目合格率水平却与公路工程施工工艺以及管理水平有关。

对于一般项目的合格率标准，在征求意见稿阶段，本标准提出了如下要求："一般检查项目的合格率不得低于80%，且对于规定了有规定极值的检查项目，任一单个检测值不应突破规定极值，否则该检查项目为不合格。"

在征求意见阶段，有些单位提出，一般项目合格率标准可根据不同等级公路分别设定，比如高速公路、一级公路一般项目合格率不低于80%，二级及二级以下公路一般项目合格率不低于75%。考虑到不同等级公路分项工程检查项目的检验指标标准本身就不相同，如果再继续放宽评定标准，可能会导致质量标准的降低。因此，本次修订对一般项目合格率标准进行了统一要求。

2013年6月至2014年9月，送审稿阶段，在交通运输部公路局的领导和组织下，本标准修订组对全国十个省区（包括北京市、河北省、江苏省、浙江省、辽宁省、湖南省、云南省、四川省、甘肃省和新疆自治区）的约40个已交工合格的项目（包括高速公路、一级公路、二级公路、三四级公路）进行了一般项目合格率标准的分析和研究。从这些已交工合格的项目中，把每个项目的分项工程合格率进行了重新计算分析，结果表明：分项工程质量检验无论采用80%还是60%的合格率标准，采用评分法已经评为合格的分项工程，确实都出现了不合格的现象，其中：按照80%的合格率标准，高速公路和一级公路约有4%的分项工程不合格，二级及二级以下公路的分项工程约有7%的分项工程不合格，分项工程总评不合格为6%；如果按照60%的合格率标准，高速公路和一级公路约有1%的分项工程不合格，二级及二级以下公路约有2%的合同段为不合格，分项工程总评部合格为1%。

以上研究分析证明，即使采用60%的分项工程质量检验标准合格率标准，仍然有不合格的现象，而采用80%的合格率为分项工程质量检验标准，其不合格的分项工程对高速公路和一级公路不到5%，二级及二级以下公路为7%，更加充分证明了提高质量检验标准的必要性。

从直接的评定结果看，采用合格率法比采用评分法要严格一些，执行起来也方便一些，可以有效杜绝人为操作的问题，对体现检评标准的定位和作用是非常有利的。另外，从技术层面考虑，采用评分法之所以能评为合格工程，实际上是对分项工程的质量在评定时进行了一定的宏观性取舍与修正，更加关注关键项目的合格与否，规避了实测项目检测合格率的变异与离散问题；合格率法则是对分项工程的单个实测项目的定量要求，非常直观且严格，但未能充分考虑分项工程各实测项目之间的关系，无法回避实测项目合格率的变异与离散问题，最终会出现单个一般项目的合格率不合格会导致整个合同段评定不合格的现象。因此，改为合格率法有可能产生一定数量的不合格工程，这比以前采用评分法要求更高，刚性更强，需要高度重视。

另外，根据国标《建筑工程施工质量验收统一标准》系列专业工程验收标准，各专业规范对一般项目中有允许偏差的项目合格判定标准不一致，其中地基基础、砌体、混凝土结构、钢结构、地面、装饰装修以及通风空调工程七个规范提出了抽检点合格率不小于80%的要求，其他专业规范如木结构、屋面、地下防水、给水排水、电气安装和电梯安装等七个规范没有提出80%的规定，但要求100%达到规定要求。

结合公路工程建设的实际，随着"五化"（发展理念的人本化、项目管理的专业化、工程施工的标准化、管理手段的信息化、日常管理的精细化）现代工程管理体系的推进，对公路工程施工质量的要求越来越严格，修订组遵循严格控制一般项目评定标准的原则，确定了一般项目的合格率标准不得低于80%。

（4）实测项目是检查项目和相关要求的综合。第4～12章中明确了实测项目的具体要求，包括项目类别、检查项目名称、规定值或允许偏差、检查方法和频率等。本次修订，调整了检查项目合格率计算与统计计算方法、关键项目、一般项目、极值和双车道检测频率等方面的规定。

本标准中采用统计方法进行评定的路基路面压实度、验收弯沉值、路面结构层厚度、水泥混凝土抗压和抗弯拉强度、半刚性材料强度等同时都是关键项目。

考虑到机电工程系统运行的实际需求，延续了机电工程分项工程质量检验合格率不得低于100%的规定，否则判为不合格。

本次修订新增了对一般项目最低合格率和允许偏差的要求，一方面细化了对分项工程质量的要求，另一方面也与国标等要求相统一。

实测项目的规定极值是指任一单个检测值都不能突破的极限值，不符合要求时该实测项目为不合格。明确对分项工程中关键实测项目合格率和规定极值的最低要求，主要目的是为了保证工程结构安全和使用功能，关键项目合格率不符合规定的90%或单点检测值超过规定极值时,必须进行返工。

对路基、路面等单位工程,本标准有关章节规定的检查频率是针对双车道公路提出来的,且为最小检测数量。因此,对多车道公路必须按车道数相应增加检测的数量。

3.2.6 第4～12章中规定的外观质量多为不允许出现的外观缺陷。在进行工程质量检验时,应全面检查工程外观质量状况而非仅仅抽查。对于检查合格但影响工程质量明显的较严重外观缺陷,也应采取措施进行整修处理。由于取消了评分法,对于分项工程外观质量的评定无法再采用扣分的方式进行评定,因此本次修订对分项工程的外观质量评定标准进行了明确,同时参照国标,增加了结构混凝土限制外观缺限判定标准。

3.2.7 原标准中明确了对施工、监理单位质量保证资料的要求。本次修订进行了简写。同时,参照《建筑工程施工质量验收统一标准》(GB 50300—2013)的规定,补充增加了当个别、非主要质量保证资料缺失时,提出了由有资质的检测机构按有关标准进行相应的实体检验或抽样试验的解决措施。

3.2.8 增补本条,明确了检验项目评为不合格时应进行处理的规定。

3.3 工程质量评定

对分项工程、分部工程、单位工程、合同段和建设项目的工程质量等级评定分条进行了阐述。在取消评分制后,相应的等级评定要求有了明显变化。

3.3.1 工程质量评定等级划分为合格和不合格两档,与《公路工程竣(交)工验收办法》等保持一致。

3.3.3～3.3.5 原标准中实际上不进行分部工程、单位工程的检查,而仅仅是汇总、计算评定。本次修订明确,分部工程、单位工程质量评定合格除要求分项工程的评定资料应完整外,还需检查外观质量并应满足要求,外观质量可参照所含分项工程执行。

3.3.6 对评为不合格工程的后续处理办法和重新评定条件进行了明确。

3.3.7 对合同段、建设项目的工程质量评定、验收,仍需按有关法律法规和公路工程验收办法等的规定执行。

4 路基土石方工程

4.1 一般规定

4.1.1 土方路基和填石路基的实测项目技术指标的规定值或允许偏差，本标准及其他有关规范多数按高速公路、一级公路和其他公路（指二级及二级以下公路）分两档设定，鉴于《公路工程技术标准》将路基压实度按高速公路和一级公路、二级公路、三四级公路分为三档，所以本标准也将路基压实度按三档设定，其他指标仍按两档设定。

4.1.2 路基压实度指标需分层检测，强调确保分层压实质量；压实度指标可只按上路床的检查数据进行评定，以下层位的压实质量则由监理工程师按分区压实度要求检查控制。路堤压实的施工检查、监理认定，常碰到小样本数问题，当样本数小于10时，按数理统计的一定保证率时的系数可能偏大，分层压实质量控制应要求全部符合要求，且实际样本数不小于6个。

4.1.4 对服务区道路、停车场和收费广场的土方工程提出了要求。

4.2 土方路基

4.2.1

（1）明确地表清理范围、内容和基底压实要求，新增表土利用的要求。

（2）为切实控制好路基分层施工，对填方路基应按路面平行线分层控制填土高程，不得出现亏坡。

（3）强调施工过程的表面排水和临时排水系统以及对边坡和路床的保护。

（4）取土、弃土均应满足相应安全、环保和景观要求。

4.2.2

（1）压实度规定值与现行《公路工程技术标准》（JTG B01）保持一致。

（2）各地普遍反映压实度检查频率较高，不易操作。经过调研，本次修订降低了路基压实度检查频率。

（3）降低了中线偏位、平整度、纵断高程与横坡的检测频率。

（4）注①规定压实度代表值（下置信界限）不得小于规定值，可保证压实度的总体质量。为避免局部压实度不足导致路面损坏，规定单点极值不得小于规定值减5个百分点；小于规定值减2个百分点的测点，应按其占总检查点数的百分率计算合格率。施工中应控制总体压实水平，代表值达到规定值要求。

（5）注③规定对于特殊干旱、潮湿地区或过湿土以及铺筑中、低级路面的三、四级公路路基，可按路基设计、施工规范规定并采用适合这些土的压实度标准。

4.3 填石路基

4.3.1

（1）石方爆破工艺必须保证边坡安全、稳定的基本要求，应限制采用大爆破施工工艺。

（2）提出修筑填石路堤的基本工艺。为确保其施工质量，必须强调施工工艺，即逐层水平填筑、边坡码砌应稳定整齐、限制层厚、限制石块尺寸、填石空隙用石渣石屑嵌压稳定、从严限制路基填料和石料尺寸等。

（3）为定量检验填石路堤的压实质量，根据施工规范要求提出压实检测应通过试验路确定沉降差标准，在施工过程中严格控制。结合工程实践，亦可采用20t以上压路机振压两遍沉降差不大于2mm控制，并注意加强观测，及时总结修正。

4.3.2
增加了用孔隙率检验填石路基压实质量的标准，增加了填石路基弯沉的检验标准。表中纵断高程和平整度的要求较土方路基有所降低。边坡平顺度在石方路基施工中易被忽视，作为实测指标与边坡坡度一并进行检查，以提高施工质量和管理水平。

4.4 软土地基处置

4.4.1
软土地基处置技术发展很快，择其常用方法合并列出，按不同处置措施分款列出基本要求。本次修订根据施工技术规范的内容将原"砂桩"、"碎石桩"合并为"粒料桩"，原"粉喷桩"改为"加固土桩"，新增水泥粉煤灰碎石桩、刚性桩的相关内容。

路堤沉降速率是软土地基路基施工的一项行之有效的重要监控指标，应充分利用。

表4.4.2-1至表4.4.2-6中：

（1）分别列出不同技术措施的实测项目表。

（2）换填地基和反压护道未提出实测项目，其质量检控与填筑路堤基本相同，可一并列入土方路基分项工程。

（3）随着检测手段的不断成熟，为验证软土地基处治效果，根据施工技术规范增加了地基承载力的检测要求。

（4）本次修订将加固土桩强度的检查频率调整为0.5%且不少于3组。

4.5 土工合成材料处置层

4.5.1 对土工合成材料的质量、铺设、固定、张拉、接缝搭接等提出了基本要求。

4.5.2 按加筋工程、隔离工程、过滤排水工程和防裂工程等分别提出实测项目表。

5 排水工程

5.1 一般规定

5.1.2 排水沟按其用途分为边沟、截水沟、排水沟等，按材料和结构则主要为土沟、浆砌和混凝土等。本条阐明本标准第 5.5 节和第 5.6 节按材料和结构列出相应工程的质量要求。

5.1.3～5.1.7 有关排水工程的质量要求，为避免重复本章未单独列出，指明可按照本标准相关章节所列标准进行评定。

5.2 管节预制

外观质量要求执行本标准附录 P 相关构件限制性缺陷标准。

5.3 混凝土排水管安装

原"管道基础及管节安装"改为混凝土排水管安装。

5.3.1 基本要求中对管道基础、管道接口、管道安装和抹带等提出了重点要求。

对设计要求防渗漏的管道，为检验管道安装后管节之间的连接是否紧密，管节有无破损，必须在沟槽回填前进行渗透试验，必须确认排水管道昼夜渗漏量在规定值以下。

5.3.2 本次修订将管内底高程改为流水面高程。

5.4 检查（雨水）井砌筑

本次修订增加壁厚实测项目，将轴线偏位调整为中心点位。

5.5 土沟

边沟、截水沟、排水沟的质量要求相同。

5.6 浆砌水沟

边沟、截水沟、排水沟的质量要求相同。浆砌片石、现浇或预制混凝土水沟等的质量要求也相同。

5.8 排水泵站沉井

仅对沉井混凝土施工质量提出检验要求，水泵、管件的产品和施工质量应符合相关规范的规定。

5.9 沉淀池

为满足环保要求，公路工程排水系统设置沉淀池的情况逐渐增多，本次修订新增相关内容，蒸发池等类似工程可按此标准检验。

6　防护支挡工程

6.1　一般规定

6.1.1　本条规定大型挡土墙应按分部工程进行评定，根据其组成可划分为基础、墙身等分项工程进行检验评定。

6.1.2　组合式挡土墙均由几种构件组成，适用于高挡墙，一般规模较大，在此规定每处按分部工程进行评定。

6.1.7　本条明确钢筋混凝土挡土墙或构件，均应包括钢筋加工及安装分项工程。

6.2　砌体、片石混凝土挡土墙

6.2.1　勾缝砂浆在施工中往往不被重视，常常完工后不久就出现开裂、脱落等现象。这与勾缝砂浆本身质量有密切关系，故增加勾缝砂浆强度不得小于砌筑砂浆强度的要求。对沉降缝、伸缩缝，增加填充密实性要求，以避免渗水等引发的病害。在本标准中，凡有勾缝砂浆和沉降缝、伸缩缝的分项工程，均按此修订。

6.2.2　挡土墙底面高程可由顶面高程和墙身断面尺寸控制，同时为减少检测工作量，删除原标准的底面高程检查。此外，为满足工程需要，增加片石混凝土挡土墙的实测项目。

6.4　锚杆、锚定板和加筋土挡土墙

6.4.2　因快速和便利，采用目测的检查项目应全部检查，总体实测项目中的墙面倾斜度、面板缝宽调整到面板安装中检查，便于质量过程控制。

6.5　墙背填土

6.5.1

1　本分项工程适用于下挡墙。对锚杆、锚定板和加筋土挡土墙，填料的化学及电

化学性能是影响锚杆、拉杆、筋带腐蚀和耐久性的重要因素，应按设计要求进行检测。

4 反滤层为挡土墙排水构造的组成部分，主要作用是使水流畅通而土壤中细颗粒又不流失，其铺设材料、范围应满足设计要求。

6.5.2 为保证填土密实，同时避免碾压施工对挡土墙的损害，对锚杆、锚定板和加筋土挡土墙规定了距墙背1m范围内的填土压实度为90%。

6.6 边坡锚固防护

6.6.2 本节修改为边坡锚固防护，锚杆、锚索与坡面结构应分成两步检查，坡面结构包括网格梁、地梁、边梁、锚喷层等。原标准对锚孔的深度、位置等项目检查频率偏低，修订后提高至20%。

锚杆（索）位置、插入长度，钻孔深度及角度，注浆等应在施工中进行检查。

6.6.3 为避免锈蚀降低耐久性，要求钢筋、土工格栅或土钉不得外露，无漏喷、空鼓等表面缺陷。

6.7 土钉支护

本次修订增加的分项工程，适用于土体边坡防护，参照部颁《公路土钉支护技术指南》的规定制定。

6.7.1 对材料、边坡开挖、钢筋网与土钉连接、注浆的质量提出要求。为使土侧压力可靠传递至土钉，网格梁钢筋、钢筋网与土钉连接应牢固；注浆的密实性和饱满程度直接影响土钉的抗拔力，施工时可根据锚孔的倾斜角度选择合理的注浆方式、方法和压力，保证注入锚孔的浆体充盈系数大于1，使孔内注浆密实饱满。

6.7.2 土钉抗拔力为实现土钉支护目的的主要技术指标，同时由于工程的隐蔽性，进行抗拔力试验是必要的。抗拔力试验分为设计确定极限荷载提供依据的破坏试验和为验收进行的非破坏试验。除设计另有要求外，此处按非破坏试验进行检查。

土钉插入长度、钻孔深度及角度等应在施工过程中进行检查。

6.8 砌体坡面防护

本节修订为砌体坡面防护，除原有的锥、护坡外，增加砌体框格防护、护面墙等相关内容，以方便工程应用。砌体框格防护、护面墙的构造形式与锥、护坡不同，但施工工艺、过程相同，故在实测项目中规定砂浆强度、断面尺寸和框格间距等质量要求，其他方面的质量要求与锥、护坡一致。

边坡植草框格防护可参照本节进行检验。

6.11 导流工程

6.11.1 导流堤（坝）的接缝，与边坡、岸坡接合面属施工不易处理好而又重要的部位，故增加相应的检查。

6.11.2 压实度为保证坝体强度和稳定性的技术指标，故规定为实测项目。

7 路面工程

7.1 一般规定

7.1.1 明确和强调实测项目中板厚和路面结构层厚度的检验标准均为允许偏差。

7.1.2 根据《沥青路面施工技术规范》（JTG F40）取消了联结层相关检验要求，根据《水泥混凝土路面施工技术细则》（JTG/T F30），水泥混凝土路面中仍保留垫层的相关内容。垫层未列单独章节，可参照相同材料的其他公路的底基层要求进行检验评定，提出了透层、黏层、封层的基本要求相关规定。

7.1.4 原标准中稳定材料类基层、底基层分为 7 节，本次修订原标准中稳定土类和稳定粒料类基层、底基层相关内容合并为 2 节。

7.1.5 对粒料基层和无机结合料稳定材料基层提出不同的透层油要求。

7.2 水泥混凝土面层

7.2.1

（1）基层的质量直接影响到水泥混凝土面层的质量和使用寿命。此款目的是防止在客观因素影响下，以忽视基层质量的错误思想指导施工，故把它作为水泥混凝土路面过程控制的重要环节。

（2）接缝填缝料、接缝位置规格以及传力杆设置对于水泥混凝土路面耐久性非常重要，施工中较易出现随意现象，故在基本要求中予以强调。

（3）因干缩、温缩引起的水泥混凝土路面裂缝应及时处理。

7.2.2

（1）抗弯拉强度、板厚、平整度是水泥混凝土路面的重要质量指标，列入前三位。抗弯拉强度与板厚的负误差会严重影响使用寿命。把板厚的负偏差控制在平均值 −5mm 和单点合格值 −10mm 内，是考虑到板厚的重要性，防止板厚不足造成严重损坏。

（2）与现行《公路水泥混凝土路面施工技术细则》（JTG/T F30）协调，路面平整度规定值与施工技术细则保持一致。

（3）构造深度并不是越大越好，因此"对高速公路、一级公路：一般路段不小于 0.7 且不大于 1.1，特殊路段不小于 0.8 且不大于 1.2；其他公路：一般路段不小于 0.5 且不大于 1.0，特殊路段不小于 0.6 且不大于 1.1。"

（4）增加摩擦系数（SFC）实测项目。

（5）关于纵断高程和板厚允许误差协调性问题，标准修订过程中考虑了各结构层高程、平整度和厚度偏差的相互关系，定出了合理的允许误差。

（6）将原外观鉴定中的断板率要求纳入实测项目。断板率已经为合格率的概念，不再重复计算合格率。

7.2.3 在按照附录 P 相关规定进行检查的同时，对于面板坑穴、鼓包和接缝啃边、掉角以及填缝料缺失、开裂等予以强调，若不符合要求应及时处理。

7.3 沥青混凝土面层和沥青碎（砾）石面层

7.3.1

（1）基层质量对于沥青路面质量至关重要，在面层施工前应确保基层符合要求。

（2）重点强调沥青面层材料生产、现场施工等过程控制要求。

7.3.2

（1）压实度：按现行《公路沥青路面施工技术规范》（JTG F40）规定，沥青混凝土面层和沥青碎（砾）石面层的压实度可以从试验室标准密度、最大理论密度和试验段密度三个指标任选两个标准进行施工质量控制，并以合格率低的标准作为质量检验评定结果。增加了核子（无核）密度仪的检测方法，但需经对比试验检验确认可靠性；核子（无核）密度仪每 200m 检测 1 处，每处测 5 点，取 5 点平均值。

（2）平整度：列出了 IRI、σ 和 3m 直尺（高速公路和一级公路不用）三个指标的规定值。

（3）弯沉值：由于高速公路和一级公路的路基较高、路面总厚度较厚，非不利季节的弯沉测定结果的季节影响不会有一般三级公路的路基填土不高和路面总厚不大时那样显著，确定季节影响系数时应予慎重考虑。由于沥青层较厚，温度影响比较明显。

（4）摩擦系数与构造深度作为路面抗滑性能的宏观和微观指标，均对路面行车安全起到重要作用。原标准中抗滑实测项目同时列出了摩擦系数和构造深度两个指标，实际操作中不同地区执行方法不一致，本次修订将这两项指标分别单独列出，均应进行检验。

（5）按现行《公路沥青路面施工技术规范》（JTG F40）的规定，渗水系数在路面成型后立即测定，本次修订对渗水系数规定值进行了调整。

（6）厚度：高速公路和一级公路的沥青面层多为 2~3 层铺筑，下面层厚度的变异性较大，验收时不作特殊要求，但应从严予以控制。基层的平整度和纵断高程控制得越好，沥青层的厚度就越容易得到合理控制。表中规定了沥青面层总厚度和上面层厚度要求，其他公路的厚度允许偏差以总厚度计。

（7）马歇尔稳定度、矿料级配、沥青含量是重要控制指标，本次修订将上述指标从基本要求中纳入实测项目，以进一步强调材料生产和过程控制的重要性。

（8）调低了厚度、中线平面偏位、纵断高程、横坡等的检测频率。

7.3.3　沥青路面表面均匀性是施工难点之一，关系到路面的使用质量、使用寿命和整体美观。沥青面层接茬或面层与路缘石及其他构筑物应接顺，以免造成路面不平、裂缝和积水现象。

7.4　沥青贯入式面层（或上拌下贯式面层）

7.4.1

（1）突出各种材料规格和用量的重要性。严格控制材料规格和用量是施工质量管理和质量检验的重要内容和保证路面质量的基本要求。

（2）对碎石层、嵌缝料施工提出了具体要求。

（3）上层拌和料材料要求与过程控制同沥青混凝土。

7.4.2

（1）平整度指标列出了 IRI、σ 和 3m 直尺（高速公路和一级公路不用）三个指标的规定值。

（2）弯沉值是路面综合质量的重要指标，由于贯入式路面的内在质量难以定量控制，弯沉指标则更显其重要意义。

（3）厚度：考虑到设计厚度的差异，其允许偏差以设计厚度 60mm 为界，分别按厚度的百分率和厚度不足的毫米数控制。

（4）增加了上拌沥青混合料矿料级配、沥青含量的检验指标。

（5）检查项目中未列压实度指标，主要原因是标准值和工地检验密度不易准确确定。

7.4.3

（1）控制外观缺陷，力求外观均匀致密。

（2）强调保证压实质量，减少和避免路边病害。

7.5　沥青表面处置面层

本节说明可参见本标准第 7.4 节沥青贯入式面层的有关条文说明。

7.6 ~7.8 各类基层、底基层

本次修订对基层、底基层按材料类型进行了合并，包含的类型主要为：

稳定土类：水泥土基层、底基层，石灰土基层、底基层，石灰粉煤灰土基层、底基层；

稳定粒料类：水泥稳定粒料（碎石、沙砾或矿渣）基层、底基层，石灰稳定粒料（碎石、沙砾或矿渣）基层、底基层，石灰粉煤灰稳定粒料（碎石、沙砾或矿渣）基层、底基层，水泥粉煤灰稳定粒料（碎石、沙砾或矿渣）基层、底基层；

粒料类：级配碎（砾）石基层、底基层，填隙碎石（矿渣）基层、底基层等。

同种材料的基层、底基层的内容除实测项目的质量要求有所差别外，其他基本相同，为应用方便和避免重复，均按上述材料和结构合并予以阐述。

（1）基本要求：各类材料的基层、底基层从原材料质量、配合比控制、铺筑、压实和养护等关键环节提出了基本要求。

（2）实测项目：

① 粒料类结构弯沉检测虽是一项检测面广的指标，但从严控制压实度和厚度后，强度均可符合要求。无机结合类稳定材料因有强度指标控制，且难以合理确定测定龄期，故未作检查规定。

② 纵断高程、厚度、平整度三项指标，各结构层次自下而上存在着密切联系，只有从路基开始，逐层从严控制，才能确保面层达到相应的质量要求。为确保结构层厚度，纵断高程只允许较小正值，规定了负值高限；厚度则控制负值高限。本次修订对上述 3 项指标的检测频率进行了调整。

③ 水泥土、石灰土和石灰粉煤灰土等细粒土类结构，本身抗干缩裂缝和抗温度收缩能力差，不适于用作高速公路和一级公路基层，实测项目表内相关内容均未列入。

④ 压实度是最重要指标，如同路基土石方工程，本次修订降低了路面基层压实度的检查频率。压实度平均值的代表值大于或等于规定值，且全部测定值大于或等于代表值的规定值减 2 个百分点时，合格率为 100%；大于极值，小于代表值规定值减 2 个百分点的测点，按其占总检查点数百分率计算合格率；代表值或极值低于相应规定值时，则该路段的压实度为不合格。

⑤ 厚度代表值必须满足要求，单点极值超过规定值时，按其占总检查点数的百分率计算合格率。

⑥ 水泥土和水泥稳定粒料基层、底基层的抗压强度。针对某一具体路线或路段，设计单位应提出一个特定的强度要求值，施工、监理单位应按该特定值进行配合比设计、质量监控和验收评定。

关于水泥稳定类材料强度评定，存在为保证水泥稳定材料的强度而不控制其上限，导致路面开裂严重，有的地方甚至出现了拱胀现象，需要引起重视。因此，在进行水泥稳定材料强度检验评定时，除要满足本标准的要求外，各地还应该根据当地经验和实际使用情况，合理确定水泥稳定材料强度评定的上限控制标准，防止水泥稳定基层发生开裂。

7.9　填隙碎石（矿渣）基层和底基层

7.9.1　基本要求中规定填隙碎石的主要工艺内容和材料要求。

7.9.2　实测项目表7.9.2中固体体积率是控制结构层压实度的指标，通过分析材料组成及其相应的相对密度计算确定。

8 桥梁工程

8.1 一般规定

8.1.1 本条明确桥梁构件是按全数检验还是抽查检验。一般情况下，桥梁各个构件的施工条件，如施工人员、施工机具、环境条件等是不同的，应全数进行检验。但也有些构件，如小型预制件等成批施工，各个构件的施工条件变化不大，施工质量差异小，可采用抽查的方式进行检验。

由于桥梁结构构造复杂，规模大小差异大，可根据实际情况增设检验批或子分部工程划分，以便于检验评定。

8.1.11 本条规定钢结构焊缝探伤的数量及长度。原标准对设计未明确提出要求的缺乏规定，本次修订予以补充。

8.2 桥梁总体

8.2.1

1 全部完成施工包括完成主体结构及防护、养护检查平台、爬梯、照明等附属设施的施工，还应包括伸缩缝施工、施工临时预埋件等清理，应保证已完工桥梁能达到正常使用状态。

3 荷载试验是检验桥梁受力性能和承载能力是否达到设计及规范要求的有效手段，试验结果可以反映桥梁的综合施工质量，故要求对特大跨径的桥梁或结构复杂的桥梁、承载能力需要验证的桥梁应进行荷载试验。

8.2.2 桥面高程反映了桥梁的成桥状态，为桥梁验收和运营养护的重要基础数据，应予检查，故增加此项，检查时应注意温度及时间因素的影响。

因对质量控制意义不大，且有桥面中线偏位及高程检查项目，本次修订删除了原标准中引道中心线与桥梁中心线的衔接、桥头高程衔接检查项目。

8.3 钢筋和预应力筋加工、安装及张拉

8.3.1

1 钢筋接头的质量应分批按现行《公路桥涵施工技术规范》（JTG/T F50）验收，同一批应是钢筋牌号相同、连接方式和连接工艺相同。无论采用哪种钢筋连接方式，均应使其轴线顺畅过渡，以保证传力效果。

连接区段系指钢筋接头附近一定长度范围。机械接头及焊接接头的连接区段长度为 $35d$（d 为连接钢筋中的较大直径）且不小于 500mm，绑扎搭接接头的连接区段长度为 $1.3S$（S 为焊接长度）。

根据在用桥梁的保护层厚度调查，合格率不高、偏薄或厚者均有之。除支架、模板影响外，其他主要原因为钢筋的保护层垫块数量不足或布设不均匀、钢筋骨架刚度、钢筋网的支撑不足。因此，增加相应检查，以提高保护层厚度合率，保证结构的耐久性。

钢筋保护层垫块的布置一般为每平方米不少于 4 块，间距不大于 600mm。

2 梁、拱肋、拱上建筑与板的最小保护层厚度要求相同，钢筋安装施工差别不大，其保护层厚度允许偏差应相同。同时，为使用方便，钻（挖）孔灌注桩的钢筋笼和地下连续墙钢筋笼的实测项目合并后单列，补充了钢筋笼下放后的检查项目，以保证其定位准确。由于设置连接件，组合梁的预制板钢筋间距应严格限制，允许偏差规定为 ±5mm。

8.3.2

1 预应力筋张拉时混凝土的龄期对结构构件的后期变形影响大，混凝土的早期强度可以通过添加外加剂来提高，但其强度与弹性模量非同步增长，故在基本要求中强调张拉时的强度、龄期应同时满足设计要求。

因预应力管道压浆单列为一个分项工程，故删除原标准相关要求。

2 张拉伸长率反映的是预应力筋的弹性模量和沿程应力分布状况，应符合设计要求，设计未要求时按施工技术规范规定为 ±6%。

为了确保预应力筋的安装精度，增加先张法预应力筋在横断面上的坐标、无黏结段长度和后张法梁宽方向的坐标检查项目。

预应力管道坐标检查频率调整为按其长度和曲线段确定，避免长预应力束和弯束的坐标检查数量偏少的状况。

8.3.3

本分项工程为新增分项工程。预应力管道压浆状况对结构受力性能、耐久性有直接影响，施工质量不易保证，故单独作为一个分项工程进行检验评定。

本分项工程的检验项目参照美国联邦公路管理局 2012 年颁布的 *Post-Tensioning Tendon Installation and Grouting Manual*、英国混凝土协会 *Durable Bonded PT Concrete Bridges* 以及《铁路后张法预应力混凝土梁管道压浆技术条件》（TB/T 3192—2008）的相关内

容进行编制，对浆体原材料、浆体性能、压浆工序提出了检查控制要求。压浆浆体的技术性能（如泌水率、膨胀率、稠度等）指标是否合理，对保证压浆的密实性、防止出现空洞有重要作用，应满足相关要求。

浆体在低温状态下可能发生冻结，因其体积膨胀对结构产生不利影响，所以，在压浆过程中和对压浆完成后48h内要求采取防冻或保温措施。

为防止出现压浆不饱满，可在管道适当位置（如最高处、直管中部等）设置补浆管或检查孔，在浆体终凝后进行二次真空补浆。

8.4　砌体

8.4.1　本次修订将所有桥梁中砌体类的分项工程合并为一节。

砌缝宽度随所用材料不同而不同，应符合现行《公路桥涵施工技术规范》（JTG/T F50）的有关规定，缝宽均匀，不应出现宽缝、砂浆不饱满的砌缝。

根据拱桥的受力特征，要求拱圈的辐射缝与拱轴线垂直；同时，为保证结构和施工安全，要求拱架牢固、稳定，砌筑顺序、卸架作业必须符合设计规定。

2　轴线偏位的检查方法和频率规定为"全站仪：纵、横各测量2点"，这2点是指砌体纵、横轴线与边沿的交点，本标准有关桥涵工程的轴线偏位检查均如此，不另说明。

对顶面高程、基底高程等在一个面内进行测量的检查项目，其测点布置应均匀分布，如检查频率为5时，测点宜布置在4个角隅及中心点附近。本标准有关结构或构造物的类似检查项目均如此，不另说明。

8.5　基础

8.5.1

1　基底处理为利于基础混凝土浇筑、避免对其性能影响的一道必要的工序，或为设计规定的改善结构性能的措施，应按设计要求进行施工，故在基本要求中增加相关规定。

3　外观质量中的临时预埋件系指为施工而临时设置、施工完成后不再需要的预埋件，如固定模板用的预埋件。施工过程中不再需要的临时预埋件应及时清除，避免对结构、构件的耐久性和景观造成不利影响。本标准均相同，不另说明。

8.5.2

2　由于钻孔灌注桩为水下施工，桩身混凝土可能存在质量缺陷，故规定对钻孔灌注桩要求进行完整性检测。基于桩基的重要性和低应变反射波法或超声波法的简便、快捷和经济性，检测频率调整为每桩检测，不再按重要桥梁或重要部位的桩、地质条件复杂的桩和其他桥梁分类规定频率，设计另有规定的除外。

目前，公路桥梁大部分和铁路桥梁桩基均每桩检测完整性，原标准中"其他桥梁抽检30%且不少于3根"的规定对桩柱一体墩等存在较大风险。

设计未规定时，本标准规定完整性检测可用方法有两种，应根据桩基的实际情况选用，具体检测方法参见现行《公路工程基桩动测技术规程》（JTG/T F81-01）的规定。当对检测结果存在怀疑时，应采用其他检测方法复检，进行综合分析判定桩基完整性。

孔径系指成孔直径，孔径不得小于设计桩径。孔底的沉淀厚度首先应符合设计规定，当设计未规定时，按施工规范的要求执行。

本次修订增加了超声波成孔检测仪进行检测，以提高检测精度和可靠性，高速公路或一级公路中的桥梁、特大桥和大桥宜优先选用。使用时应严格按照仪器说明和相关规程要求操作。

对沉淀厚度、钻孔倾斜度等规定了两种检查方法，若出现检查结果不同时，应以较精确的方法检查结果为准。

8.5.3 完整性检测说明同本标准第8.5.2条的说明。

8.5.4

2 本次修订增加了钢管桩制作实测项目，用于加强钢管桩的过程检验，表8.5.4-2参考《〈公路桥涵施工技术规范〉实施手册》的内容制定。至于打入的质量要求，则按照沉桩标准执行。

表8.5.4-3中项次2将桩尖高程和贯入度列为关键项目，是因为这两项指标在沉桩施工中非常重要。

按施工规范的要求，除一般的中、小桥沉桩工程有可靠的依据和实践经验可不进行试桩外，其他沉桩工程在施工前，均应先试桩，以确定沉桩工艺和检验桩的承载力。沉桩施工时，对桩尖高程与贯入度的控制，施工规范已有明确规定，在施工中当实际桩尖高程和贯入度有出入时，应按施工规范的有关规定进行处理。

8.5.5

（1）本分项工程适用于作为永久性结构的地下连续墙。

为检验混凝土的完整性，应进行无损或取芯检测，但注意到连续墙的作用不同，应按设计规定的方法和数量进行检测。

成槽深度和宽度调整为实测项目，方便记录、检查。

（2）墙顶混凝土一般需处理，故取消其高程检查。

原标准中相邻两槽段墙体中心线在任一深度的偏差值规定偏严，且与墙厚无关，修订后调整为墙厚的1/10。

8.5.6

（1）本条根据施工规范修改，表8.5.6沉井实测项目项次2中增加了对角线差的规定，以控制沉井的形状偏差。

（2）本条适用于混凝土沉井，钢沉井可参照钢围堰进行检验。

8.5.7

（1）本标准所指双壁钢围堰系指设计为永久受力结构的围堰，将制作和安装作为一个分项工程。本条也适用于用于永久防护的钢吊箱。

（2）因双壁钢围堰均为大型整体安装结构，且在水上作业，精度控制比较难，且此类围堰和承台体量较大，适当放宽标准也能保证相对精度，对墩身以上施工质量无明显影响，故顶面轴线偏位和顶高程的允许偏差分别调整为80mm、±30mm。

实测项目中，焊缝的质量是保证钢围堰施工质量和安全的重要前提，故将其列为关键项目，圆形的相互垂直的直径差和矩形的对角线差是控制断面形状的指标。

焊缝说明同本标准第8.5.4条的说明。

8.5.8

2　对于水下封底混凝土，顶面高程系指进行修补后的高程。

8.5.9　大体积混凝土结构系指大跨径桥梁的大型基础、大型承台和锚碇等结构，应采取措施减少水化热和降低结构内部温度，避免结构开裂。

8.5.10　本条为新增分项工程，其质量要求根据现行《公路地基与基础设计规范》（JTG D63）和《公路桥涵施工技术规范》（JTG/T F50）中的有关规定编制。

（1）基本要求中对原材料、浆体性能、压浆设备和工艺进行了规定。桩底压浆应通过试验确定各项工艺参数，制订合理、可行的压浆方案。

（2）压浆量是反映压浆能否起作用的一个主要因素，故作为关键项目进行检查。影响压浆量的因素很多，如压力、地质情况、浆体性能等，各桩的总压浆量应予保证。

（3）压浆时应限制桩的上抬量，由于它的主要影响因素为压浆压力，通过控制压力来控制上抬量，可不对此进行检查。

8.6　混凝土墩、台

本次修订将墩、台身和盖梁改为混凝土墩、台。盖梁、台帽也是墩台的组成部分，这样修改可以简化表述，含义不变。

8.6.1

（1）本条适用于现浇混凝土墩、台和预制墩身。本次修订将墩台身和墩台帽及盖梁的基本要求和外观质量合并，将实测项目并列，列入本节。

（2）原标准中墩身竖直度允许偏差对低墩偏松、对高墩偏严。修订后，高度大于60m的按塔的要求检验，不大于5m的统一要求允许偏差为5mm，其他的墩高按

"$H/1\,000$，且不大于20"进行检验。

（3）大面积平整度规定值按现浇结构调整为8mm。横系梁实测项目可按本标准表8.10.1-2进行检验。

（4）对混凝土节段间的错台，应选取接缝错台大的部位进行检查。本标准均相同，不另说明。

8.6.2

2 相邻墩、台柱间距可由轴线偏位控制，故删除原标准的该项检查。

8.6.4 桥头跳车是带有普遍性的质量通病之一，而造成跳车的主要原因是台背填土产生了较大的沉降。因此，将台背填土作为一个分项工程进行检验评定，以加强对其质量的控制。

为保证碾压效果，分层的厚度宜适当小于一般路基的分层填筑厚度，并应充分碾压。

8.7 混凝土梁桥

本节修订为混凝土梁桥，包括用不同施工方法施工的梁桥及组合梁桥，分项工程划分如下：

（1）简支梁分为预制和安装两个分项或现浇一个分项。

（2）先简支后连续梁分为预制、安装和体系转换三个分项。

（3）节段拼装梁分为预制、安装两个分项。

（4）就地浇筑梁（含落地支架现浇梁和滑移模架现浇梁）为一个分项。

（5）顶推和转体就位梁分为预制（或现浇）、顶推/转体就位两个分项。

（6）悬浇梁为一个分项。

（7）悬拼梁分为预制、拼装两个分项。

8.7.1

1 对就地浇筑梁（板）所使用的支架、模板，其强度、刚度和稳定性是施工中非常重要的因素，故将其列入基本要求。

滑移模架是目前常用的方法，为了涵盖此方法，对原标准的基本要求相关规定做了适当修改。

2 平整度检查适用于设置模板的梁、板表面，梁、板顶面的平整性应符合设计规定。

8.7.2

2 表8.7.2-1干接缝的组合梁桥面板预制宽度允许偏差参照现行《公路钢混组合桥梁设计与施工规范》（JTG D64-01）确定。

为减小节段间错台和提高安装精度，对预制拼装箱梁顶、底宽的允许偏差由 ±20mm 和 ±10mm 分别调整为 ±5mm 和（+5，-0）mm。

表 8.7.2-2 适用于整体吊装的简支梁或先简支后连续的梁。

为避免相邻梁、板顶面高差随时间变化出现较大差异，同一跨应尽量选用龄期相近的梁、板。

8.7.4 为保障结构的耐久性和受力性能，应限制梁体出现受力裂缝。若一旦出现，需查明开裂原因，消除隐患，故在基本要求中列出了相关规定。

梁段接头为薄弱处，必须按设计要求进行处理，确保接头的工程质量。

8.8 拱桥

8.8.1

（1）拱架的拆卸不仅关系到施工安全，而且影响拱圈的受力状态。一种卸架顺序对应一种受力状态，因违反相关规定而造成工程事故的事例时有出现。所以，要求必须按照设计和施工规范的规定顺序进行卸架。

（2）实测项目中，增加内弧线偏离设计弧线最大限值，避免大跨径拱桥出现过大偏差，并删除拱肋间距检查，以使相关检查项目误差相容。

8.8.3

1 为防止拱圈局部受力过大或偏向一侧，增加接头垫塞楔形钢板应均匀合理要求。安装过程中的杆件或节点开裂，表明出现了超过规定的应力状态，对构件造成了损伤，应查明原因，评价开裂带来的影响，采取必要的处理措施，以策安全，使成拱应力状态符合设计要求。

2 本次修订对接头现浇混凝土的质量要求进行了细化，强度列入实测项目，以便于检查记录。根据工程经验，增加了轴线偏位和拱圈高程的极限值，避免大跨径的拱圈成拱出现过大偏差。

8.8.4

2 转体施工的拱，成拱前高程可调，能够获得更为准确的线形。同用其他方法施工的拱相比，拱顶面高程允许偏差控制更为严格，规定为 ±20mm，且不与跨径联系。

轴线偏位同 8.8.3 条说明。

8.8.5

2 根据近几年建成桥梁的调查结果，浇筑混凝土时轴线偏位能得到精确控制，其精度按跨径的 1/6 000 控制是合适的。拱圈高程同本标准第 8.8.3 条的说明。

8.8.6

1 钢管的防护对其耐久性具有重要作用，要求单独作为一个分项工程进行检验评定，故删除原标准相关规定。

2 参照《公路钢管混凝土拱桥设计规范》（JTG D65-06—2015）、《钢管混凝土拱桥技术规范》（GB 50923—2013），按分段制作修订实测项目，增加钢管椭圆度和桁架的断面形状检查，以利于节段之间的连接。竖杆节间长度对成品的质量检查意义不大，故删除。

混凝土脱空率对钢管混凝土的浇筑是一个重要质量指标，混凝土与钢管脱空直接影响结构性能，故在实测项目中，按关键项目要求增加此项检查。若脱空率超过规定值时，必须进行压浆填充。检测脱空率时，可先采用敲击法确定脱空位置，再用超声法进行定量检测。

安装时及浇筑混凝土时轴线偏位、拱圈高程同本标准第8.8.5条的说明。

8.9 钢桥

本节内容包括钢梁的制作、防护和安装分项工程的检验标准，斜拉桥和悬索桥的钢加劲梁制作、防护并入本节。

8.9.1

1 零部件等的加工精度为保证钢梁（梁段）制作精度的基础，虽然本标准未专门列出检查项目，但亦应进行检查，其质量必须符合设计和相关技术规范要求。

梁段的试拼装是保证工地安装质量的重要手段，验收必须合格，故在基本要求中列出。

2 高强螺栓扭矩允许偏差是指采用退扣法检查的偏差，检查数量按螺栓群分别计算。本标准均相同，不另说明。

为与现行《公路桥涵施工技术规范》（JTG/T F50）保持一致，调整了斜拉桥钢箱加劲梁、结合梁和悬索桥钢箱加劲梁段部分检查项目的允许偏差，如梁段长、边高、横断面对角线差、锚点坐标等。删除钢桁梁节段实测项目表中的节间检查项目，增加节段断面对角线长度差检查，以利于保持钢桁梁断面形状和节段安装连接。

8.9.2 本条规定适用于中小跨径梁桥。

1 要求钢梁应按设计规定的程序进行安装，是因为梁的受力过程及成桥应力状态与施工过程有关，安装程序不得随意改变。

2 为保证钢梁安装稳定，运营阶段梁的受力状态和变形与设计条件相同，支座与梁底、垫石顶必须密贴，实测项目中增加固定支座支承中心偏位检查。

8.9.3

1 钢梁表面处理对涂装的黏结性能、使用寿命等影响很大，必须满足涂装工艺要求，保持清洁、干燥，避免涂敷前出现返锈、灰尘污染等现象，故在基本要求中增加相关规定。

2 干膜厚度是保障防护效果和使用时间的主要因素之一，必须满足设计要求。厚度不足时应增加涂装道数，但测点的厚度也不能超过设计厚度的 3 倍。

实测项目除锈等级、粗糙度、干膜厚度、附着力的检查方法应先采用设计规定的方法。若设计未规定时，则按表中要求的方法进行检测，具体方法参见 GB/T 8923、GB/T 13288、GB/T 13452、GB/T 4956、GB/T 9286、GB/T 9793 及 GB/T 5210 等标准，有关原材料技术性能的试验方法参见现行《公路桥梁钢结构防腐涂装技术条件》（JT/T 722）。

钢梁（段）的现场工地防护，也必须坚持按同一标准执行，环境条件必须满足涂装工艺要求。

8.10　斜拉桥

本次修订主要增加了塔上钢锚梁、钢锚箱制作和安装分项工程，删除斜拉索制作分项工程。因目前采用的斜拉索基本为成品索，且有相关的产品标准，钢塔的相关内容由于实践经验还很少，其检验标准有待今后补充。

8.10.1

1 根据调查和施工单位的经验，要使分段浇筑的段与段间不出现错台，需要很高的施工操作精度、模板支架刚度，故原标准相关规定调整为浇筑段之间的错台不应大于 3mm。

2 为加强过程控制，实测项目中增加塔柱各浇筑段的中心偏位检查，表中倾斜度偏差 1/3 000 是对成塔的总体要求。考虑到塔的断面尺寸较大，塔壁较厚及高空施工作业的难易性，塔壁厚度的允许偏差分别调整为 ±10mm。同时增加大面积平整度检查，以控制外表质量。

横梁实测项目也进行了类似调整。

8.10.2　在大跨斜拉桥索塔上设置钢锚梁、钢锚箱已越来越多，是改善索塔的结构性能的有效措施之一，也方便和加快了索塔的施工，故增加索塔钢锚梁、钢锚箱制作及安装两个分项目工程，相关要求参考嘉绍大桥、苏通长江公路大桥等的经验进行编制。

对钢锚箱，为使安装轴线垂直，应限制节段上下两端面平行度的偏差；要求检查节段端面平面度，以控制段与段之间的安装接触率。

8.10.3　本分项工程适用于采用焊接连接的钢锚梁安装和采用高强螺栓连接的钢锚箱节段安装。索塔钢锚梁、钢锚箱节段安装首先应使其空间位置准确，以保证拉索锚固位置准确；其次应使锚梁与支承面、锚箱段与段之间密贴、连接可靠，以保证塔身顺利传递荷载作用至基础。据此，规定基本要求和实测项目。

钢锚梁与支承面、锚箱的断面接触率是安装的一个重要指标，接触率越大，压力传递越平稳，故按关键项目进行检查。

8.10.5

1　拉索为重要的承重构件，成品斜拉索、锚具及附属件必须按相关产品标准要求按批进行检查验收，并应达到合格要求。主要项目有弹性模量、直径、长度、护套厚度、锚具探伤等，具体检验方法和判定规则执行有关产品标准和施工技术规范。

2　规定索力与设计值相差不应大于10%，任一拉索的索力不满足该要求时，必须进行调整，否则该分项工程为不合格。

斜拉桥悬臂施工时，塔顶很难避免不出现偏移，为达到目标成桥状态，控制塔顶偏移，保证施工安全，增加塔顶偏位检查项目。

8.10.7、8.10.8　塔顶偏位同本标准第8.10.5条的说明。

8.11　悬索桥

根据近年来国内悬索桥的发展变化和建桥经验，本节修订主要增加了隧道锚、自锚式悬索桥的检验标准，调整了相关试验要求。

8.11.1　塔顶通常设置格栅框架，形成索鞍支承，格栅作为索塔的一部分纳入本分项工程。要求格栅与混凝土连成一体，与索鞍支承板密贴，使索鞍受力能可靠地传递到混凝土结构中。同时应控制其高程，使索鞍的高程、主缆线形达到设计目标。其他同本标准第8.10.1条的说明。

8.11.2　预应力锚固系统目前已成为我国悬索桥中使用的主要锚固系统，拉杆、联结器、螺母、垫圈均为其关键部件，应严格进行检查，要求做超声波探伤和射线探伤；并应加强仓储、运输管理，每一个部件均需进行编号，并建立部件档案，出厂前宜用塑料包装严密，运输和仓储过程中严加保护，以免出现损坏和锈蚀。

在钢架锚固体系中，锚杆主要承受拉力，锚杆锚于锚梁上，刚架支撑锚杆、锚梁。因此，锚固体系的制作质量检验重点关注锚杆、锚梁的结构性能，如材料力学性能、焊缝缺陷等；同时为使其安装定位准确，对其扭曲、连接部位翼板平面度等规定允许偏差。原标准中刚架杆件的相关实测项目予以删除。

8.11.3

2　对刚架锚固系统安装，锚杆两端坐标确定后锚梁位置即可确定，故删除原标准中锚梁的相关检查项目。

8.11.4

1 混凝土锚碇块体属大体积混凝土结构，最突出的问题为水化热引起的开裂，应控制锚碇混凝土内部最高温度和内外温度差，其允许范围参见施工技术规范。

3 潮湿环境易引起金属锚固件的锈蚀，要求混凝土应有良好的防渗性能，避免锚室内出现积水和水渗入。

8.11.6

1 对锚塞体混凝土，由于其体积大，应按大体积混凝土进行检验，同时必须可靠地把主缆拉力传递至岩体上，故在基本要求中列出了浇筑时的温度控制规定和锚塞体间应与岩体紧密结合规定。

2 实测项目中列出前、后锚面的中心坐标及其倾角，以控制锚塞体前、后锚面的空间位置。

8.11.7

2 为保障鞍体的强度和索股在鞍槽中的稳定性，增加控制加工后鞍槽底部及侧壁厚度、鞍槽各面的表面粗糙度的要求。

采用机床进行检查时，必须对机床进行校验，避免系统误差等对检查结果的影响。

8.11.8

2 对大型索鞍，为便于制造和安装，一般分成 2~3 块，工地安装时通过高强螺栓连接连成一体。故增加高强螺栓检查，整体制造、安装的索鞍不进行此项检查。

8.11.9

1 自广东省虎门大桥建成以后，先后又建成一批悬索桥，积累了丰富的设计及施工经验，索股的上盘和放盘可以不做工艺试验亦可保证工程质量，故删除原标准中的相关规定。

索股的拉伸破坏试验视具体情况进行，如工艺、材料等未发生较大变化且质量有可靠保证时可以不做，在此规定按设计要求确定是否做此试验。

8.11.10

2 为达到设计要求的线形，主缆架设时首先应使其跨中高程定位准确，锚跨索股力的偏差根据具体情况由设计规定，一般情况下此偏差取 3%。

对上、下游基准索股高差提出要求，有利于加劲梁段的安装。根据现行《公路桥涵施工技术规范》（JTG/T F50），一般索股相对于基准索股的高程允许偏差（mm）调整为 +10，-5，施工时应注意避免影响基准索股的高程。

8.11.11 索夹制作的质量控制重点放在原材料及其表面缺陷、内部损伤的检测上，故在基本要求中列出了相应规定。耳板横向位置对传力性能有影响，故增加此项检查，其他参照现行《公路桥涵施工技术规范》（JTG/T F50）的规定修订。

索夹防护另列为一个分项工程，可按本标准第8.9.3条进行检验，原标准中的相关规定删除。

8.11.13

1 索夹依靠高强螺栓紧固产生的摩擦阻力来保证索夹位置的固定而不产生向下滑移，因此，要求索夹内表面和索夹处主缆表面应清洁、干燥。

索夹缝隙的填充等通常与主缆防护一并施工，故相关检查并入主缆防护分项工程。

2 吊索安装时，上、下游吊点高差主要由主缆来控制，故删除原标准的此项检查。

8.11.14

2 实测项目防护层厚度的检查方法具体参见《悬索桥主缆系统防腐涂装技术条件》（JT/T 694）。

8.11.16～8.11.18 均为新增分项工程。自锚式悬索桥与普通悬索桥的主要区别在于主缆索股的锚固系统的制作、安装、体系转换，故仅列此三个分项工程，其他可引用普通悬索桥的相关规定。

有关规定参照广东省平胜大桥、杭州钱塘江九桥等经验编制而成。

为使主缆线形和加劲梁受力达到合理状态，按关键项目控制吊杆拉力偏差，其偏差范围由施工监控和设计规定，从已建成桥梁的经验来看，限制在±10%以内是合理的。

8.12 桥面系和附属工程

8.12.1 本条适用于涂层防水和卷材防水。

2 根据目前公路桥梁检测仪器、桥面防水材料的开发和使用情况调查，现场检测抗剪强度及剥离强度较难进行；从施工角度来看，能控制黏结强度，黏结面、粘贴或涂刷的施工质量也就能得到控制，故取消剪切强度、剥离强度的检测。但黏结强度随温度升高而降低，现场检测值与设计规定值比较时应予注意。

含水率是影响黏结强度的重要因素，应予检查，以控制其在设计要求的范围内。为减少对防水层的破坏，含水率可在黏结强度测点进行检查。

8.12.2 本次修订主要调整平整度要求，与相关施工技术规范一致。对高速公路及一级公路的水泥混凝土桥面铺装，宜用摊铺机摊铺。

8.12.3

1 为防止返锈，黏结层的涂敷施工应在规定时间内进行。

基本要求 4 仅适用需要加热洒布的防水黏结层材料。

8.12.4

1 为保证黏结强度，对沥青混凝土铺装时间进行了规定。如未能在规定时间内进行铺装，应重新洒布黏结层或采取其他方式处理。

2 钢桥面铺装层一般较薄，原标准平均厚度允许偏差值为（0，－5）mm，负偏差较大，造成铺装层减薄较多，故将负偏差调整为－3mm，同时允许出现正偏差。

铺装厚度通过测量高程变化推算更为准确，对铺装无损害且速度较快，故采用此法进行检查。当铺装厚度对挠度影响较大时，推算应考虑按理论厚度计算铺装自重引起的高程变化。当采用探地雷达检查时，需钻孔验证。

因环氧沥青混凝土铺装层为致密构造，不检查其渗水系数。

8.12.5

2 根据原标准使用反馈的情况，当垫石尺寸较大时，其顶面高差允许偏差调整为2mm。

当支座垫石断面较小时，可用水平尺检查两个垂直方向的水平度，以代替四角高差检查。仅当支座垫石顶面检查结果为水平时方为合格，设计另有规定时除外。

当体系转换、调整结构受力等情况下支座垫石高程需要调整时，应符合设计要求，从严控制。

8.12.6

1 为提高耐久性，基本要求中增加钢构件防护检查。

8.12.7

2 表8.12.7中的大型伸缩装置是指斜拉桥、悬索桥及其他连续长度很大的桥梁中所使用的伸缩装置。

检查项目"缝宽"，如伸缩装置安装时的温度与设计不同时，缝宽应进行调整后再检查。"与桥面高差"系指伸缩装置与紧邻伸缩装置两侧桥面的高差。

本分项工程中的"焊缝"均为工地焊缝。根据近几年的检测结果，型钢接长焊缝及其他现场焊缝断裂已成为伸缩装置的常见病害，焊缝缺陷是主要原因，故要求对焊缝进行探伤，并纳入实测项目。

8.12.12 本条为新增分项工程。护栏与主梁的连接方式一般为焊接，其为安装质量控制重点，其他检查项目参照栏杆安装编制。

8.12.13

2　搭板顶面纵坡可由顶面高程反映，故本次修订删除原标准的该项检查。

8.12.14　本条适用于涂层防护。除规定涂料的技术性能要求外，还规定了混凝土构件表面处理应达到的标准，因表面状况影响涂料与混凝土的黏结性能。表面涂层干膜厚度必须同时满足平均厚度≥设计厚度、最小厚度≥80%设计厚度及控制厚度小于设计厚度的点数量。

9 涵洞工程

9.1 一般规定

9.1.1 按全数检验还是抽查检验详见本标准第 8.1.1 条的说明。

9.2 涵洞总体

本节从总体上规定涵洞质量要求。进行检验评定时，涵洞施工项目应全部完成，避免未完工工程投入运营。

9.3 涵台

9.3.1 沉降缝填缝材料脱落为涵洞的常见质量问题之一，其原因主要是材料和填充施工缺陷，故增加相关检查要求。同时，明确勾缝砂浆强度不得小于砌体砂浆强度，以加强勾缝砂浆的质量控制。

9.4 管座及涵管安装、9.6 盖板安装

增加接缝、沉降缝的检查，详见本标准第 9.3 节的说明。

9.7 波形钢管涵安装

9.7.1 本节为新增分项工程，适用于管节或板片的安装，相关规定参照《公路涵洞通道用波纹钢管（板）》（JT/T 791—2010）、《公路桥涵施工技术规范》（JTG/T F50—2011）及工程经验等编制而成。

为适应钢管涵的受力特性，对地基处理是必要的，不同的地质条件应采用不同的处理方式，地基处理应满足设计要求。同时，为限制钢管涵的沉降，应保证地基压实度。

9.7.2 实测项目中规定了管涵内径的允许偏差为安装阶段的允许偏差。在填土后钢管直径和形状由于管壁的柔性仍可能发生变化，其允许偏差在涵洞总体中规定。

9.8 箱涵浇筑

本节适用于现浇箱涵，并将混凝土平整度的规定值统一调整为8mm。

10　隧道工程

10.1　一般规定

10.1.1　鉴于目前我国公路隧道建设以山岭隧道为主，且大都采用钻爆法施工，故本标准主要制定以钻爆法施工的隧道工程施工质量的检验评定标准。采用其他方法如盾构、掘进机、沉管法施工的隧道工程施工质量的检验评定，参照本标准另行制定。

10.1.2　隧道设计与施工以岩承理论为指导，施工监控量测是岩承理论指导下修建隧道的核心内容之一，是判断围岩稳定性和结构安全的重要手段，是指导设计与施工的重要依据。与一般地面工程相比较，隧道工程监控量测具有特殊的作用。工程实践表明，隧道设计单独孤立地使用力学计算或经验方法都不能取得良好的效果。为此，施工单位应按照设计和施工规范要求的量测项目和频率进行施工监控量测，用量测信息指导设计与施工，并提交系统、完整、真实的量测数据和图表。

10.1.3　隧道洞门、翼墙和洞口边坡、仰坡防护属防护支挡工程，为避免重复，本章未列入相关内容，按本标准第6章的有关规定执行。

10.1.5　鉴于隧道装饰装修项目不同、种类多样、材料繁多，需结合具体的隧道装饰装修设计，按现行《建筑装饰装修工程质量验收规范》（GB 50210）的有关规定进行工程质量检验。

10.2　隧道总体

本节是为保证隧道基本使用功能，从总体上对其几何尺寸进行的检验。隧道辅助通道的总体实测项目参照表10.2.2执行。

10.2.1　近年来，虽然隧道防排水技术已取得了长足的进步，但目前隧道渗漏水现象仍时有发生。从目前的水平看，设计上已比较完善，但由于防排水材料、施工工艺、施工环境等多方面原因造成的渗漏问题，仍值得高度重视。

10.2.2 激光断面仪法的测量原理为极坐标法。以某物理方向（如水平方向）为起算方向，按一定间距（角度或距离）依次测定仪器旋转中心与实际断面轮廓线的交点之间的矢径（距离）及该矢径与水平方向的夹角，将这些矢径端点依次相连即可获得实际断面的轮廓线。激光断面仪是把现代激光测距和计算机技术相结合开发出来的硬、软件一体化的隧道断面测量仪器。其优点在于不需要合作目标（反射棱镜），通过洞内的施工控制导线即可获得断面仪的定点定向数据，在计算软件的帮助下自动完成实际断面轮廓线与设计断面轮廓线的匹配，并可输出各测点与相应设计断面轮廓线之间的超侵限值（距离、面积）。20世纪90年代初，我国引进瑞士Amberg公司生产的断面仪（有Profiler2000、Profiler3000、Profiler4000等型号），当时价格十分昂贵，数量不多。为此，国内测量仪器厂商经过科研攻关，开发出了新的隧道断面检测系统。经过多年的工程应用，该技术已非常成熟，并已广泛应用于隧道开挖断面、初期支护断面、二次衬砌断面检测。

在检测行车道宽度、内轮廓宽度、内轮廓高度以及路面横坡时，将断面仪设置为手动状态，测试特殊点（如车行道与检修道交点、边墙与检修道交点、拱顶等），即可实现对相关实测项目的检测。

10.3 明洞浇筑

10.3.2 地质雷达法是一种用于确定地下介质分布的光谱（1MHz～1GHz）电磁技术。地质雷达利用一个天线发射高频宽频带电磁波，另一个天线接收来自地下介质界面的反射波。电磁波在介质中传播时，其路径、电磁场强度与波形将随所通过介质的电特性及几何形态而变化。因此，根据接收到波的旅行时间（亦称双程走时）、幅度与波形资料，可推断介质的结构。我国在20世纪90年代末期，将地质雷达应用于隧道衬砌厚度的检测，经过多年的工程实践，无论是在仪器的使用、信号的采集，还是对采集信息的解释与判读方面，都取得了丰富的经验。该项技术用于检测明洞厚度、钢筋分布等已非常成熟。用地质雷达法检测时，沿隧道纵向分别在拱顶、两侧拱腰、两侧边墙连续测试共5条测线。每10m检查1个断面，每个断面测5点，作为厚度评定值。值得强调的是，地质雷达法属无损检测技术，为提高检测结果的准确性，需进行钻孔验证。

目前隧道明洞浇筑大都采用整体式模板台车，与20世纪90年代以前采用小模板拼装台架浇筑相比，明洞表面平整度有了大幅度的提高，因此仍采用小模板拼装台架浇筑工艺时的评定标准，显然不合时宜。经过对陕西省西柞高速公路、西汉高速公路、小康高速公路上共46座隧道衬砌平整度检测结果的统计分析（见表10-1），可见即使规定值取5 mm，合格率也在95%以上。因此，提出墙面平整度规定值为5 mm，施工缝或沉降缝处平整度规定值为20 mm。

表 10-1 隧道衬砌平整度检测结果汇总

序号	线 路 名 称	大面平整度实测值（mm）							
		≤20		≤15		≤10		≤5	
		测点数（个）	合格率（%）	测点数（个）	合格率（%）	测点数（个）	合格率（%）	测点数（个）	合格率（%）
1	西柞高速公路	2 365	100	2 363	99.9	2 359	99.7	2 317	98.0
2	西汉高速公路	4 080	100	4 069	99.7	4 068	99.7	4 029	98.8
3	小康高速公路	4 070	100	4 070	100	4 068	99.9	3 883	95.4
	合计	10 515	100	10 502	99.9	10 495	99.8	3 883	97.3

10.4 明洞防水层

工程实践表明，明洞通常是隧道渗漏水多发的段落，对明洞防水层施工质量要严格把关。

10.5 明洞回填

严格控制明洞回填施工程序，确保明洞结构安全和预防渗漏水。

10.6 洞身开挖

10.6.1 开挖是控制隧道施工工期和造价的关键工序。超挖过多，不仅因出渣量和衬砌量增多而提高工程造价，而且由于局部超挖会产生应力集中问题，影响围岩稳定性；而欠挖则直接影响到衬砌厚度，极易造成工程质量和安全隐患，处理起来费时、费力、费物。所以应保证开挖质量，为围岩稳定和安全支护创造良好条件。

软弱围岩隧道多采用台阶法或分部开挖法施工。在施工过程中拱脚、墙脚部位对结构的稳定性起着至关重要的作用。工程实践中曾大量出现隧道拱脚、墙脚下沉，甚至塌方的事例，因此规定拱脚、墙脚以上1m范围内严禁欠挖。

10.6.2 用激光断面仪或带有断面检测功能的全站仪进行超欠挖检测，每20m检查1个断面，每个断面自拱顶起每2m测1点。

10.7 喷射混凝土

10.7.2 喷射混凝土厚度的检查常用凿孔法。凿孔检查的做法宜在混凝土喷好8h以内，用短钎或电钻将孔凿出。此时，混凝土强度较低，易于实行，发现厚度不够及时补喷，施工管理也方便。用凿岩机钻孔时，若因混凝土与围岩黏结紧密，颜色相近而不易辨认喷层厚度时，用酚酞试液涂抹孔壁，碱性混凝土即呈现红色。每10m检查1个断面，每个断面自拱顶每3m测1点。凿孔法适合于各级围岩条件下喷层厚度的检测。

支护（衬砌）背部与围岩之间存在空洞时，会导致围岩松弛，使支护结构产生弯曲应力，损伤支护结构的功能，降低其承载能力，极大地影响隧道的安全使用，这一点从已建成隧道发生的事故中得到了证明。因此，目前对隧道支护（衬砌）背部空洞的探测引起了人们更多的关注。支护（衬砌）的内部和背后状态是隐蔽的，从表面上看不出来，为此，人们开发出许多具有实用价值的检测方法，其中最常用的方法是地质雷达法。该方法应用于检测支护（衬砌）厚度、背部的回填密实度、内部钢架、钢筋分布等已经比较成熟。采用地质雷达法检测喷层背部的回填密实度时，沿隧道纵向分别在拱顶、两侧拱腰、两侧边墙连续测试5条测线，检测结果需钻孔验证。

Ⅳ、Ⅴ、Ⅵ级围岩条件下，初期支护设有钢架，喷层相对较厚，利用地质雷达法检测，喷层与围岩界面易于识别，能准确判断喷层厚度，因此宜采用地质雷达法检测喷层厚度。而Ⅰ、Ⅱ、Ⅲ级围岩条件下，喷层较薄，地质雷达难以识别喷层与围岩界面，且地质雷达检测对施工干扰大、技术要求高，因此宜采用凿孔法检测喷层厚度。

10.8　锚杆

理论分析和工程实践证明，锚杆抗拔力不能真实反映实际工程质量，锚杆砂浆饱满度对锚杆的作用效果起着重要影响。因此，将锚杆孔内砂浆密实饱满列为基本要求。

10.10　钢架

在浅埋、软弱围岩隧道中，钢架是重要的支护措施，钢架的施工质量对保证隧道结构稳定十分重要。钢架分节段制作，节段与节段之间通过钢板用螺栓连接或焊接，螺栓要拧牢固。钢架与围岩间的间隙用喷射混凝土喷填密实。

钢架间距检测方法有尺量和地质雷达法，其中施工过程中采用尺量，喷射混凝土施工后，结合检测喷层背部的回填密实度、厚度同步检测钢架间距。

10.11　仰拱

仰拱对保证隧道结构稳定和安全十分重要。二次衬砌仰拱和边墙基础尽可能紧跟开挖面，并同时施作。仰拱钢筋保护层厚度在工前检查。初期支护仰拱的检验按本标准第10.7节、第10.9节、第10.10节的有关规定执行。二次衬砌仰拱钢筋的检验按本标准第10.13节的有关规定执行。

仰拱施工属于隐蔽工程。近年来，因仰拱施工质量不良造成隧道病害的案例较多，而目前对已建成隧道仰拱采用无损检测（如地质雷达法）有效性较差，建议针对泥岩段、页岩段、断层破碎带及洞口浅埋段，在隧道仰拱施工完成后必要时采用钻孔取芯检验。

10.13 衬砌钢筋

衬砌主筋间距检测采用尺量和地质雷达法，其中施工过程中采用尺量；二次衬砌施工完成后采用地质雷达法，同时对衬砌背部回填密实度、主筋间距和厚度进行检测。

10.14 混凝土衬砌

10.14.1 近年来，二次衬砌施工完成后，经常发现衬砌厚度严重不足、初期支护背部存在空洞的工程质量问题，处理时十分棘手。为了保证安全，往往不得不凿除既有衬砌，重新浇筑混凝土衬砌，导致工期延误、工程费用增加，产生了不良的社会影响。因此，要求衬砌施工前进行初期支护断面检测，发现严重侵限现象，及时处理，以避免造成二次衬砌厚度严重不足的问题。同时，进行初期支护背部回填密实度检测，发现有不密实问题及时进行处理。

10.14.2 地质雷达法检测衬砌背部密实度、厚度时，沿隧道纵向分别在拱顶、两侧拱腰、两侧边墙连续测试5条测线，检测结果需钻孔验证。厚度质量评定时，每20m检查1个断面，每个断面测5点，作为厚度评定值。

通过对单洞两车道隧道二次衬砌厚度的调研分析，本标准规定衬砌厚度合格标准为90%的检查点的厚度不小于设计厚度，且最小厚度不小于0.5倍的设计厚度。对于单洞三车道、单洞四车道隧道二次衬砌厚度的检验，最小厚度的规定值通过结构计算分析确定。

墙面平整度的说明见本标准第10.3.2条的条文说明。

10.15 防水层

针对防排水问题，隧道设计与施工技术规范有非常严格的规定。近些年，科研人员和工程技术人员也在不断地探索防止隧道渗漏水的方法和技术，虽然在这方面已取得了长足的进步，但渗漏水依然是公路隧道的通病，分析原因主要有材料、施工工艺等方面。目前，用于公路隧道防排水的材料（防水板、止水带、排水管等）种类繁多、厂家林立，产品质量良莠不齐，因此，需要首先严把防排水材料质量关。施工工艺粗糙、不精细也是造成隧道渗漏水的重要因素，因此需加强施工过程中质量的检查。

10.16 止水带

同本标准第 10.15 节的条文说明。

10.17 排水

防排水工程施工完成后，应对建筑垃圾及时清理和对排水管道及时疏通，并进行灌水排水试验检查。

10.19 超前小导管

由于目前缺乏对注浆效果有效检验的方法和手段，实测项目未列出超前小导管注浆施工质量检测内容，在施工过程中按设计要求检查注浆量和注浆压力。

10.20 管棚

同本标准第 10.19 节的条文说明。

11 交通安全设施

11.1 一般规定

11.1.1 交通标志、交通标线用涂料、波形梁钢护栏、缆索护栏、突起路标、轮廓标、防眩板、防眩网、隔离栅、防落物网、中央分隔带开口护栏等，都是工厂加工的产品，在运抵工地之前，必须保证这些产品的品质，需经有资质的检测机构检测合格，其次要保证运输环节没有受到损坏，到达工地之后，要经工地上检验认可满足设计要求后方可使用。

11.1.2 交通安全设施所采用的钢质材料必须进行防腐处理，防腐方式和防腐层质量都应满足设计的要求。

11.1.3 桥梁混凝土防撞护栏的检验评定按本标准第 8.12.11 条的有关规定执行，钢桥上的钢护栏检验评定按本标准第 8.12.12 条的有关规定执行。

11.2 交通标志

11.2.1

1 交通标志的加工、制作应符合现行《道路交通标志板及支撑件》（GB/T 23827）的规定；标志板的字符、图形等应符合现行《道路交通标志和标线 第 2 部分：道路交通标志》（GB 5768.2）的规定。

3 交通标志的设置位置、标志数量、标志的安装应满足设计要求并符合施工技术规范的规定。

11.2.2

1 标志面反光膜逆反射系数是关键项目，可使用逆反射系数测试仪按照 GB/T 18833 的方法进行测试。

2 标志板下缘至路面净空高度应满足设计要求，允许偏差为正 100mm，负 0。

3 各类交通标志的横向位置任何部分均不应侵入公路建筑限界以内，其中柱式标志板的内边缘、悬臂式标志和门架式标志的立柱内边缘距土路肩边缘线的距离应满足设计要求。

11.3　交通标线

11.3.1

2　交通标线涂料产品应符合现行《路面标线涂料》（JT/T 280）的规定；路面标线用玻璃珠产品应符合现行《路面标线用玻璃珠》（GB/T 24722）的规定；路面防滑涂料产品应符合现行《路面防滑涂料》（JT/T 712）的规定。

3　在路面上标线的规划设计，包括颜色、形状、施划位置应符合现行《道路交通标志和标线　第3部分：道路交通标线》（GB 5768.3）的规定和设计要求。

11.3.2

1　标线线段长度、标线纵向间距主要指虚线实线段的控制精度，检查时按线段的不同规格分别进行。每1km测3处，每处测3个线段。

3　标线厚度检测项目用标线厚度测量仪或卡尺检测。突起振动标线的突起高度按《道路交通标线质量要求和检测方法》（GB/T 16311）附录A规定的方法测量。

7　抗滑标线、彩色防滑标线测量抗滑值检查项目。按《道路预成形标线带》（GB/T 24717）规定的方法用摆式摩擦系数测试仪测定表面的抗滑能力。

11.4　波形梁钢护栏

11.4.1

1　波形梁钢护栏产品应符合现行《波形梁钢护栏》（GB/T 31439）的规定。

4　有关波形梁钢护栏施工安装方面主要有立柱打入深度不够、连接螺栓孔位置偏移、防阻块扭弯、拼接螺栓孔对不上、基层压实度不够等质量问题，应按现行《公路交通安全设施设计规范》（JTG D81）及《公路交通安全设施施工技术规范》（JTG F71）的要求严加控制。

5　路侧、中央分隔带、交通分流处三角地带和隧道出入口等处的波形梁钢护栏端头处理及护栏过渡段的处理应满足设计要求。

11.4.2

1、2　波形梁板、立柱基底金属厚度应符合现行《波形梁钢护栏》（GB/T 31439）的规定。

3　横梁中心高度是指从地面到横梁中心点的距离。

6　立柱外边缘距土路肩边线距离是为了保证护栏立柱的侧向土压力。

7　立柱埋置深度应满足设计要求，用尺量或埋深测量仪进行检测。立柱埋入后可采用钢制护栏立柱埋深冲击弹性波检测仪进行测试，仪器设备应符合现行《钢质护栏立柱埋深冲击弹性波检测仪》（GB/T 24967）的要求，对测试结果发生争议时，以尺量法作为仲裁测试方法。

8 连接螺栓及拼接螺栓的终拧扭矩应符合施工技术规范的规定。

11.5 混凝土护栏

11.5.1 配制混凝土护栏用水泥、细骨料、粗骨料、拌和用水、外加剂以及钢筋等材料，应符合现行《公路桥涵施工技术规范》（JTG/T F50）的规定。

11.5.2

1 混凝土护栏中的钢筋直径，骨架高度、宽度及间距等尺寸应满足设计要求。

6 混凝土护栏相邻块件间的错位应不大于5mm。

11.6 缆索护栏

11.6.1

2 缆索护栏端部立柱应安装牢固，立柱埋入混凝土中时，基础混凝土强度等应满足设计要求。

11.6.2

1 缆索的初张力是保证护栏具有一定刚度和柔性的量度。

2 最下一根缆索安装高度，主要考虑与碰撞车辆的作用位置。

5 立柱埋置深度应满足设计要求，用尺量或埋深测量仪进行检测。立柱埋入后可采用钢制护栏立柱埋深冲击弹性波检测仪进行测试，仪器设备应符合现行《钢质护栏立柱埋深冲击弹性波检测仪》（GB/T 24967）要求，对测试结果发生争议时，以尺量法作为仲裁测试方法。

11.7 突起路标

11.7.1

1 突起路标产品应符合《突起路标》（GB/T 24725）的规定；太阳能突起路标产品应符合《太阳能突起路标》（GB/T 19813）的规定。

2 突起路标的布设及其颜色应符合《道路交通标志和标线 第3部分：道路交通标线》（GB 5768.3）的规定并满足设计要求。

11.7.2

1 安装角度主要指反光面的那条边线尽可能与行车方向垂直，允许偏差在±5°以内。

2 纵向间距指突起路标纵向安装间距的控制精度。

11.8 轮廓标

11.8.1

3 埋设于土中的轮廓标，应保证柱体垂直，表面平整。附着于护栏上的轮廓标，轮廓标反光面应尽可能垂直于交通流方向，以便获得最好的反光效果。

11.8.2 在轮廓标安装中，其逆反射材料的表面（或弹性柱式轮廓标断面的弦）应与道路行车方向垂直。安装角度允许偏差为 0 ~ 5°。

11.9 防眩设施

11.9.1 防眩设施的安装、布设应按《公路交通安全设施设计规范》（JTG D81）及《公路交通安全设施施工技术规范》（JTG F71）的规定进行。

11.9.2

1 防眩设施的安装高度应满足设计要求。
2 防眩板的设置间距与防眩板的宽度及设定的遮光角有关。

11.10 隔离栅和防落物网

11.10.1

1 隔离栅产品应符合现行《隔离栅 第1部分：通则》（GB/T 26941.1）、《隔离栅 第2部分：立柱、斜撑和门》（GB/T 26941.2）、《隔离栅 第3部分：焊接网》（GB/T 26941.3）、《隔离栅 第4部分：刺钢丝网》（GB/T 26941.4）、《隔离栅 第5部分：编织网》（GB/T 26941.5）及《隔离栅 第6部分：钢板网》（GB/T 26941.6）的规定。

4 上跨桥上的防落物网应能防止有人向桥下高速行驶车辆抛扔物品，网孔选择得当，网孔均匀，结构牢固，围封严密。

5 隔离栅的起终点，或遇桥梁、通道需要断开的地方，应针对不同情况做出专门的端头围封，以防人、畜在这些围封的地方钻入隔离带内。

11.10.2

1 隔离栅安装高度应满足设计要求。
2 刺钢丝的中心垂度应小于15mm。

11.11 中央分隔带开口护栏

11.11.2
1 活动护栏高度应满足设计要求，允许偏差 ±20mm。
2 活动护栏金属构件的涂层厚度应满足设计要求。

11.12 里程碑和百米桩

11.12.1 里程碑和百米桩字体应清晰、耐久。

11.12.2 里程碑和百米桩外形尺寸、字体及尺寸应满足设计要求。

11.13 避险车道

11.13.1 避险车道制动床材料应是干净的、不易被压实的、有较高滚动阻力的材料。当使用集料时，应是圆形的、不易被压碎、单一尺寸并能够自由滚动的材料。这类材料可以使得集料之间的空隙最大化，且便于排水，可使互锁和压实的机会最小。冬季应防止制动床集料冻结。

11.13.2
3 当制动失效车辆驶入避险车道制动床时，车轮通过与制动床集料的相互置换，车轮陷入集料进而增大车辆向前运动的阻力。为使制动失效车辆平稳地减速停车，制动床集料的铺设深度应由浅入深逐渐过渡到完整深度。

12 绿化工程

原标准第 12 章环保工程改为绿化工程和声屏障工程两个章节。

12.1 一般规定

12.1.1 《中华人民共和国种子法》第四十一条、第五十二条及《林木种子质量管理办法》（国家林业局令第 21 号）第十六条等规定，林木种子（指乔木、灌木、木质藤本等木本植物和用于林业生产、国土绿化的草本植物的种植材料（苗木）或者繁殖材料，包括籽粒、果实和根、茎、苗、芽、叶等）生产经营者应当进行质量检验，将林木种子的净度、含水量和发芽率等质量指标记载于林木种子质量检验证书中。《中华人民共和国植物检疫条例》第七条、第八条等规定，凡种子、苗木和其他繁殖材料在调运之前都必须经过检疫，经检疫未发现植物检疫对象的，发给植物检疫证书。

12.1.2 公路绿化属于生物工程的一类，其种植的植物材料需要至少经历一个年生长周期后方能判定其成活率、发芽率、覆盖率。

12.2 绿地整理

12.2.1

1 土壤是植物生长的基础，绿化栽植的土壤若含有废弃构筑物、工程渣土与废料及其他有害污染物，将影响植物根系生长或造成死亡；宿根性杂草、树根会影响互通式立体交叉区与环岛、管理养护设施区及服务设施区等绿地的景观效果。

2 为营造景观效果，设计上会对一定范围内的地形进行回填土或造型设计；施工时则需按照设计进行施工，在回填的种植土达到自然沉降的状态后进行检验，避免回填土表层有明显低洼和积水处。

12.2.2

（1）土壤有效土层厚度对植物的根系生长和成活有较大的影响，不同种类的植物其生长成活所要求的最低土层厚度也不同。

（2）地形相对高程是反映栽植土回填、造型、表层土整理质量的指标之一，在回填的种植土达到自然沉降状态后进行实测；景观要求较高的分隔带绿地、互通式立体交叉区与环岛、管理养护设施区及服务设施区等绿地多设计有地形造型，是质量控制的重点部位。

12.3 树木栽植

12.3.1

1 带有严重病虫害的苗木会传播病虫害，进而影响植物成活率和绿化效果。

2 栽植穴（槽）定点放线质量直接影响苗木种植后的整体景观效果，施工时不同的苗木栽植位置地点需符合设计要求，并设置明显的标记。

3 不易降解的包装物影响植物的根系伸展，进而影响苗木的生长发育。

4 互通式立体交叉区匝道或分流、会合的三角端等部位栽植高大树木会影响行车安全视距；规则式种植、绿篱、球类的植物需要进行修剪整齐，有空缺绿篱起不到设计的防护效果同时又影响美观。

5 孤植是指单株树木栽植的配置方式，多处于绿地景观的最突出、醒目的位置；珍贵树种和大树（胸径在200mm以上的落叶乔木或常绿阔叶乔木，株高在6m以上或地径在180mm以上的常绿针叶乔木）一般栽植数量较少，生长缓慢，景观效果突出。因此，绿化施工需保证孤植树、珍贵树种以及大树全部成活。

12.3.2

（1）种植穴（槽）的直径和深度等规格决定了苗木种植后的有效土层厚度，一般根据苗木的土球或根幅的大小来确定，既保证苗木生长需要，又便于施工操作。

（2）成活率是指成活的苗木数量与原种植数量的百分比，是树木栽植质量控制的最关键指标，无法保证成活率的绿化工程，质量无从谈起。

（3）苗木的规格与数量也是决定绿化工程质量的重要指标，需要进行检验。

12.3.3

1 苗木的外观质量主要表现为姿态和生长势、冠形、土球、裸根苗的根幅及病虫害等方面，有木烧膛、偏冠等现象的乔木、灌木以及球类等苗木对公路景观及行车安全有一定影响。

2 存在损伤的断枝、枯枝、严重病虫害枝等外观缺陷的树木影响公路景观。

12.4 草坪、草本地被及花卉种植

12.4.1

1 铺栽用的草卷、草块质量影响草坪的建坪时间及效果，需要控制杂草率。

2 草坪、草本地被及花卉种植的施工工艺多样，包括播种、分栽、喷播等，需要根据绿地的立地条件因地制宜选用。

3 设计多采用花卉群植或片植来提升绿化景观效果，施工用的花苗栽植放样、密度及图案等需满足设计要求。

12.4.2

（1）草坪、草本地被面积及花卉数量是决定绿化工程质量的主要因子，应符合设计规定。

（2）草坪、草本地被的覆盖率是指植被的地上部分法向投影面积与取样面积的百分比，是草坪、草本地被种植质量控制的关键指标；在检测时可采取 3 人以上分别目测后进行算术平均作为检测值或采用无人机航拍摄影测量。

（3）成活率是花卉种植质量控制的关键指标。

12.4.3 草坪、草本地被及花卉连续空秃既影响美感，又易形成水土流失。

12.5 喷播绿化

12.5.1

1 种子的质量直接决定喷播绿化效果，需要符合《禾本科草种子质量分级》（GB 6142）、《林木种子质量分级》（GB 7908）中所规定的二级标准；上述两个标准中均未提及的植物种子在使用前需进行发芽率试验和种子配合比试验，确定合适的种子用量后才能进行大规模的施工。

2 设计拟营造的植物群落是喷播绿化施工的主要目标，在施工时需要对植物的品种及种子配比进行控制。

12.5.2

（1）喷播绿化是将植物繁殖体与水、客土（自然耕植土或人工配制的土壤）及其他绿化辅助材料通过喷播机械混合搅拌后，利用高压空气流的作用将混合基质喷播在地面或坡面形成一定厚度（≤7cm）、类似自然表土的结构的喷播绿化方法。基材混合物喷射厚度是该绿化工艺质量控制的重点。

（2）营造设计提出的目标植物群落是检验喷播绿化成效的重要指标，要求施工建成后的植物种类数量与设计要求一致，且优势种与设计要求相同。

（3）绿化面积是决定绿化工程质量的主要因子。

（4）植被盖度指绿地内所有植物的垂直投影面积占绿地面积的比例，为喷播绿化的关键性指标。

12.5.3 存在连续空秃、冲沟侵蚀的绿地既影响美感，又易形成水土流失。

13 声屏障工程

本章为新增设章节，原标准第 12 章中关于声屏障工程的内容移至本章节。

13.1 一般规定

13.1.1 声屏障的插入损失量是声屏障体现降噪效果唯一衡量指标，满足设计要求才能视为声屏障功能合格。

13.2 砌块体声屏障

13.2.1
（1）强调砂浆所用材料的规格与质量符合设计要求。
（2）强调地基承载力指标须符合设计要求。
（3）强调砌筑过程中，不得空洞而漏声。
（4）强调砌筑体内的钢筋在潮湿及腐蚀性环境下要采取防腐措施。

13.2.2
（1）砂浆强度数值是声屏障结构安全的关键指标。
（2）声屏障的顶面高程与屏体厚度是决定声屏障降噪效果的关键指标。
（3）基础外露宽度是对基础尺寸进行质量检验的唯一量化指标。
（4）通过检验墙体的竖直度、顺直度保证墙体线形流畅。
（5）通过检验墙体的表面平整度，保证整体平滑美观。

13.2.3 重视控制施工过程中墙体表面破损程度，确保外观质量。

13.3 金属结构声屏障

13.3.1
（1）着重强调基础埋置深度符合设计要求，保证基础稳定。
（2）着重强调屏体的声学性能技术指标。
（3）采取可靠措施防止声屏障立柱、连接件及屏体运输时变形及防腐层破坏，强调禁止安装变形构件。

（4）固定螺栓要求紧固，封头无缺陷，同时位置、数量要符合设计要求。

（5）强调屏体与基础的联结缝要密实，符合设计要求。

13.3.2

（1）混凝土强度指标为结构安全的关键指标。

（2）顶面高程确保声屏障设计高度，是影响声屏障降噪效果，尤其是声影区大小的关键指标。

（3）基础外露宽度是对基础尺寸进行质量检验的唯一量化指标。

（4）减小干扰道路景观，声屏障线形应与道路线形保持一致，采用"与路肩边线位置偏移"指标进行检验。

（5）检验"立柱中距"及"竖直度"是保证立柱放线及调试质量，同时保证屏障体整齐、美观。

（6）镀涂层厚度的检验，保证金属立柱、屏体及连接件的防腐处理达到设计要求，满足设计年限的要求。

（7）屏体背板是最不容易检查的部位，容易出现问题。因为背板对隔绝噪声透射起到关键作用，故设置实测关键指标，切实保障屏体的声学性能符合要求。

（8）表面平整度指标，是对每段屏体间拼接及屏体与立柱间拼接安装质量的必要控制。

13.3.3

（1）重视对立柱表面镀涂层的保护，保证立柱美观。

（2）重视对屏体表面的保护。

13.4 复合结构声屏障

13.4.1

（1）着重强调基础埋置深度符合设计要求，保证基础稳定。

（2）着重强调非金属屏体的声学性能技术指标。

（3）着重强调安装紧固件符合设计要求。

（4）采取可靠措施防止声屏障立柱、连接件及屏体运输时变形及损坏，强调禁止安装变形、破损的构件。

（5）固定螺栓要求紧固，封头无缺陷，同时位置、数量要符合设计要求。

（6）强调屏体与基础的联结缝要密实，符合设计要求。

13.4.2

（1）混凝土强度指标为结构安全的关键指标。

（2）顶面高程确保声屏障设计高度，是影响声屏障降噪效果，尤其是声影区大小的关键指标。

（3）屏体厚度对隔绝噪声透射起到关键作用，故设置实测关键指标，切实保障屏体的声学性能符合要求。

（4）其中"透明屏体"是指 PC 板、亚克力板等高档材料，厚度的略微差异都可能对产品的声学性能及造价有显著影响。

（5）基础外露宽度是对基础尺寸进行质量检验的唯一量化指标。

（6）减小干扰道路景观，声屏障线形应与道路线形保持一致，采用"与路肩边线位置偏移"指标进行检验。

（7）检验"立柱中距"及"竖直度"是保证立柱放线及调试质量，同时保证屏障体整齐、美观。

（8）镀涂层厚度的检验，保证金属型立柱的防腐处理达到设计要求，满足设计年限的要求。

（9）表面平整度指标，是对每段屏体间拼接及屏体与立柱间拼接安装质量的必要控制。

13. 4. 3

（1）重视对立柱表面镀涂层的保护，保证立柱美观。

（2）重视对屏体表面的保护及美观。

附录 A　单位、分部及分项工程的划分

1. 路基工程

小桥及符合小桥标准的通道、人行天桥、渡槽，大型挡土墙、组合挡土墙按座或处划分分部工程，涵洞、砌筑防护工程按路段划分分部工程，并列出了各自所含的具体分项工程名称，便于及时对工程质量进行评定。排水工程应根据其数量、工程特点以及施工程序划分。

2. 桥梁工程

桥梁按照桥长或跨径进行分类，上部构造和下部构造分部工程划分规定桥跨范围，以力求分部工程规模相近。

3. 互通式立体交叉工程

去除原来的互通式立体交叉工程，在各自的路基和桥涵部分评定。

4. 隧道工程

原标准分部工程太多，对分部工程进行了重新划分，将总体与装饰装修合并，明洞并入洞口工程，洞身衬砌包括支护（超前支护和初期支护）和二次衬砌。鉴于目前特长隧道数量增多，将辅助通道增列为分部工程，此外明确了单位工程和分部工程的划分。

5. 交通工程

将交通工程分为交通安全设施和交通机电工程，作为两个独立的单位工程。交通安全设施分部工程的路段长度进行了调整。

增加声屏障工程，声屏障和绿化工程分别作为单位工程进行评定。

房屋建筑工程也纳入进来作为单位工程，应按其相应的专业工程质量检验评定标准进行评定。房屋建筑工程按其相应的专业工程质量检验评定标准进行评定。

如有本附录未列出的分项工程，但又无法列入其他单位工程时，可放到本单位工程另设的分部工程中。

附录 B 压实度评定

B.0.2 对于标准试验组数,有些施工单位一般作一组最佳含水率和最大干密度试验确定标准密度。但是,标准密度值是衡量现场压实度的尺度,要求具有足够精度。对于均质土壤和材料,由于平行试验误差,一组试验求得的标准值难以如实反映试样的实际情况,为此,规定标准密度一般应作平行试验,以平均最大干密度作为标准密度值。

B.0.3 现场压实度检查试验方法,对粗粒土和路面结构采用灌砂法、水袋法,必要时采用钻孔取样蜡封法;对于细粒土,按照土工试验规程,环刀法和灌砂法两种试验方法均可采用,核子密度仪可作适时快速检控应用,但需与常规方法进行对比,以验证其可靠性。

特定土质或材料的压实质量主要取决于压实工艺及其含水量等条件,但土质和材料的均匀性对压实度指标也会带来明显影响,实际上,一定程度的不均匀性在所难免。为此,采用数理统计方法进行压实度合格评定,并增列了单点极值规定是合理的。压实度代表值和单点极值均作为否决指标,任一指标低于规定值时,相应分项工程评为不合格。

小样本数压实度检查评定见本标准第 4.1.2 条的条文说明。

附录 C　水泥混凝土弯拉强度评定

本附录内容与现行《公路水泥混凝土路面施工技术细则》（JTG/T F30）基本一致。

附录 D　水泥混凝土抗压强度评定

本附录根据《混凝土强度检验评定标准》（GB/T 50107—2010）修改了原标准的强度合格条件。

水泥混凝土抗压强度应该尽可能采用数理统计评定方法。只要强度相同，龄期相同，材料来源、生产工艺条件和配合比相同，都应采用数理统计评定方法，以求能较真实地反映实际情况。

附录中同批梁可以每孔或每二、三孔作为一批，对中小跨径桥的桩、盖梁，可以数孔作为一批。每批的混凝土试件组数也不宜太多，一般不超过 80～100 组。时间范围以不超过 3 个月，且日平均气温差小于 15℃为宜。

采用数理统计评定方法时，标准差 S_n 是一个重要的参数。如果试件混凝土强度差异较大，则 S_n 大，相应强度代表值就越小，应尽可能使混凝土强度较为均匀，减小 S_n 值。施工企业应把它作为衡量企业素质的一个标准，不应在施工过程中，任意增添水泥用量，否则反而可能造成多用了水泥，但却不合格的结果。

如果用钻取芯样来检测混凝土强度，可按中国工程建设标准化委员会的《钻芯法检测混凝土强度技术规程》（CECS 03）进行。

附录 E　喷射混凝土抗压强度评定

喷射混凝土抗压强度评定内容参照国家际准《岩土锚杆与喷射混凝土支护工程技术规范》（GB 50086—2015）及行业标准《公路隧道施工技术规范》（JTG F60—2009）编写。

附录 F   水泥砂浆强度评定

本附录参照《砌体结构工程施工质量验收规范》（GB 50203—2011）修订，主要改了每组试件个数和合格标准。

F. 0. 1   为使试件具有一定代表性，规定试件组数不应少于 3 组。

F. 0. 2   为减小测试数据的离散性，应采用钢制底模制备试件，具体测试应符合现行《建筑砂浆基本性能试验方法》（JGJ/T 70）的要求。

F. 0. 3   由于现行《公路圬工桥涵设计规范》（JTG D61）采用极限状态设计方法，砂浆强度评定应考虑结构可靠度，使砂浆强度达到和超过设计强度的概率在适度范围，试样平均强度不得低于设计强度等级的 1. 1 倍。

附录 G 无机结合料稳定材料强度评定

本附录内容与现行《公路路面基层施工技术细则》（JTG/T F20）一致。

附录 H　路面结构层厚度评定

本附录主要内容摘自现行《公路路面基层施工技术细则》（JTG/T F20）。

厚度质量评定：确保结构层的平均厚度，以代表值是否小于设计厚度减代表值的允许偏差为评定标准，如超出，则相应分项工程评为不合格；如未超出，则按单点测定值是否超过单点合格值计算合格率。

对使用路面雷达测试系统等快速、高效的无损检测方法，检测频率高一些，仍可按此评定。

附录 J 路基、粒料类基层和底基层、沥青路面弯沉值评定

本附录的主要修改为：

（1）增加了采用落锤式弯沉仪（FWD）的检测方法。按现行《公路沥青路面设计规范》（JTG D50）设定与保证率有关的系数。参照相关规范对路基、沥青路面和粒料类基层、底基层的弯沉计算公式进行了修订。

（2）二级及二级以下公路，对路基和柔性基层、底基层的弯沉代表值超出要求时的计算和处理方法提出了要求，特别强调应对特异点进行处理；高速公路及一级公路计算时不应舍弃特异值但必须处理特异点。对于路面面层未明确提出必须执行。

附录 K　工程质量检验评定用表

按分项工程、分部工程和单位工程制定检验评定用表。
增加分项工程、分部工程和单位工程编写。

附录 L 路面横向力系数评定

原标准中横向力系数（*SFC*）在统计评价时均直接计算算数平均值及合格率，该方法不能体现出路段中的薄弱区间，由于此指标是关系到路面行车安全性的重要参数，应通过更合理的数理统计方法客观反映路段的总体安全质量水平。

根据对历年全国代表性地区高速公路路面 *SFC* 的原始采样数据分布检验分析，*SFC* 指标的数据符合正态分布。考虑到采样样本数量的原因，适合采用 *t* 分布单边置信度保证率系数计算 *SFC* 代表值进行判别评价，因此予以明确。

附录 M 水泥基浆体抗压强度评定

　　本附录参考《水泥胶砂强度检验方法（ISO 法）》（GB/T 17671）、《铁路后张法预应力混凝土梁管道压浆技术条件》（TB/T 3192—2008）的相关规定制定。此外，还参考了《*Grout for Prestressing Tendons Test methods BS EN* 445：2007》、《*Methods of Testing Cement-Part*1：*Determination of Strength BS EN* 196-1：2005*》。

— 243 —

附录 N　防水层与混凝土间正拉黏结强度评定

原标准对防水层粘结强度没有提供检测及评定方法，本次修订予以补充。

附录 N 主要参考美国 ASTM D7234-12《Standard Test Method for Pull-Off Adhesion Strength of Coatings on Concrete Using Portable Pull-Off Adhesion Testers》及《数显式粘结强度检测仪》（JG/T 507—2016）、《城市桥梁桥面防水技术规程》（CJJ139—2010）附录 B 的相关内容进行编制。

N.0.8　检测时，破坏界面不允许出现在钢制标准块与黏结胶间，只有破坏界面在桥面混凝土与防水层之间，测得的黏结力为所需的黏结力。由于黏结力与防水层的温度有关，随温度升高而降低。因此，还必须同时测出防水层的温度。现场检测时，宜选择与设计防水层材料指标适应的气温时段进行试验，以避免对黏结强度进行温度修正。

N.0.11　黏结强度对防水效果和桥面铺装性能有重要影响，应严格控制，要求检测点黏结强度合格率不小于95%及最小强度不小于设计强度值的85%。

附录 P 结构混凝土外观质量限制缺陷

本附录按照结构混凝土常见外观质量缺陷的特征现象分类，并根据外观缺陷对结构性能、使用功能、耐久性和景观的影响程度，规定不允许存在或出现后必须加以处置的限制缺陷。

P.0.1 为全面准确了解外观质量，并通过外观检查发现其他可能存在的质量缺陷，对混凝土构件或结构应进行全面检查。

P.0.2 对结构混凝土的表面进行涂装或其他装饰后，将改变其外观状况，外观缺陷可能被覆盖，缺陷的大小范围、轻重程度等难以判定，故检查前要求不得进行此类施工。

P.0.3 本条规定限制缺陷。结构混凝土出现外观缺陷是难以避免的，不允许有任何外观缺陷存在经济上并不合理。同时，不同结构、构件，外观缺陷对其性能、使用功能、耐久性和景观的影响不同，只要其影响程度在一定范围内，应允许存在。

（1）缺陷现象描述参照现行《混凝土结构施工质量验收规范》（GB 50204）编制。

（2）限制的预应力混凝土构件非受力裂缝和受力裂缝仅限于在施加预应力区域且与预应力方向垂直的裂缝，其他区域和方向的裂缝限制与普通钢筋混凝土构件的规定相同。

（3）由露筋造成的危害不仅是钢筋的锈蚀、截面削弱，还有因锈胀引起的混凝土剥落，引发更大面积的锈蚀，应严格限制出现露筋现象。

（4）蜂窝、疏松的深度超过 10mm 时，其范围一般也较大，对保护层厚度削弱较多，应加以限制。

（5）棱线不直、翘曲不平等外形缺陷虽然不影响结构性能，但对结构功能、安装及景观效果有影响，应加以限制。

（6）混凝土颜色受水泥品种影响大，使用不同厂家的水泥产品会使混凝土颜色产生差异，模板表面、养护因素也有影响。另一方面，混凝土颜色随时间逐渐发生变化，颜色差异虽会影响景观效果，但并不一定表示其性能存在差异。故本次修订取消了原标准外观质量中对混凝土颜色的要求。

附录 Q ~ 附录 S

结合隧道工程的相关检查项目的检测方法进行补充规定。

现行公路工程行业标准一览表

（2024 年 8 月）

序号	板块	模块	现行编号	名称	定价(元)
1	总体		JTG 1001—2017	公路工程标准体系(14300)	20.00
2			JTG 1002—2022	公路工程行业标准制修订管理导则(18218)	40.00
3			JTG 1003—2023	公路工程行业标准编写导则(18257)	40.00
4	通用	基础	JTG B01—2014	公路工程技术标准(活页夹版,11814)	98.00
				公路工程技术标准(平装版,11829)	68.00
5			JTG 2111—2019	小交通量农村公路工程技术标准(15372)	50.00
6			JTG 2112—2021	城镇化地区公路工程技术标准(17752)	50.00
7			JTG 2120—2020	公路工程结构可靠性设计统一标准(16532)	50.00
8			建标[2011]124号	公路工程项目建设用地指标(09402)	36.00
9			JTG F80/1—2017	公路工程质量检验评定标准　第一册　土建工程(14472)	90.00
10			JTG 2182—2020	公路工程质量检验评定标准　第二册　机电工程(16987)	60.00
11		安全	JTG B05—2015	公路项目安全性评价规范(12806)	45.00
12			JTG B05-01—2013	公路护栏安全性能评价标准(10992)	30.00
13			JTG/T 2213—2023	公路大件运输安全通行评价技术规范(18523)	60.00
14			JTG B02—2013	公路工程抗震规范(11120)	45.00
15			JTG/T 2231-01—2020	公路桥梁抗震设计规范(16483)	80.00
16			JTG/T 2231-02—2021	公路桥梁抗震性能评价细则(16433)	40.00
17			JTG 2232—2019	公路隧道抗震设计规范(16131)	60.00
18			JTG F90—2015	公路工程施工安全技术规范(12138)	68.00
19		绿色	JTG B03—2006	公路建设项目环境影响评价规范(13373)	40.00
20			JTG B04—2010	公路环境保护设计规范(08473)	28.00
21			JTG/T 2321—2021	公路工程利用建筑垃圾技术规范(17536)	40.00
22			JTG/T 2340—2020	公路工程节能规范(16115)	30.00
23		智慧	JTG/T 2420—2021	公路工程信息模型应用统一标准(17181)	50.00
24			JTG/T 2421—2021	公路工程设计信息模型应用标准(17179)	80.00
25			JTG/T 2422—2021	公路工程施工信息模型应用标准(17180)	70.00
26			JTG/T 2430—2023	公路工程设施支持自动驾驶技术指南(19031)	40.00
27	建设	勘测	JTG C10—2007	公路勘测规范(06570)	40.00
28			JTG/T C10—2007	公路勘测细则(06572)	42.00
29			JTG C20—2011	公路工程地质勘察规范(09507)	65.00
30			JTG/T C21-01—2005	公路工程地质遥感勘察规范(0839)	17.00
31			JTG/T C21-02—2014	公路工程卫星图像测绘技术规程(11540)	25.00
32			JTG/T 3221-04—2022	公路跨海通道工程地质勘察规程(18076)	70.00
33			JTG/T 3222—2020	公路工程物探规程(16831)	60.00
34			JTG 3223—2021	公路工程地质原位测试规程(17325)	100.00
35			JTG C30—2015	公路工程水文勘测设计规范(12063)	70.00
36		设计	JTG/T 3310—2019	公路工程混凝土结构耐久性设计规范(15635)	50.00
37			JTG/T 3311—2021	小交通量农村公路工程设计规范(17487)	60.00
38			JTG D20—2017	公路路线设计规范(14301)	80.00
39			JTG/T D21—2014	公路立体交叉设计细则(11761)	60.00
40			JTG D30—2015	公路路基设计规范(12147)	98.00
41			JTG/T D31—2008	沙漠地区公路设计与施工指南(1206)	32.00
42			JTG/T D31-02—2013	公路软土地基路堤设计与施工技术细则(10449)	40.00
43			JTG/T 3331-03—2024	采空区公路设计与施工技术规范(4722)	50.00
44			JTG/T 3331-04—2023	多年冻土地区公路设计与施工技术规范(18518)	80.00
45			JTG/T D31-05—2017	黄土地区公路路基设计与施工技术规范(13994)	50.00
46			JTG/T D31-06—2017	季节性冻土地区公路设计与施工技术规范(13981)	45.00
47			JTG/T 3331-07—2024	公路膨胀土路基设计与施工技术规范(4709)	60.00
48			JTG/T 3331-08—2022	盐渍土地区公路路基设计与施工技术细则(18515)	60.00
49			JTG/T D32—2012	公路土工合成材料应用技术规范(09908)	50.00
50			JTG/T D33—2012	公路排水设计规范(10337)	40.00
51			JTG/T 3334—2018	公路滑坡防治设计规范(15178)	55.00
52			JTG D40—2011	公路水泥混凝土路面设计规范(09463)	40.00
53			JTG D50—2017	公路沥青路面设计规范(13760)	50.00
54			JTG/T 3350-03—2020	排水沥青路面设计与施工技术规范(16651)	50.00
55			JTG/T 3351—2024	农村公路简易铺装路面设计施工技术细则(4767)	50.00
56			JTG D60—2015	公路桥涵设计通用规范(12506)	40.00
57			JTG/T 3360-01—2018	公路桥梁抗风设计规范(15231)	75.00
58			JTG/T 3360-02—2020	公路桥梁抗撞设计规范(16435)	40.00
59			JTG/T 3360-03—2018	公路桥梁景观设计规范(14540)	40.00
60			JTG D61—2005	公路圬工桥涵设计规范(13355)	30.00
61			JTG 3362—2018	公路钢筋混凝土及预应力混凝土桥涵设计规范(14951)	90.00
62			JTG 3363—2019	公路桥涵地基与基础设计规范(16223)	90.00
63			JTG D64—2015	公路钢结构桥梁设计规范(12507)	80.00
64			JTG/T D64-01—2015	公路钢混组合桥梁设计与施工规范(12682)	45.00
65			JTG/T 3364-02—2019	公路钢桥面铺装设计与施工技术规范(15637)	50.00
66			JTG/T 3365-01—2020	公路斜拉桥设计规范(16365)	50.00
67			JTG/T 3365-02—2020	公路涵洞设计规范(16583)	50.00
68			JTG/T D65-05—2015	公路悬索桥设计规范(12674)	55.00
69			JTG/T D65-06—2015	公路钢管混凝土拱桥设计规范(12514)	40.00
70			JTG/T 3365-05—2022	公路装配式混凝土桥梁设计规范(17885)	60.00
71			JTG 3370.1—2018	公路隧道设计规范　第一册　土建工程(14639)	110.00
72			JTG D70/2—2014	公路隧道设计规范　第二册　交通工程与附属设施(11543)	50.00
73			JTG/T D70—2010	公路隧道设计细则(08478)	66.00

序号	板块	模块	现行编号	名称	定价(元)
74			JTG/T D70/2-01—2014	公路隧道照明设计细则(11541)	35.00
75			JTG/T D70/2-02—2014	公路隧道通风设计细则(11546)	70.00
76			JTG/T 3371—2022	公路水下隧道设计规范(17889)	120.00
77			JTG/T 3371-01—2022	公路沉管隧道设计规范(18063)	70.00
78			JTG/T 3372—2024	公路黄土隧道设计与施工技术规范(4821)	70.00
79			JTG/T 3373—2024	公路岩溶隧道设计与施工技术规范(4831)	75.00
80			JTG/T 3374—2020	公路瓦斯隧道设计与施工技术规范(16141)	60.00
81		设计	JTG D80—2006	高速公路交通工程及沿线设施设计通用规范(0998)	25.00
82			JTG D81—2017	公路交通安全设施设计规范(14395)	60.00
83			JTG/T D81—2017	公路交通安全设施设计细则(14396)	90.00
84			JTG/T 3381-02—2020	公路限速标志设计规范(16696)	40.00
85			JTG/T 3381-03—2024	小交通量农村公路交通安全设施设计细则(4780)	70.00
86			JTG D82—2009	公路交通标志和标线设置规范(07947)	116.00
87			JTG/T 3383-01—2020	公路通信及电力管道设计规范(16686)	40.00
88			JTG/T L11—2014	高速公路改扩建设计细则(11998)	45.00
89			JTG/T L80—2014	高速公路改扩建交通工程与沿线设施设计细则(11999)	30.00
90			JTG/T 3392—2022	高速公路改扩建交通组织设计规范(17883)	50.00
91		通用图	JTG/T 3911—2021	装配化工字组合梁钢桥通用图(17771)	3000.00
92			JTG/T 3912—2022	装配化箱形组合梁钢桥通用图(18348)	3000.00
93			JTG E20—2011	公路工程沥青及沥青混合料试验规程(09468)	106.00
94			JTG 3420—2020	公路工程水泥及水泥混凝土试验规程(16989)	100.00
95			JTG 3430—2020	公路土工试验规程(16828)	120.00
96		试验	JTG 3431—2024	公路工程岩石试验规程(4702)	40.00
97			JTG 3432—2024	公路工程集料试验规程(4704)	100.00
98			JTG E50—2006	公路工程土工合成材料试验规程(13398)	40.00
99			JTG 3441—2024	公路工程无机结合料稳定材料试验规程(4703)	80.00
100	建设		JTG 3450—2019	公路路基路面现场测试规程(15830)	90.00
101			JTG/T 3512—2020	公路工程基桩检测技术规程(16482)	60.00
102		检测	JTG/T 3520—2021	公路机电工程测试规程(17414)	60.00
103			JTG/T 4320—2022	公路车辆动态称重检测系统技术规范(18265)	30.00
104			JTG/T 3610—2019	公路路基施工技术规范(15769)	80.00
105			JTG/T F20—2015	公路路面基层施工技术细则(12367)	45.00
106			JTG/T F30—2014	公路水泥混凝土路面施工技术细则(11244)	60.00
107			JTG F40—2004	公路沥青路面施工技术规范(05328)	50.00
108			JTG/T 3650—2020	公路桥涵施工技术规范(16434)	125.00
109			JTG/T 3650-01—2022	公路桥梁施工监控技术规程(18268)	40.00
110		施工	JTG/T 3650-02—2019	特大跨径公路桥梁施工测量规范(15634)	80.00
111			JTG/T 3651—2022	公路钢结构桥梁制造和安装施工规范(17884)	80.00
112			JTG/T 3652—2022	跨海钢箱梁桥大节段施工技术规程(18075)	30.00
113			JTG/T 3654—2022	公路装配式混凝土桥梁施工技术规程(18231)	60.00
114			JTG/T 3660—2020	公路隧道施工技术规范(16488)	100.00
115			JTG/T 3671—2021	公路交通安全设施施工技术规范(17000)	50.00
116			JTG/T F72—2011	公路隧道交通工程与附属设施施工技术规范(09509)	35.00
117		监理	JTG G10—2016	公路工程施工监理规范(13275)	40.00
118			JTG 3810—2017	公路工程建设项目造价文件管理导则(14473)	50.00
119			JTG/T 3811—2020	公路工程施工定额测定与编制规程(16083)	60.00
120			JTG/T 3812—2020	公路工程建设项目造价数据标准(16836)	100.00
121			JTG 3820—2018	公路工程建设项目投资估算编制办法(14362)	60.00
122		造价	JTG/T 3821—2018	公路工程估算指标(14363)	120.00
123			JTG 3830—2018	公路工程建设项目概算预算编制办法(14364)	60.00
124			JTG/T 3831—2018	公路工程概算定额(14365)	270.00
125			JTG/T 3832—2018	公路工程预算定额(14366)	300.00
126			JTG/T 3832-01—2022	公路桥梁钢结构工程预算定额(18182)	40.00
127			JTG/T 3833—2018	公路工程机械台班费用定额(14367)	50.00
128	管理	执法	JTG 4110—2024	公路路政管理技术标准(4836)	60.00
129			JTG 5110—2023	公路养护技术标准(4639)	40.00
130			JTG 5120—2021	公路桥涵养护规范(17160)	60.00
131			JTG/T 5122—2021	公路缆索结构体系桥梁养护技术规范(17764)	60.00
132			JTG/T 5124—2022	公路跨海桥梁养护技术规范(18092)	50.00
133			JTG H12—2015	公路隧道养护技术规范(12062)	60.00
134		综合	JTJ 073.1—2001	公路水泥混凝土路面养护技术规范(13658)	20.00
135			JTG 5142—2019	公路沥青路面养护技术规范(15612)	60.00
136			JTG/T 5142-01—2021	公路沥青路面预防养护技术规范(17578)	50.00
137			JTG 5150—2020	公路路基养护技术规范(16596)	40.00
138			JTG/T 5190—2019	农村公路养护技术规范(15430)	30.00
139			JTG 5210—2018	公路技术状况评定标准(15202)	40.00
140			JTG 5211—2024	农村公路技术状况评定标准(4768)	50.00
141			JTG/T E61—2014	公路路面技术状况自动化检测规程(11830)	25.00
142		检测	JTG/T H21—2011	公路桥梁技术状况评定标准(09324)	46.00
143	养护	评价	JTG/T J21—2011	公路桥梁承载能力检测评定规程(09480)	20.00
144			JTG/T J21-01—2015	公路桥梁荷载试验规程(12751)	40.00
145			JTG/T 5214—2022	在役公路桥梁现场检测技术规程(18168)	50.00
146			JTG 5220—2020	公路养护工程质量检验评定标准　第一册　土建工程(16795)	80.00
147			JTG 5421—2018	公路沥青路面养护设计规范(15201)	40.00
148		养护 设计	JTG/T J22—2008	公路桥梁加固设计规范(07380)	52.00
149			JTG/T 5440—2018	公路隧道加固技术规范(15402)	70.00
150			JTG/T F31—2014	公路水泥混凝土路面再生利用技术细则(11360)	30.00
151		养护	JTG/T 5521—2019	公路沥青路面再生技术规范(15839)	60.00
152		施工	JTG/T J23—2008	公路桥梁加固施工技术规范(07378)	40.00
153			JTG/T 5532—2023	公路桥梁支座和伸缩装置养护与更换技术规范(19038)	60.00
154			JTG H30—2015	公路养护安全作业规程(12234)	90.00
155			JTG 5610—2020	公路养护预算编制导则(16733)	50.00
156		造价	JTG/T M72-01—2017	公路隧道养护工程预算定额(14189)	60.00
157			JTG/T 5612—2020	公路桥梁养护工程预算定额(16855)	50.00
158			JTG/T 5640—2020	农村公路养护预算编制办法(16302)	70.00
159			JTG 6310—2022	收费公路联网收费技术标准(18175)	110.00
160	运营	收费服务	JTG/T 6303.1—2017	收费公路移动支付技术规范　第一册　停车移动支付(14380)	20.00
161			JTG B10-01—2014	公路电子不停车收费联网运营和服务规范(11566)	30.00
162		应急处置	JTG/T 6420—2024	公路交通应急装备物资储备中心技术规范(19437)	20.00